国家社科基金重点项目（项目批准号 10AZD023）“监督与规范行政权力的主要路径和重点领域”阶段性成果

行政调查的理论与实践

余凌云　主编

中国人民公安大学出版社
·北　京·

图书在版编目（CIP）数据

行政调查的理论与实践/余凌云主编．—北京：中国人民公安大学出版社，2014.7

ISBN 978-7-5653-1472-8

Ⅰ．行…　Ⅱ．余…　Ⅲ．行政法—研究—中国　Ⅳ．①D922.104

中国版本图书馆 CIP 数据核字（2013）第 226227 号

行政调查的理论与实践

余凌云　主编

出版发行：中国人民公安大学出版社
地　　址：北京市西城区木樨地南里
邮政编码：100038
经　　销：新华书店
印　　刷：北京兴华昌盛印刷有限公司

版　　次：2014 年 7 月第 1 版
印　　次：2014 年 7 月第 1 次
印　　张：12.375
开　　本：880 毫米×1230 毫米　1/32
字　　数：340 千字

书　　号：ISBN 978-7-5653-1472-8
定　　价：78.00 元

网　　址：www.cppsup.com.cn　www.porclub.com.cn
电子邮箱：zbs@cppsup.com　zbs@cppsu.edu.cn

营销中心电话：010-83903254
读者服务部电话（门市）：010-83903257
警官读者俱乐部电话（网购、邮购）：010-83903253
公安业务分社电话：010-83905672

目　次

目　录

前　言

行政调查，不乏碎片式的研究，但整体性研究的作品却少见。这是行政法上一个长期被我们忽视的课题。

近年来，我却着力颇多。先是让几位研究生以此为题撰写学位论文，又策划了两场国际研讨会。2010 年，在好友乌特勒友大学人权研究中心主任 Tom Zwart 教授的努力下，在荷兰乌特勒友 Utrecht 小镇上召开了第一场会议。会间小憩，阳光明媚，绿草茵茵，心情颇好，又与 Auby 教授相约，来年在我访问法国 Sciences Po 时，再举行一场。因为经费原因，第一次请了若干中国学者，第二次来的都是自掏腰包的外国学者。遗憾的是，我因国内有事，未能参加，只得拜托王芳蕾代读论文。

上述努力都沉淀到本书之中。另外，章志远教授奉献一篇，我与胡敏洁博士合作一篇，再就是我的两篇论文。

今日阅读谢其章先生的随笔，后记中的最后一句话让我沉吟，“当一切都成虚幻，唯有书还在。”

余凌云

2014 年于家中

行政调查论

余凌云*

1 概述

1.1 行政调查的概念

行政调查（administrative investigation），是指行政主体为实现一定行政目的而收集、整理和分析有关资讯的活动。按其适用领域的大小，可以分为广义狭义、最广义最狭义等多种含义，① 但其核心任务始终不变，一是收集信息、认定事实，作为行政决策、决定的物质基础；二是及时发现行政规制的缺失，对水准低下的规制，旋即检讨原因、寻找对策，确保各种行政决定的合理性、正当性、效率性以及合目的性。② 对这个概念，有必要说明的是：

第一，行政调查是一种行政活动，它与公安机关或检察机关为追究犯罪而进行的刑事侦查，立法机关为立法广泛征求各方意见的活动，司法机关为裁判而进行的法庭调查不同。

---

* 清华大学法学院教授、博士生导师。

① 台湾地区行政院法规委员会编印：《行政调查制度之研讨——行政院第 94 年度第二次法制研讨会实录》，2006 年版，第 3 页。感谢孙铭宗博士赠送有关资料。

② [韩] 金光日：《韩国行政调查基本法研究》，清华大学法学院硕士学位论文，2012 年。

第二，行政法上比较关注的是外部行政上的调查活动，这也是本书关注的重点。至于行政机关内部实施的有关业务检查、人事考核、法纪监察等，以及行政机关之间资讯共享等，也十分重要，尤其是涉及公务员隐私权的调查，有将内部调查外部化的趋势。[①]

在行政管理中，很多信息是由相对人自愿、主动提供的，不需要强迫。但是，也存在着行政机关以强制的方式获得。[②]而后一类获得信息的方式，又直接关系到对公民基本权利与自由（主要为隐私权、人身自由与住宅不受侵犯权、财产权利和营业自由）的限制与剥夺，这也就为行政法所关注。行政调查中要解决的基本问题，归根结底，实际上是宪法问题，是在宪法意义上解决行政权和公民权之间的紧张，反映个人与国家相互之间的适当的关系。

行政调查在行政法上极其重要，“信息之于规制，犹如血液之于生命”（Information is the life's blood of the regulatory process），“信息是燃料，没有它，行政机器就无法运转”（Information is the fuel without which the administrative engine could not operate）。随着社会的情报化现象的日益泛化，以及保护个人信息自由的日渐重要，特别是近百年来，行政领域不断扩张，政府获取资讯的权力逐渐膨胀，宪法在行政调查上对公民的保护却逐渐式微，[③] 在这种形势之下，实在有必要确认行政调查在行政法上的独立概念的资格，加强对行政调查的理论研究。

---

① 蔡秀卿：《行政调查法制之探讨》，东吴大学法学院法律学系研究所公法组硕士论文，2006 年 7 月，第 8 页。

② Cf. Bernard Schwartz, *Administrative Law*, Little, Brown and Company, 1991, p. 110.

③ Cf. Kenneth Culp Davis & Richard J. Pierce, *Administrative Law Treatise*, Volume I, Little, Brown and Company, 1994, p. 135. 这是戴维斯（K. C. Davis）和皮尔斯（R. J. Pierce）在美国观察到的现象。其实，在其他国家，在政府职能逐渐扩大到对每个人的日常生活都有巨大影响的今天，又何尝没有同样的现象。

然而，行政调查现象尽管普遍存在于各国实践，研究状况却参差不齐。英美学者着力较多，教科书中多有涉猎。美国称 investigation，多从宪法角度切入。英国谓 inspect 或 inquiry，透过判例解说，略显零碎。法国行政法上没有“行政调查”术语，但对具体调查措施却不乏细腻规范与深入研究。韩国虽然在 2007 年制定了行政调查基本法，却是因企业界不堪频繁、重复的行政调查负担，强烈呼吁放松行政规制，在理论研究尚不透彻的情况下，仓促而为，之后的理论进展也不算充分。日本大约是 20 世纪 70 年代才研究行政调查现象。我国台湾地区“虽然早期有全面性的研究报告及研究业绩”，但真正关注“似从 2005 年 7 月台湾行政法学会主办之‘第七届两岸行政法学术研讨会’及同年 11 月行政院法规委员会主办之‘行政调查制度之研讨——行政院第 94 年度第二次法制研讨会’”开始，[①]大陆学者对行政调查的重视大约也是始于那次两岸行政法学术研讨会。

1.2 行政调查的定性

行政调查不仅是一个重要的学术术语，而且也开始进入了我国的立法制度，成为一个法律概念。[②] 但是，行政调查运用的领域、阶段与目的的不同，使得其内涵十分纷繁复杂，学者对这一行政法现象的认识也不完全一致。

在传统的行政法理论上，把质问、检查和为调查出入营业所等

---

① 蔡秀卿：《行政检查》，载《东吴法律学报》第 18 卷第 2 期（2006 年 12 月）。

② 通过对“北大法宝”的检索，截至 2007 年 6 月 30 日，使用“行政调查”术语的法律 1 个，部门规章 2 个，司法解释 2 个，地方规范性文件 3 个。郭松元：《行政调查法律规制研究——以公安机关行政调查为例》（苏州大学）。转引自刘建军：《行政调查正当程序研究》，载浙江大学法学院博士论文，2009 年，第 8 页注释 3。《湖南省行政程序规定》（2008 年）第四章“行政执法程序”第三节“调查与证据”用了 14 条（第 66 ~ 79 条）作了规定。

一切为行政目的而收集资料的活动都认为是一种即时强制。日本在20世纪70年代之前，理论上有将两者混同的现象，不少学者仍然延续了这种认识。例如，日本和田英夫教授就认为，即时强制和行政调查没有什么实质性区别，可以统一把握。[①] 我国也有一些教科书把行政调查归类到行政强制之中，认为是行政强制的一种形态与种类。

但是，日本在20世纪70年代之后，通过对租税行政领域的税务检查的检讨，认为税务检查的性质与即时强制不同，应当独立处理行政调查的概念，因此，行政法教科书上也开始普遍将行政调查和即时强制分别说明。[②] 韩国行政法亦显现同样趣味与趋势。理由是：第一，即时强制本身即为直接实现行政目的的最终行为，而行政调查对于行政目的的实现只具有间接的准备和补助的作用。第二，即时强制得对私人之身体、财产为强力行使，而行政调查一般不用强制手段，其实效性通过罚则确保。正是依据上述的间接目的和间接强制两个特征，把行政调查的概念从即时强制之中独立出来。其实，在我看来，上述见解并不正确，之所以将行政调查从即时强制中分开，是因为即时强制的概念并不能完全涵盖行政调查的所有形态，即时强制与行政调查在概念上是交叉关系，而不是包含关系。

但是，要想对行政调查作恰如其分的定性，却是很困难的，究其原因，主要是因为行政调查的形态过于复杂，具有多种不同的面相，在性质上兼具程序法和实体法上的意义。

首先，行政调查构成了几乎所有行政决策、决定的必经程序环节和处分基础。对于任何一种行政行为来说，“先取证，后裁决”

---

① ［日］和田英夫：《现代行政法》，倪健民、潘世圣译，中国广播电视出版社1993年版，第227页。

② 蔡秀卿：《行政检查》，载《东吴法律学报》第18卷第2期（2006年12月）。

是一般的办案规程。

其次，行政调查有多种面相，其形态与属性因不同的行政活动而变换。在大多数情况下，行政调查是事实行为，起准备或辅助作用。比如，交警对交通事故现场所做的现场勘查，不能直接发生法律上的效果，而是为以后的交通事故责任认定做证据上的准备。[①]但是，在特定情况下，特别是表现为强制调查形态时，它又极可能转变成为对相对人权利处分的具体行政行为。例如，像鉴定、检验、车检这样的调查方式，本身就具有准行政行为的效果，常被当作行政确认来对待。又如，在采集、提取交通事故证据时，对于拒绝提取血液，并有反抗行为的饮酒或使用毒品的当事人，可以使用约束带或者警绳强制提取血液（《道路交通安全违法行为处理程序规定》第33条），就既是一种调查方式，也应该是一种即时强制。

再次，就完成某一行政行为而实施的行政调查而言，可能会是多种手段或者行政行为的组合运用。也就是说，在整个调查过程中贯穿着多种行政行为或者有法律意义的活动，通过这些行为才可能最终完成行政调查任务。在习惯上，我们通常也会笼统地称这一整个过程的行为组合为“行政调查”。

最后，有的调查形态相对独立，如各种统计调查，并不依附于任何其他行政行为，既不是行政处理决定的前行程序，也不必然带来行政处罚或行政强制的后果，可以作为独立行政行为出现。[②]

或许正是因为上述的错综复杂，才使得行政调查很难构成统一的法概念，在行政法体例与结构当中较难摆放和处理，因而给学说

---

① 在日本，也有学者认为，“进入检查所实施检查、质问或取样”等行为，是一种“忍受命令”与“实行行为”的合成体，或“公权力行为形式”，当事人可以提起撤销诉讼。参见我国台湾地区行政院发展考核委员会编印：《行政检查之研究》，1996年6月，提要，第8页。这是法治斌教授主持的一项课题的最终成果。感谢胡敏洁博士提供有关文献。

② ［日］盐野宏：《行政法》，杨建顺译，法律出版社1999年版，第183页。

研究、判案援用带来一定的困难与混乱。或许，也是因为行政调查所涉及的强制措施、处罚、程序、调查取证、证明标准、信息公开等内容，已散见于行政法教科书的相关章节，分散在单行法中，冲淡或舒缓了整体性研究与立法的迫切性。

关于行政调查如何定位，学者歧见纷纭，大致有以下几种见解：(1) 行政调查是行政机关所为行为类型之一，与行政处罚、行政许可等行为并列。(2) 行政调查是行政上的一种制度。(3) 行政调查是行政程序之一阶段。(4) 干脆放弃把行政调查归类到传统行政法体系类别之中的努力，笼统地把行政调查作为一种收集资讯活动，罗列其中的法律问题加以研究。①

在我国以往的教科书编写史中，行政调查存在着整体性缺失，只有过片面的论述，如对行政检查、行政监督、行政监督检查的介绍，② 更多的可能只是在行政强制中对行政调查作零散叙述，或者仅为列举。③ 实践也多受此影响。例如，最高人民法院在《关于规范行政案件案由的通知》（2004 年）中采用了“行政检查”、“行

① 刘宗德：《日本行政调查制度之研究》，载（台湾）《政大法学评论》，第 52 期（1983 年 12 月）。

② 比如，在罗豪才主编的高等学校法学试用教材《行政法学》（中国政法大学出版社 1989 年版）中介绍了“行政监督检查”；张焕光、胡建淼著的《行政法学原理》（劳动人事出版社 1989 年版）中谈到行政检查，并且认为检查和调查是有区别的；在姜明安撰写的《行政法与行政诉讼》（中国卓越出版公司 1990 年版）中在“行政监督”标题下介绍与调查相关的一些内容。

③ 以往，行政法之所以对行政调查关注较少，有学者认为，这是因为“受日本和台湾早期行政法学说影响，学者们一般认为行政调查并不具有直接影响行政相对人的权利义务的法律效力，不属于法学研究对象”。金自宁：《论行政调查的法律控制》，载《行政法学研究》2007 年第 2 期。也有学者认为，这与我国行政法学界重实体轻程序的传统有关。杨海坤、郝益山：《关于行政调查的讨论》，载《行政法学研究》2000 年第 2 期。

政监督”。[1] 一些地方政府甚至对“行政监督检查”作出了解释，如《北京市平谷区人民政府关于规范行政监督检查行为的若干规定》（2005年）第2条规定：“本规定所指行政监督检查行为，是北京市平谷区行政机关依法对公民、法人和其他组织履行法定义务的情况，进行信息收集、评价和督促的活动。”显然，上述概念与定义是将“行政（监督）检查”等同于行政调查。但是，在我看来，用行政（监督）检查是无法涵盖行政调查的意义的，行政检查只是行政调查的一种方式而已。

正因为行政调查具有不同面相，就像透着神秘、变幻莫测的普洛透斯（Proteus）之脸，我们根本无法把它归类到任何已经类型化的行政行为当中，也不宜像行政行为那样作静态的、平面的处理，更不宜当作纯粹的程序或过程来处理。在本书中，我更愿意把行政调查作为一个集合概念，是一个涵盖了行政法上诸多手段、过程与程序的复合性术语来介绍。

2 行政调查的方式与分类

2.1 行政调查的方式

从比较考察美国、日本以及我国行政机关获取资料的方式来看，尽管在具体形态、名称及制度上存在些微差异，但就收集资料的主要方式而言，总体上基本相似，大致有：（1）要求相对人保留或填写有关记录或资料（recordkeeping requirements）；（2）以一定的制裁（penalties）迫使当事人向行政机关报告（reporting requirements）；

---

① 根据该通知，行政案件的案由包括“行政处罚、行政强制、行政裁决、行政确认、行政登记、行政许可、行政批准、行政命令、行政复议、行政撤销、行政检查、行政合同、行政奖励、行政补偿、行政执行、行政受理、行政给付、行政征收、行政征购、行政征用、行政划拨、行政规划、行政救助、行政协助、行政允诺、行政监督、其他行政行为”。

(3) 质问；(4) 检查 (inspections)；(5) 听证等。[①]

当然，在不同的部门行政法中，还可能有更加细致的，或者其特有的调查方式。例如，在福利行政中的调查核实方法，除了“入户调查、邻里访问以及信函索证等”，在贵州、辽宁等省还采取了部门联动法、跟踪消费法或居民代表评议法等方式。[②] 其中，当以警察行政法领域最为有特色，手段最为周全，也最为严厉。

警察的调查方式，在不同国家的警察法中，也略有差异，但多体现为个案调查。在德国，警察的调查方式有盘诘 (Anhalterecht, 包括集体盘诘 Razzia)、传唤 (Vorladung)、鉴识措施 (Erkennungsdienstliche Maβnahmen)、侵入及搜索住宅等。[③] 英国警察与刑事证据法 (the Police and Criminal Evidence Act 1984) 和实施令 (Codes of Practice) 中规定的警察调查权，主要有盘查 (powers to stop and search)、路检路查 (powers to conduct a road check)、与逮捕有关的进入住宅检查 (powers of entry and search in relation to an arrest)、根据搜查令进行的搜查 (power to search under a search warrant)、电话录音和电子侦查 (telephone tapping and electronic surveillance) 等。[④] 韩国警察行政法上，对人的调查方式有不审检问、质问、身体检索；对物的调查包括文件阅览、施舍检查、物品

---

① Cf. William F. Fox, Jr., *Understanding Administrative Law*, Matthew Bender, 1986, pp. 66 - 67. 刘宗德：《日本行政调查制度之研究》，载《政大法学评论》，第52期 (1983年12月)。我国对行政调查方式的规定散见于各个单行法律、法规和规章中。

② 参见胡敏洁：《福利行政调查权与受益人权利保障》，载《当代法学》2008年第2期。

③ 参见［德］Heinrich Scholler：《西德警察与秩序法原理》，李震山译，登文书局1986年版，第125～133页。

④ For a detailed analysis, Cf. Jack English & Richard Card, *Butterworths Police Law*, Butterworths, 1994, Chapter 3. And also Cf. Alex Carroll, *Constitutional & Administrative Law*, Financial Times Professional Limited, 1998, Part 6, Section 18.

检查、收去；对家宅的调查包括对个人的住所和营业所检查或出入，这种调查方式常与对物的调查同时使用。

我曾逐个阅读与梳理由全国人大法工委审定的《中华人民共和国公安法律全书》（1、2卷）（吉林人民出版社1995年版）和《中华人民共和国法律分类总览——国家法＊行政法卷》（法律出版社1994年版）中收录的法律、法规、规章与规范性文件，也侧重个案调查，耙剔出以下几种常见的警察调查方式：

2.1.1 要求相对人填写有关表格、进行登记，或者保留、报送有关资料，以备查验

这是最常见的调查和获取信息的方式，是实施有效管理的重要保证。例如，相对人在出入境或申请许可时，都被要求填写各种申请表或申明卡；在从事爆破器材、枪支等受管制的危险物品销售活动、特种行业经营时，也要求建立登记造册制度，并且要求相对人将上述资料报送公安机关，或者自己保留，以备公安机关查验。要求相对人保留资料，包括电子数据和影像信息，会给其带来较大的负担，因此，应当规定合理的保留期限。

2.1.2 当特定事件发生时，要求相对人立即报告

在旅馆业、废旧金属收购业、复印业、刻字业、典当行等特种行业管理中，特别规定相对人在发现违法犯罪嫌疑或可疑情况时立即向公安机关报告的义务，有的法律对知情不报或隐瞒包庇者规定了罚则。在发生放射事故、燃气事故、火灾等灾变时，或者有偷渡，非法滞留，网络异常，枪支被盗、被抢或丢失时，在行政法上负有义务者应当立即向公安机关报告。

2.1.3 传唤

该方法是通知违反治安管理的人到指定地点接受询问的措施，原则上要求使用传唤证，但对当场发现的违反治安管理的人，可以

口头传唤。对无正当理由不接受传唤或者逃避传唤的，可以强制传唤。强制的方法以能将被传唤人传唤到公安机关为限度，必要时可以使用械具。传唤询问的时间原则上不超过 8 小时，但情况复杂，适用拘留处罚的，可以不超过 24 小时。在被释放之后，如果发现新的证据、确需继续询问的，可以再次传唤。但是，不得故意以连续传唤的方式，使受调查者实际上处于持续被拘禁之中。

2. 1. 4　询问、走访、摸底

这种调查方法一般适用于证人或者知情人。尽管有关法规当中规定了证人应当如实反映情况，对警察收集证据材料，有关单位和公民应当积极予以支持和协助，不得知情不报或者隐瞒包庇。但是，上述调查方法由于缺少罚则作担保，仍然应理解为任意调查。调查的成效，取决于相对人是否愿意协力，以及协力的程度。

2. 1. 5　盘查

盘查是一种兼具犯罪搜索型的行政调查措施，[①] 即警察在执行追捕逃犯、侦查案件、巡逻值勤、维护公共场所治安秩序、现场调查等职务活动中，对形迹可疑、有违法犯罪嫌疑的人员，有权当场盘问、检查（《人民警察法》第 9 条第 1 款）。经当场盘问、检查，发现有：（1）被指控有犯罪行为的；（2）有现场作案嫌疑的；（3）有作案嫌疑身份不明的；（4）携带的物品有可能是赃物的，可以将其带至公安机关，对其继续盘问（《人民警察法》第 9 条第 1 款）。对被盘问人的留置时间自带至公安机关之时起不超过 24 小时，在特殊情况下，经县级以上公安机关批准，可以延长至 48 小时，并应当留有盘问记录。对于批准继续盘问的，应当立即通知其家属或者其所在单位。对于不批准继续盘问的，应当立即释放被盘问人（《人民警察法》第 9 条第 2 款）。经继续盘问，公安机关认

① 余凌云：《警察盘查论》，中国人民公安大学出版社 2011 年版。

为对被盘问人需要依法采取拘留或者其他强制措施的，应当在上述期限内作出决定，在上述期限内不能作出决定的，应当立即释放被盘问人（《人民警察法》第9条第3款）。

2.1.6 检查

检查是运用最广泛的调查手段。其内容极其宽泛、丰富，可以按照不同的标准进行分类，主要包括：

第一，对人身、物品、场所的检查。这是按照检查对象的分类。对人身的检查是为了发现被调查人是否携带违禁物品①、赃物或者有关证据，或者是否存在某种身体疾病或缺陷。对物品的检查是对携带行李物品、货物等的翻检，以便发现是否有违禁物品、赃物或证据。对场所的检查，包括对公共场所和私人住宅的检查，是为了发现是否存在违法犯罪行为，窝藏违禁物品、违法工具、赃物或证据等。其中，对住宅的检查是对私人家屋，以及包括寄宿宿舍、旅馆等其他各种私生活在物理空间上所展开的场所进行搜查，涉及隐私权保护，条件与程序更为严格。

第二，日常执法检查、办案检查与安全检查。按照检查的类型与要求的不同，可以分为办案检查、安全检查和日常执法检查。日常执法检查就是依法对机关团体、企事业单位或者公共场所进行日常监督检查，多为例行检查。办案检查是发生在案件查处过程中的检查。安全检查是基于安全考虑而当场实施的检查，无须专门批准，目的是及时发现被调查人携带的管制刀具、武器、易燃易爆等危险品，防止其突然施暴。

① 所谓的违禁物品（prohibited articles），是指为实施盗窃、抢劫等制作的工具，或者使用与上述违法犯罪活动的工具，以及法律禁止个人或组织拥有的物品，如毒品、淫秽物品等。

2.1.7　现场勘查、检验、鉴定、辨认等

现场勘查是对违法行为案发现场、交通事故、火灾现场进行实地调查取证。检验、鉴定是由专门机构对被调查人或物品进行技术上的检验，看其是否符合法律规定的某种条件或标准。例如，对违反治安管理的精神病人，应当由精神病鉴定机构或者由公安机关指定的精神病院进行鉴定。被拘留人在拘留期间死亡的，应当由县级以上公安机关组织法医或医生作出有法律效力的死亡鉴定。为了查明案情，公安机关可以让违法嫌疑人、被侵害人或者其他证人对特定对象、场所或者物品进行辨认。

2.2　行政调查的分类

对于上述各种调查方式，在行政法上当然有着很多的分类方法。以下介绍几种最重要的分类：

2.2.1　以调查的实效确保手段为标准，分为任意调查和强制调查

这种分类在行政调查上最为重要，意义在于说明调查的强制性之有无，决定了在法规要求上有着截然不同的要求。任意调查之“任意”并非随心所欲，而是任随被调查人意愿，须得其同意和协力。所以，它不需要严格的法律授权、不受法律保留原则的拘束，只要是在行政机关的职责管辖范围之内都可为之。但强制调查则不然，它必须要有具体的法律授权，严格依据法定程序实施，受比例原则和法律保留原则的强烈约束。尤其是实力强制调查，往往一气呵成，不存在任何中间救济的可能，事后救济也缓不济急，主要依赖明确适用条件、严格执行程序和加强内部执法监督等机制来控制。

任意调查，也称非权力性调查，是运用最为广泛的一种调查方法，是指纯粹依赖被调查人协助和同意而进行的调查，法律上没有

提供确保手段，也不能强制实施。例如，对于投案自首的治安违法嫌疑人，无须补办传唤手续，可以直接询问。如果当事人拒绝接受调查，行政机关要么放弃调查，要么依法改换强制调查，但不得以任何体力、其他措施强迫当事人接受或者继续接受调查。又如，从外观上即能发现当事人住宅上搭建违章建筑，展示证据并说明理由之后，当事人仍拒绝接受入室调查，可追究其妨碍执行公务的责任。

强制调查，也称权力性调查，又分为实力强制调查和间接强制调查两种。(1) 实力强制调查是行政机关在遭遇被调查人抵抗时，允许使用实力（the use of force）强行进入有关场所，或者强行对被调查人人身及财产进行调查。一般适用于紧急情况，如正在销毁或转移重要证据，或者正在实施犯罪或严重违法（crime or serious illegal activity）等情形。(2) 间接强制调查是当被调查人若无正当理由拒绝调查时，行政机关可以采用以下手段之一，迫使其接受调查，但是，不能诉诸实力：①行政强制措施；②拒绝给予被调查人所预期的利益、对其现存的利益作出不利处分；③以行政处罚、刑罚等手段为担保；[①] ④以向公众披露当事人不服从行政规制、存在违法嫌疑等为威胁。适用这种调查方法的条件，一般是所需的资讯对行政管理极其必要，缺少这些资讯，有效的管理就无从谈起，也无法实施。但又没有必要采取实力调查，用上述的威吓就足以让被调查人惧怕而履行义务，从而达到行政上有效指导、监督和管理的目的。例如，《厦门市最低生活保障办法》（2004 年）规定，申请

① 在理论上，以往多强调以罚则为担保，其他几种似乎不多见。其实，从我国的警察法律规范看，以其他几种为调查担保的事例还是有的。比如，为对交通事故的车辆、物品、尸体、当事人的生理和精神状态以及有关的道路状态等进行检验、鉴定，可暂扣交通事故车辆、嫌疑车辆、车辆牌证和当事人的驾驶证。又如，出入境的公民拒绝边防检查站查验的，可以阻止其出入境。

人及其家庭成员无正当理由不配合调查或者拒绝调查的，视为放弃申请。

从实务上看，要辨析强制调查和任意调查，也绝非一目了然。首先，单行法的条文对调查措施有“强制”两字表述，当可直接认定为强制调查；如无，但从实施程序中可以发现强制意味，也可认定之。这属于单行法已然自洽一体的结构。其次，从单行法中无从发现，但掌握较为确凿的证据且当事人仍不协力时，可以借助警察法和刑法上的妨碍执行公务作为担保手段，这勉强也可称为广义上的强制调查，具有间接、外洽特征。最后，既无法从单行法上查寻，又不掌控当事人违法的较为确凿的证据，就只好寻觅当事人的自愿协力，属于纯粹意义上的任意调查。

2.2.2 以调查目的为标准，分为一般调查和个别调查

一般调查，也称为规划性调查或者准立法调查，是为一般公共政策、行政计划、立法等目的而进行的调查。例如，为加强对公路交通管理，有计划地对辖区内的公路现状、交通流量流向、交通事故和阻塞情况以及静态交通布局因素进行的调查。个别调查，也称为个别事件调查、个案调查，是为实现法律规定的特定目的，对行政行为构成要件的事实所进行的调查。例如，对查获的卖淫嫖娼人员，一律进行性病检查，发现患有性病者，强制治疗。

一般调查多采取任意性手段，通过宣传促使相对人支持与配合，而不使用间接强制或者直接强制手段。除了实施普查与意见调查外，此类调查还可以通过举办座谈会、听证会或者问卷调查等方式，较为灵活，并无一定模式或程式。[①] 而个别调查一般必须遵守比较严格的条件与程序。本书对行政调查的论述，也多侧重以个别调查为分析样本。

---

① 参见蔡秀卿：《行政调查法制之探讨》，东吴大学法学院法律学系研究所公法组硕士论文，2006 年 7 月，第 13 页。

2.2.3 以调查领域为标准，分为警察调查、税务调查、工商调查、质检调查、军事行政调查和福利调查等

分类的意义是说明行政调查在行政法领域中存在的广泛性，可以说是一种共性表现。同时，行政领域的特殊性也决定了行政调查在具体实施方式、程序与要求上的一些差异，而这些个性多由部门行政法去探究。

对于行政调查，在教科书中作整体性的耙梳与整理是必要的，但未免宽泛，无法一一切中要害。因为行政调查的样式纷繁，在不同领域呈现出复杂的形态。所以，我们还必须在具体行政领域中逐一梳理，加强有针对性的研究，这更为重要。

3 行政调查的主要制度

行政调查贯穿在行政过程之中，散落在行政法的每个角落。从行政规范制定、类型化行政行为的实施到复议案件的审理，都会或多或少地涉及调查原则、技术、手段与制度。总揽性的一些重要制度包括：法定程序的保障；调查的职权主义；被调查人的协助义务；调查所获信息的公开。所有这些，都是我们在行政程序法、行政调查法中要认真对待的。

3.1 行政调查的基本程序

由于行政调查会与相对人的隐私权、经营自由、人身自由等宪法权利发生冲突，因此，必须遵守正当程序的要求，注意保守国家秘密、商业秘密和个人隐私。对于统计调查、人口普查等相对独立的行政调查，应当尽可能通过匿名、表格式处理等方式降低对相对

人权益的影响。① 在多数情况下，行政调查常蕴含在具体行政行为的程序之中，而具体行政行为程序的设计已然考虑正当程序要求，如行政处罚中的调查取证，行政调查只需遵照法定程序即可。在不同行政领域，针对不同调查事项，采取不同调查措施，有关具体程序与要求可能会有一些差别，但是，就总体调查过程来看，一般包括以下程序：

3.1.1 表明执法身份

行政机关的执法人员在实施调查之前，必须向被调查人表明执法身份，如着装或出示执法证件。在实施检查时，原则上还需要出示检查证。其行政法意义在于，通过表明执法身份，从外在形式意义上，说明执行公务的正当性与合法性，使被调查人产生协助调查的义务。

日本有关授权强制调查的法律中通常明确规定调查官携带、出示证件的要件。② 日本法院认为，调查官不出示证件的情况下，不能追究被调查人拒绝调查罪。③ 韩国《警察官职务执行法》也要求，警察调查时，应向相对人出示身份证。英国《警察和刑事证据法》（the Police and Criminal Evidence Act 1984，s2）以及盘查令（Codes of Practice A，stop and search，para 2）中，也要求警察在检

---

① 洪文玲教授认为，统计调查虽然侵犯每一人民之私人领域，但因资料具有匿名性，且处理成表格式项目，故产生人格剖面图之危险性并不存在，侵犯人格之程度轻微，相较于国家依赖此资料作成正确决定之利益，诚为符合宪法之比例原则。参见洪文玲：《行政调查制度——以警察、工商管理、水土保护领域为例》，载台湾地区行政法学会主编：《当事人协力义务、行政调查、国家赔偿》，元照出版有限公司2006年版，第252~253页。

② 参见［日］远藤博也、［日］阿部泰隆：《行政法（总论）》，日本青林书院新社1984年版，第326页。

③ 日本最高裁昭和27年3月28日第二小法庭判决（刑集6卷3号546页）。

查之前应将警官的姓名和所在警局告知被检查人。如果值勤警官没穿制服，还要出示工作证（warrant card）。[①]

在我国很多的法律、法规与规章中，也都明确规定了表明执法身份的程序。例如，《行政处罚法》（1996 年）第 37 条、《土地管理法》（1986 年）第 68 条、《治安管理处罚法》（2006 年）第 87 条、《港口法》（2003 年）第 42 条，有的甚至赋予了被调查人抵抗权，如果行政机关执法人员没有出示调查证件，被调查人有权拒绝。[②] 例如，《税收征收管理法》（1992 年）第 59 条、《银行业监督管理法》（2006 年）第 34 条第 2 款。

3.1.2 通知并说明理由

行政机关在调查时，一般应将调查的目的、时间、场所、范围事先通知被调查人，并告知调查理由。这是被调查人对政府享有的知情权的内在要求，其有助于取得被调查人的积极协助，提高调查效率，同时也可以防止行政机关滥用调查权。

例如，韩国《警察官职务执行法》规定，警察在调查之前要将调查的理由、时间、场所和对象告知相对人。英国《警察和刑事证据法》（the Police and Criminal Evidence Act 1984，s2）以及盘查令（Codes of Practice A，stop and search，para 2）也要求警察告诉调查的目的。[③] 我国台湾地区“行政程序法”（1999 年）第 39 条也规定：“行政机关基于调查事实及证据之必要，得以书面通知相关之人陈述意见。通知书中应记载询问目的、时间、地点、得否委托他人到场及不到场所生之效果。”

---

① Cf. Alex Carroll, *op. Cit.*, p. 329.

② 通过对行政行为的无效与可撤销二元结构的批判，我反对赋予被调查人拒绝接受调查的权利。参见余凌云：《行政行为无效与可撤销二元结构质疑》，载《上海政法学院学报》（法治论丛）2005 年第 4 期。

③ Cf. Alex Carroll, op. Cit., p. 329.

行政调查的实施也应在通知范围内展开。当然，当场确需追加调查对象、扩大调查范围，也允许行政机关在其调查权限之内裁量决定。告知的期限长短，应考虑以下因素来决定：（1）行政调查能够促进的利益的种类和性质，如起督促效果的调查，提前告诉，可尽收督促之效；查处性质的调查，宜当场告知。（2）情报的种类和性质，如被调查的事实是不是在短时间内就能隐匿或者消除的违法状态，如果被调查的事实是可以在短时间内消除或者隐匿的，那么就有突击检查的必要，这时，告知的期限就要短，一般在告知的同时就实施调查。

3.1.3　邀请当事人或见证人到场

对于物品或场所的检查，一般要求当事人或者见证人到场。首先，这与现场笔录或现场记录有着同构化功能，却更为客观，避免滋生争议。其次，能够当场听取当事人申辩，理由成立的，即刻停止检查或者扣押。实践中也不乏当事人拒绝到场，或者无法通知当事人到场，且难寻见证人，可以考虑用全程录音、录像的方式替代。

3.1.4　针对专业性较强的事实的调查程序

行政调查的某些事项，如收缴伪劣商品或淫秽物品、鉴定痕迹、认定事故等，涉及较强的专业性、技术性。为保证调查的科学性、合理性，首先，从事现场调查、收集证据的调查人员必须具有相应资质，配备必要的技术设备和手段，遵循科学的操作规程。其次，对事实认定、事故成因分析，如检验、鉴定，以及交通事故认定、工伤认定、医疗事故认定等，必须由独立的、具有资质的机构或人员作出。最后，允许被调查人提出异议，并应当根据检材类型、案件性质、专业能力等，规定合理的异议处理期限、程序与机构。原则上重新检验、鉴定或者认定以一次为限。

3.1.5 技术设施运用的程序

随着科技的迅猛发展，在行政领域大量引入了科技设施，作为收集信息、适时监控和行政决定（策）的平台。例如，道路上安装的卡口、监控系统，在收费站、银行、宾馆、交通测速点设置的录像系统，车辆的GPS，行车记录仪等，能够反映车辆运行轨迹或者人员往来。这些设施可以是固定的，也可以是移动的；可以由公共财政负担，也可以由社会出资。其安装、维修与管理多采取社会化，外包给专门技术公司；而其运行、信息等又牵扯公众的隐私权、行动自由与公共利益。另外，网络发展营造出的虚拟世界，不同于现实社会。呈现出的违法形态，既有传统的，也有非传统的。网络执法的手段与程序也显然有别于传统执法。

在这些领域中，往往是公法与私法关系纠缠交织，极其复杂。正当程序的贯彻也别具特色，有着新的样式，需要逐个领域、挨个事项的研究与设计。例如，监控系统的设置应有提示，包括有明显标识、公开分布状况、可在政府网站自由查询等。又如，网络执法通过浏览与技术发现有害信息，立即阻止传输、屏蔽信息，因无法查实违法行为人，可在特定的信息栏中告知，送达文书。

3.1.6 告知调查结果

行政调查一旦发现违法行为、安全隐患或者其他问题，旋即需要整改、处理或处罚，这必定会进一步增添当事人的负担，所以，必须由行政调查的结果来支撑行政决定的正当性，说明整改的方向、内容与要求，节约当事人的服从成本，提高当事人的行动效率。调查结果应当事先告知当事人，可以单独告知，也可能会揉入整改方案或者行政决定作出之前的理由说明之中一并告知，并允许当事人陈述、辩解与申诉。

3.2 法官令状主义与行政机关内部审批

在行政调查上，对于行政机关采取直接针对宪法基本权利的调查措施，如传唤、检查，除非事态紧急，原则上也应当经过事先审查，取得批准或检查令（证）。其中，尤其关注对人身、住宅的检查，有关审批条件最严。这对于约束行政机关不随意行使调查权，对于在行政程序上进一步落实宪法的人权保障价值观都极具意义。

3.2.1 两种审批模式

对行政调查措施的审批模式大致包括两种：一是实行法官令状主义，行政机关在搜查、扣押财物之前原则上要向法官申请令状，通过法院的事先审查和批准来控制行政机关的调查权。这流行于英美等国家，依靠法院保障公民基本权利。所以，当行政调查“实质上相当于以追究刑事责任为目的刑事搜查”，或者可能导致刑事责任追究时，多要求法官签发令状。① 例如，在美国，如果未经当事人同意，行政检查是不合理的，除非具有有效的搜查令。美国法院在 Camara 案的判决意见中指出，虽然找出可供个案裁决遵循的可行性准则是一件很困难的事，多年以来法官对此也多有分歧，但是我们一向坚持的总的原则就是，除几类经过细心推敲界定的特定案件之外，未经相对人同意，任何对其私人财产的检查都是不合理的，除非已经取得了有效的检查令。② 二是采取行政机关内部的控制模式。又如，在我国，基本上采取的是内敛、紧凑的内部监控模式，通过对调查的实体条件的规定、对调查措施的层次性规定以及内部的审批程序来控制行政机关的调查权。从我国的实践经验看，

---

① 参见［韩］金光日：《韩国行政调查基本法研究》，清华大学法学院法学硕士学位论文，2012 年。

② Cf. Kenneth Culp Davis & Richard J. Pierce, op. Cit. , p. 145.

再辅之以行政机关内部的执法监督与考评，其控权效果也相当不错。①

3.2.2 审批条件的放宽

当然，与刑事上搜查条件的苛严相比，对行政检查的控制也根据行政法的特点适当放宽了适用的条件，一般只要有相当理由(probable cause)，就可以批准实施检查。这是因为：

第一，行政上的检查，不像刑事上的搜查那样具有很强烈的追究嫌疑人罪行的刑事目的，而是具有双重性（dual character)，既有可能是去查实违法行为（non - compliance)，也可能只是去督促相对人遵守法律（encouraging compliance)，或者核实申请人是否符合行政授益条件。也就是说，在有的案件中，调查其实是对双方互利双赢的（mutually beneficial)，就是在被调查一方，也未必坚持要求行政机关要有检查令。②

第二，有些检查其实就是即时强制，在时间上具有急迫性，为了保证检查的有效性，真正能够发现问题，在程序上如果像刑事诉讼那样严格，恐怕未必可行。

第三，在现代紧密联系的社会中，尽管在理论上我们的住宅仍然是我们的堡垒（castle)，但它不再孤立于护城河环绕的山冈之上，而是和中央供水系统、排污系统、垃圾处理系统，以及左邻右舍的住宅联系在一起。社会相互依存（social interdependence）所产生的需求是具有压倒一切的需求，为了执行健康、卫生、安全、住宅等规定，确保必要的生活条件，就必须允许行政机关具有广泛的检查权力，并为其松绑。检查是执行法律不可或缺的手段，没有

---

① 参见余凌云：《公安机关办理治安案件中的若干调查措施——立法制度变迁的梳理与批判性思考》，载《行政法学研究》2006 年第 3 期。

② Cf. Peter L. Strauss, *An Introduction to Administrative Justice in the United States*, Carolina Academic Press, 1989, pp. 28 - 29.

它，行政机关将无法有效确认当事人是否遵守或者违反有关法律。①

3.2.3　审批的例外

然而，一味地强调法官令状主义，会对行政效能造成影响，损害公共利益，此其一。其二，采取法官令状主义的根本目的在于由中立地位的法官来决定是否签发令状，从而保护相对人的基本权利。但是，随着行政程序的发展，也发挥着近似的功能，也足以妥善保护相对人的基本权利，冲淡了对法官令状主义的诉求。例如，通过事前通知、说明理由、告知等程序，由中立的行政委员会决定是否实施行政调查，以及充分保障事后司法救济制度，也能够起到替代性效果。②

所以，在美国，也一再限缩令状的适用范围，允许大量的例外情形。这些不需要法官令状的情形包括：（1）附属于有效逮捕的搜查。（2）确保证据没有丢失的搜查。（3）基于同意的搜查。（4）确保执法官员安全的搜查。（5）紧急追逐中的搜查。（6）一目了然法则（plain view）下的搜查。（7）在仅需较低层次保护的特定地点实施的搜查。③ 韩国通说也认为，“行政调查并非一律适用令状主义，而是应综合考虑行政调查的性质、必要性与紧迫性，以及除令状制度之外其他正当程序等控制机制的存在与否等因素，

---

① Cf. Bernard Schwartz, *Administrative Law*, Little, Brown and Company, 1991, pp. 114 – 115.

② 参见［韩］金光日：《韩国行政调查基本法研究》，清华大学法学院法学硕士学位论文，2012年。

③ Cf. Espstein L. & Walker T. G. , *Constitutional Law for a Changing America: Rights, Liberties and Justice*, Congressional Quarterly Inc. 2001, p. 498. 转引自刘建军：《行政调查正当程序研究》，浙江大学法学院博士学位论文，2009年。

进行具体判断，看是否适用令状主义”。[①]

在我国，也同样存在例外。在警察法领域，必须立即实施的检查，一般不需要审批，包括：（1）情况紧急，并有初步证据，必须立刻实施检查。（2）当场检查。例如，《公安机关办理行政案件程序规定》（2012年）第68条规定，对确有必要立即进行检查的，人民警察经出示工作证件，可以当场检查。（3）安全检查，如《公安机关办理行政案件程序规定》（2012年）第41条规定，对查获或者到案的违法嫌疑人应当进行安全检查，发现违禁品或者管制器具、武器、易燃易爆等危险品以及与案件有关的需要作为证据的物品的，应当立即予以扣押；对违法嫌疑人随身携带的与案件无关的物品，应按照有关规定予以登记、保管、退还。安全检查不需要开具检查证。

3.2.4 日常监督检查的审批

对机关团体、企事业单位等的生产经营场所、办公场所进行常规性检查，或者需要进入私人住宅进行例行性检查，现行法律与实践多不要求事先取得批准、出示检查证。我也大致同意，这种情形多半可以转由要求表明执法身份、说明理由、征得当事人同意等正当程序来控制。

但是，我主张，行政机关内部要有适度的审批控制，签发可以反复适用于多个同类场所或单位的检查证。理由是，第一，日常监督检查过于频繁，也会干扰相对人的正常生产、生活，必须适当控制。第二，检查审批由行政机关内部把握，操作也较简便，不会对行政效率造成过度影响。第三，在比较法上也有例可寻。例如，在美国 *Camara v. Municipal Court* 案中，住宅检查人员（a housing inspector）做例行的年度检查（a routine annual check），要到当事人

---

① 参见［韩］金光日：《韩国行政调查基本法研究》，清华大学法学院法学硕士学位论文，2012年。

家中检查是否存在违反市住宅法（the municipal housing code）的问题，但是没有搜查令，当事人拒绝其检查。最高法院认为，当事人有拒绝的权力，不构成违法。①

当然，审批条件相对宽松。因为不以追究违法责任为唯一目的，而是基于多元目的、立足职责的逡巡，所以，不必像对待办案检查那样严格，可以是基于一种概括的、不需要任何初步证据的理由，只要存在公共利益的需要且检查是合理的，就可以批准检查。比如，在美国，法院也承认，在类似 *Camara v. Municipal Court* 案的情形下，行政机关申请令状的条件应该适当宽松些。也就是说，对一定范围的地区的检查（on an area - by - area basis），申请令状时可以不要有美国宪法第四修正案意义上的相当理由（probable cause）。法院认为，相当理由标准是随着所执行的市政管理任务而变化的，可以基于时间的进程（the passage of time）、住宅的性质（如是否为多家庭居住的单元楼房）或者整个地区的情形而定，没有必要一定要对特定的居住情况有所掌握。②

在美国，也允许没有令状下的日常监督检查，但要有法律依据，如 *New York v. Burger* 案中，法院判决行政机关可以无令状进入汽车销售场所检查。③ 其正当化理由是，“该类行业于申请执照时，营业法规即已明文规范，业者对相关法规所定义务应有认知，且营业申请书中均已列明是否知悉相关规定栏位，并要求业者表示承诺与否，基于诚信原则，业者应受其承诺所拘束，故当行政机关进入业者场所检查时，并不侵犯其居住自由或隐私权”。④一般而言，这种例外必

---

① Cf. Kenneth Culp Davis & Richard J. Pierce, op. Cit. , p. 145.

② Cf. Bernard Schwartz, *op. Cit.* , pp. 115 - 116.

③ Cf. Bernard Schwartz, *op. Cit.* , p. 122.

④ 参见洪文玲：《美国行政调查之研究》，收入行政院法规委员会编印：《行政调查制度之研讨——行政院 94 年度第 2 次法制研讨会实录》，2006 年，第 143 页。

须符合以下条件:(1)是长期受政府严密监管的行业(closely regulated businesses),像酒类、枪支、矿产等行业。(2)政府对该行业的规范具有实质性利益(substantial interest)。(3)无令状的检查必须是有效贯彻行政规范或法律的必要方法。(4)无令状检查的法律中,必须详细规定检查的标准、时间、地点、范围等。①

反思我国,我觉得,日常监督检查的未来走向应该是,第一,因对象是私人住宅还是生产经营场所、办公场所而有所区别。对私人住宅的日常监督检查,涉及隐私权保护的预期水平较高,如对出租房屋的检查,审批相对要严格一些;为福利行政目的,需要入室调查,“双方之间发生对立关系概率极小”,也可以不需要审批。②对生产经营场所、办公场所的检查,因其本身对社会开放性,或者具有某种公共性,涉及隐私权保护的预期水平不高,审批较为宽松;对需要重点规制的生产经营场所或者办公场所(如矿厂、食品加工和销售部门等)的检查,审批极为宽松,甚至可以不需要审批。第二,原则上需要出具检查证,可以一次性反复适用多个同类场所或单位。第三,对于不需要审批和出具检查证的情形,在有关法律、法规中必须对检查的对象、范围、地点、时间、程序等作出比较详细的规定,以增强相对人的预期,控制行政机关的检查权。第四,行政机关应当考虑行政调查的目的、遵守法律的实绩、自觉遵守的努力程度、企业规模与行业等,以明确而客观的标准选定行政调查的对象,③ 尽量以合理的方式实施调查,尽可能让相对人的负担最小化。行政机关不得在短期内,对同一企业就同一事项

① 参见蔡秀卿:《行政调查法制之探讨》,东吴大学法学院法律学系研究所公法组硕士论文,2006年7月,第47~50页。

② 参见[韩]金光日:《韩国行政调查基本法研究》,清华大学法学院法学硕士学位论文,2012年。

③ 参见[韩]金光日:《韩国行政调查基本法研究》,清华大学法学院法学硕士学位论文,2012年。

反复调查。第五，对相同或者类似事项的调查，涉及若干行政机关职责的，可以采取联合调查或者相对集中调查权的方式。

3.3 调查的职权主义

调查的职权主义是由行政管理的主动性决定的，体现为行政调查的主动性、全面性和裁量性。[①] 但要严格遵守合法性原则、合理性原则和比例原则。主要包括以下内容：[②]

3.3.1 行政机关负有概括的调查义务

（1）凡是与行政决定有关、与行政机关管辖职责有关，有调查的必要与可能的，行政机关均应依职权启动调查程序。对于相对人举报、报案、申请许可或者请求鉴定、请求保护其合法权益等，行政机关必须依法启动调查程序，告知相对人处理结果。

（2）对于依申请的行政行为中的要件事实，如申请许可所提交的材料，是否符合法律规定，行政机关一般进行形式审查，除非有证据显示申请人提交的材料有问题，行政机关才进行实质审查。

（3）行政机关调查事实不受当事人主张的拘束，只要涉及公

① 章志远博士认为，职权主义调查原则实际上是通过两个方面的具体要求表现出来的：一是行政调查的主动性，即是否实施以及怎样实施行政调查活动都由行政主体单方面地依据自己的职权所决定。虽然行政相对人也享有行政调查的请求权和参与权，但在行政调查中真正起主导作用的只能是行政主体。二是行政调查的全面性，即行政主体应当全面、客观、公正地实施行政调查活动，而不能仅以一己主观喜好或者是否有利于其作出最终行政决定为标准而“片面”地进行调查。原因在于，行政决定的作出必须建立在与案件有关的主要事实均已查清的基础之上，否则，行政决定必然会有失全面甚至最终会被彻底推翻。参见章志远：《行政调查初论》，载《中共长春市委党校学报》2007 年第 2 期。

② 参见蔡秀卿：《行政调查法制之探讨》，东吴大学法学院法律学系研究所公法组硕士论文，2006 年 7 月，第 87 ~ 89 页。

共利益，行政机关调查的范围可以超出当事人请求的事项。在行政调查中，对于当事人有利或者不利的证据都应当收集。

(4) 如果调查成本过大，远远超出行政决定能够获得的价值，行政机关可以不调查或者停止调查。

3.3.2 行政机关对具体的调查方法享有裁量权，可以运用各种合法、合理且必要的调查方法

(1) 在行政调查时，除法律对调查具体方法有明确规定外，行政机关可以综合考量调查目的、职责要求、实践惯例等因素，裁量选择合理的调查方法，尽可能优先考虑任意调查方式。其道理，诚如洪文玲教授指出的，“调查活动若能基于民众协力以完成，即可避免对立冲突，又能减少龃龉耽搁，有助于行政效能之提升”。[①]

(2) 对拒绝调查的被调查人，行政机关采取担保手段（如行政处罚、强制措施、拒绝授予利益等）之前，应向其说明理由。如果被调查人因惧怕遭到上述担保手段的实施带来的不利益，幡然悔悟，允许行政机关调查，行政机关则可以自由裁量是否执行上述担保手段。这是因为，这些手段是为了担保调查顺利进行而采取的，如调查实际上能够实现，就可以考虑对上述担保手段不予执行或者执行的程度。

(3) 行政机关在调查中采取的强制措施涉及第三人的，应当注意对第三人利益的保护。

3.4 相对人的协助义务

在行政管理中，经常要求当事人提供与行政调查有关的材料、报告或记录（required forms and reports），协助行政机关调查有关

① 参见洪文玲：《行政调查制度——以警察、工商管理、水土保护领域为例》，载台湾行政法学会主编：《当事人协力义务、行政调查、国家赔偿》，元照出版有限公司2006年版，第261页。

情况或事实。知晓有关情况的公民、法人或者其他组织应当协助行政机关的调查。上述相对人所履行的义务，在行政法上可以笼统地称为相对人的协助义务，或者协力义务。这种义务实际上可以根据对象分为两类：一是当事人的协助义务，二是证人、知情人的协助义务。

之所以有协助义务，是因为：第一，“行政法关系之形成、经过与事实状况，事件相关人往往比行政机关更为知悉或掌握正确的资料”，① 且牵扯当事人的切身利益。② 第二，全凭行政机关一方调查事实，将使调查成本陡增，也难以保证行政决定的正确与质量。第三，没有相对人协助，有可能导致行政规制效率低下，甚至事实上不可行。

3.4.1　强制性与任意性

如果行政调查是为了作出被调查人所追求的行政决定，具有授益性质，如颁发许可、给予最低生活保障金等，被调查人通常会积极协助与配合。但是，如果调查是为了作出对当事人不利的行政决定，要求被调查人配合提供有关的信息，被调查人是否必须服从，这就需要鉴别这种协助义务的性质。在什么情况下是强制性的、必须履行的义务；在什么情况下是任意性的、倡导与鼓励当事人履行

---

① 参见李震山：《行政调查之立法刍议》，载行政院法规委员会编印：《行政调查制度之研讨——行政院94年度第2次法制研讨会实录》，2006年，第42页。

② 对当事人以外的其他公民协助调查，应当予以适当的经济补偿。比如，《湖南省行政程序规定》（2008年）第67条规定，当事人应当配合行政机关调查，并提供与调查有关的材料与信息。知晓有关情况的公民、法人或者其他组织应当协助行政机关的调查。公民协助行政机关调查，其所在单位不得扣减工资；没有工作单位的，因协助调查造成的误工损失，由行政机关按当地上年度职工日平均工资给予补助。因协助调查产生的其他合理费用由行政机关承担。

的义务。

如果我们借用德国法上的"参与负担"和"参与义务"的概念,[①] 大致可以认为，第三人、知情人参与事实的调查，或者当事人在调查中履行的非强制性义务的内容，原则上属于"参与负担"，属于任意性质，如果拒绝履行，不能强制执行，也不能处罚。在强制调查下，法律要求当事人必须履行的协助调查的义务是"参与义务"，具有强制性，是必须履行的，否则，行政机关可以采取法律规定的担保手段迫使其履行义务。

3.4.2 "禁止强迫自证其罪原则"基本不适用

那么，在后一种情形下，是否牵涉宪法上禁止强迫自证其罪原则的适用呢？这在美国、日本和韩国的行政法里，是一个很重要的宪法问题，引发了一场很激烈的论战。论战的结果是，将传统上一直以为只有司法意义的沉默权扩大运用到行政法上来。当然，与此同时，也根据行政法特点适当放宽了适用条件。我们还是以美国为例，考察上述过程。

我们知道，美国宪法第五修正案（the Fifth Amendment）有一个极具司法意义的条款，也是美国政治史上很重要的一项特权，就

---

① 在德国法上，将当事人的协助义务具体区分为"参与负担"和"参与义务"。德国《行政程序法》第26条第2项规定："当事人须参与事实之调查。当事人尤其提出其所知之事实与证据方法。至于参与调查事实之其他义务，尤其亲自出席或陈述之义务，仅于法规有特别规定者为限。"其中，"当事人参与事实的调查，提出其所知之事实与证据"是参与负担，不是法定义务，不具有直接强制的效果，如果当事人拒绝履行，不能强制执行，只可能在法律上产生对当事人不利的效果。但是，法律明确规定要求当事人必须履行的义务，如"亲自出席或陈述之义务"，则属于"参与义务"，如果当事人拒绝履行，行政机关可以采用法律规定的强制手段达到调查目的。参见蔡秀卿：《行政调查法制之探讨》，东吴大学法学院法律学系研究所公法组硕士论文，2006年7月，第90页。

是在刑事案件中，不得强迫公民自证其罪（no person shall be compelled in a criminal case to be a witness against himself）。后来，在20世纪50年代早期那场歇斯底里反对共产主义的运动中，被广泛运用到国会和行政听证上来（The widespread use of the privilege by witnesses at congressional and administrative hearings during the anti – Communist hysteria of the early 1950's）。继而，被推广到其他调查之中。①

从历史上看，美国法院对于上述宪法修正案的适用，一开始是持很严格和保守的态度，在 FTC v. American Tobacco Co.，264 U.S. 298(1924)案中就否定了行政机关能够“钓鱼式查阅”（fishing expeditions），也就是命令被调查人把几乎所有的信件、往来电传等资料都提供给行政机关，以便发现是否存在问题。但是，到第二次世界大战期间，特别是到了 Endicott Johnson Corp. v. Perkins，317 U.S. 501(1943)案件的判决，法院的态度出现了革命性的改变，认为要求企业提供工资名单记录，以便发现是否有违反最低工资要求的行为，并不违法。到了 United States v. Morton Salt Co.，338 U.S. 632，641，642，652(1950)案件的判决，则达到了这场革命性变革的顶峰。在该案中，法院为行政机关的“钓鱼式查阅”作了根本的开脱，指出：“即使人们会认为在该案中行政机关的资讯要求只是出于好奇，但是，执法机关依法有权确信企业行为不违背法律和公共利益”（Even if one were to regard the request for information in this case as caused by nothing more than official curiosity, nevertheless law – enforcing agencies have a legitimate right to satisfy themselves that corporate behavior is consistent with the law and the pub-

① Cf. Peter L. Strauss, *op Cit.*，p. 31.

lic interest)。[①]

之后，美国法院的基本态度就是，在行政调查上，上述宪法规定原则适用，但由于行政法的特殊性，使得这种原则适用的概率较低。因为上述特权的使用，会在很大程度上挫伤规制行为，所以在行政法上要受到限制。其判决推理极其简单，政府没有大量的资料，将无法进行管理。因此，政府要求公民或企业提供与正常活动有关的资料，这是正当的，受调查者也没有充足的理由予以拒绝。尽管政府可能从中发现违法问题，如企业提供有关经营情况的资料，税务机关可能从中发现偷税漏税问题，但这与强迫公民自证其罪是不能画等号的。

因此，在美国，在行政调查的很多领域，相对人均不能引用禁止自证其罪原则来拒绝接受调查。首先，公司及非法人团体不能主张该原则的保护。因为它们是由国家创造的，其法人人格是由法律所赋予的，只能在法律所允许的范围内从事经营活动。国家保留了查阅其文件记录和检查其契约的权力。其次，公司及非法人团体所属的人员，其所持有的文件资料，如果不是基于纯粹私人地位而持有的，而是基于机构代理人的地位而持有的，也不能拒绝行政机关查阅该文件的要求。再次，如果适用，也仅适用于口头证词，不及于物证、记录或检查结果。[②] 最后，第三人，如会计师，所持有的由客户提供的文件资料，也不得引用该原则拒绝行政机关的查阅。[③]

---

① For a detailed analysis on this subject, Cf. Kenneth Culp Davis & Richard J. Pierce, *Administrative Law Treatise*, Little, Brown and Company, 1994, §4.1 "An Historical Overview of the Administrative Power of Investigation".

② 参见洪文玲：《美国行政调查之研究》，载行政院法规委员会编印：《行政调查制度之研讨——行政院94年度第2次法制研讨会实录》，2006年，第143页。

③ 参见蔡秀卿：《行政调查法制之探讨》，东吴大学法学院法律学系研究所公法组硕士论文，2006年7月，第40~41页。

只有在具有高度的属人特性、极度个人化的事由中，像在*Marchett v. United States*案件中，[①]才允许被调查人引用禁止自证其罪原则，拒绝提供行政机关所要求的信息。也就是说，如果法院能够被说服（persuade），要求被调查人提供报告的唯一目的，就是获取其犯罪行为的证据，而且报告又是在该人，而非他人手中。那么，要求由该人自己提供，就有强迫自证其罪之嫌。[②]但是，这仅限于自然人。公司和非法人团体均不得主张该原则。

韩国学术界对该问题的论述并不多，但通常采取的是限制适用说，即拒绝陈述权在行政调查领域中原则上不被认可。只要行政调查的目的或其必要性在合理的范围内，仅凭调查结果对调查对象不利这一点，不足以拒绝调查。但是，以追究刑事责任为目的而实施的调查，可以例外地适用。[③]

在我国台湾地区，对于行政法上是否应该援用禁止自证其罪原则，也有肯定和否定之争。肯定说的理由是：第一，行政法上的一些处罚有时不亚于刑罚，特别是永久剥夺、消灭权利资格的行政处分，对当事人影响极大。因此，应当允许当事人主张沉默权，行政

---

① 在该案中，政府要求Marchett填写一份关于其赌博收入的文件，而在该州赌博是违法的。法院认为，强迫当事人Marchett填写上述报告，违反了第五修正案关于禁止强迫自证其罪的规定。390 U. S. 39(1968).

② Cf. William F. Fox, Jr., *op. Cit.*, pp. 68 – 71. Also Cf. Peter L. Strauss, *op. Cit.*, p. 184. 对于这种例外，葡萄牙在《行政程序法》（1991年）第89条更是作了详细列举，该条规定："一、领导调查的机关，可命令利害关系提供资料，以及就其他证据方法给予协助。二、当服从上款的指令时，出现下列情况，则拒绝该命令属正当：a）涉及违反职业保密；b）涉及澄清某些事实，法律禁止或免除透露该等事实；c）涉及透露利害关系人本人、其配偶、直系血亲尊亲属或直系血亲卑亲属、兄弟姐妹，或者相同亲等的姻亲所作出的可被处罚的事实；d）有可能对利害关系人本人或上项所指任一人造成精神上或物质上的损害。"

③ 参见［韩］金光日：《韩国行政调查基本法研究》，清华大学法学院法学硕士学位论文，2012年。

机关也应该有告知义务。第二，德国《营业竞争限制防止法》第46条第5项也规定，负有提供资料义务之人，对于可能引起其本身或特定亲属受刑事诉追或行政处罚，可以拒绝答复。在我国台湾地区实践中，也认为，“公平交易法”第43条规定的拒绝到场陈述的“正当理由”之一，就是受调查人恐因陈述致使自己或其特定亲属受到刑事诉追或行政处罚。[①] 否定说认为，行政法的调查，如税法上的询问检查，是为了公平准确地核定征收税捐，是为此目的而收集取得必要的课税资料，并非以调查犯罪为目的，因此，当事人原则上没有拒绝协力的权利，税捐义务人也不能以有被刑事诉追的危险而拒绝协力。[②]

我国宪法条文中虽然没有一个明确规定禁止强迫自证其罪的条款，但并不妨碍部门法对这个问题的理论乃至立法探索。在刑事诉讼法修改过程中，就曾有过借鉴西方的沉默权一议，但终究没有确定下来。而且宪法上没有明文规定，并不等于说宪法之中没有上述思想。其实，在我看来，上述思想早已蕴含在宪法对公民基本权利

---

① 参见蔡震荣：《行政罚裁处程序》，发表于台北市政府法规委员会主办的“人权保障暨行政罚法研讨会”（2006年6月15日）。李建良：《从公共工程弊端谈公平交易委员会之行政调查权》，载《月旦法学杂志》第18期（1997年11月），第16～17页。转引自蔡秀卿：《行政调查法制之探讨》，东吴大学法学院法律学系研究所公法组硕士论文，2006年7月，第92～93页。

② 陈清秀：《税法总论》，作者自版，2001年10月，第450～451页。这种观点与日本法院判决所持见解基本一致。日本最高法院在昭和四十七年的“川崎民商事件”中指出：“宪法第38条的拒绝供述权的保障，不仅适用于刑事程序，对于实质上为追究刑事责任而取得、收集资料，并与此有直接相结合作用之一般程序，亦一律兼及。”因此，在行政法上是否可以适用该原则，取决于调查目的。必须对行政调查程序的手段、方法、目的进行分析，假如它具有“实质上为追究刑事责任而取得、收集资料，并与此有直接相结合作用之一般程序”的性质，当事人就可以主张禁止自证其罪原则。否则，当事人就不能主张该原则。参见蔡秀卿：《行政调查法制之探讨》，东吴大学法学院法律学系研究所公法组硕士论文，2006年7月，第93～94页。

的规定之中，也就是宪法赋予公民基本权利的同时，亦内在地、逻辑地否定任何不利于基本权利保障与实现的行为。进一步衍生的结果就是，在特定情况下，不能非法地强迫公民牺牲宪法赋予他的基本权利。当然，在行政法上援用上述思想作为保障公民基本权利的“利器”，也和上述美国的情况相同，是要受到行政法本身特点的限制的。以户籍调查为例，公安机关有权要求公民提供有关资料，接受质问，但其目的不在于刻意追究当事人的违法责任，而是为了查清人口基本状况，核实相对人的基本信息，以便于行政管理。在正常的资料提供中，可能会发现被调查人的违法问题。例如，警察在核查户口过程中，发现被调查人提供的户口簿上有涂改现象，进而有可能对其予以处罚，但对于这种正常的户籍调查，公民无权拒绝。

3.4.3 不履行协助义务的法律后果

如果被调查人拒绝配合调查，会产生什么样的法律后果呢？在美国，对于拒绝接受传唤（subpoenas）的被调查人，行政机关一般无权处罚，尽管个别行政机关有权直接处罚，但这仅仅是例外，是一种“非典型的偏离”（atypical deviation）。[①] 行政机关一般要另外向法院申请核发服从令状，被调查人若仍然拒绝不配合，则由法院处以藐视法庭罪（a contempt of court）。因为美国最高法院认为，在处罚被调查人之前，应当容许其就传唤的合法性向法院提出异

① 比如，在美国，证券交易法（*the Securities Exchange Act*）规定，任何人若无正当理由拒绝接受证券交易委员会（SEC）的传唤，将以行为不端（guilty of a misdemeanor）处以罚款或者监禁。但有意思的是，证券交易委员会仍然倾向于常规做法，诉诸法院执行传唤。Cf. Bernard Schwartz，*op. Cit.*，p. 131.

议。[①]在美国，这种执行模式不仅适用于当事人，也适用于证人。[②]在我国，被调查人对于强制调查的拒绝行为可能招致进一步的处罚、直接强制或者拒绝给予利益等后果。但是，对于证人、知情人拒绝配合调查，目前缺少必要的法律手段。

但是，行政机关不得采取非法强迫（oppression）或其他不适当的方法（improper means）迫使被调查人提供自己实施违法行为的资料。例如，不得采用刑讯（torture）、非人道对待（inhuman treatment）、暴力威胁（the use of threats of violence）、不间断讯问（continuous questioning without adequate rest or break）等方式，如果一旦当事人指控行政机关采取了上述手段，那么将由检控方（prosecution）来证明上述事实不存在，而且要证明到可以排除任何合理疑问的程度（beyond reasonable doubt）。否则，所获得的资料或证据将不被采纳。同样，也不得采用许诺被调查人某些好处（advantage）、利益（benefit）或特许（concession）的诱供方法（inducement）。[③]

3.5 调查所获信息的公开

行政调查获得的信息也是属于政府信息范畴，应该按照《政府信息公开条例》（2008 年）的要求公开。行政机关应当尽可能将

---

① 参见蔡秀卿：《行政调查法制之探讨》，东吴大学法学院法律学系研究所公法组硕士论文，2006 年 7 月，第 54 页。Cf. Bernard Schwartz，*op. Cit.*，pp. 130－131.

② 在美国，绝大多数情况下，被调查人都会自愿服从传唤。即便他有权拒绝，即便是这种传唤要求只有借助法院协助才能够执行，但通常，被调查人也会迫于行政机关的权威而服从（The individual has the right to refuse compliance, but normally yields because of the air of authority with which the demand is made, even though the demand cannot be enforced without subsequent judicial aid）。Cf. Bernard Schwartz，*op. Cit.*，pp. 131－132.

③ Cf. Alex Carroll，op. Cit.，pp. 344－345.

调查获得的信息分类、建立数据库，允许网络查询，实行动态管理。

3.5.1 公开的限制

但是，也有一些限制。首先，禁止泄露因职务所知晓的秘密。在调查中获知的涉及国家秘密、商业秘密和个人隐私的信息，原则上不得公之于众。其次，如若公开，将危及国家安全、公共安全、经济安全和社会稳定的，也不得公开。最后，禁止为了调查目的以外的目的利用和提供调查相关信息。有些法律、法规和规章在授权行政机关收集信息的同时，也对信息的使用与共享作出了明确限制。例如，《土地调查条例》（2008 年）第 28 条规定："土地调查成果应当严格管理和规范使用，不作为依照其他法律、行政法规对调查对象实施行政处罚的依据，不作为划分部门职责分工和管理范围的依据。"

3.5.2 信息披露

在信息公开的基本要求之下，还可能衍生出一种规制手段，也就是信息披露，日本称之为"违反事实的公布"，美国称为"作为制裁的信息披露"（use of information as a sanction, or information as sanction），就是将调查所获得的被调查人的违法行为，尤其是拒绝改正的行为，通过一定的媒介向社会公开，依靠社会的非难、拒绝与被调查人交易，强迫被调查人尽快履行义务。[①] 正如王名扬教授指出的，有时政府可以利用公开发表调查所得到的信息，作为制止某种不正当活动的产生和继续的一种手段，或者作为政府在公众中

① 参见余凌云：《警察行政强制的理论与实践》（第二版），中国人民公安大学出版社 2007 年版，第 47 页。

取得有利反响的手段。[1]

这种信息披露能够补足规制手段的不足，也可以作为行政处罚等其他行政处理决定的一种替代方案或者辅助方式，以取得良好的社会效益和执法成效。例如，《道路交通安全法》第 89 条对行人交通违法的处罚力度过低，无法起到震慑作用，而行人交通违法又是造成重大交通事故的重要隐患，因此，上海、杭州等地交警部门开始在媒体上“曝光行人和非机动车违法行为”，“把照片送到有关街道附近的商务楼宇巡回展示”。[2]

但是，信息披露绝非行政处罚。首先，从形式主义立场看，信息披露无须一律以法律文书形式对当事人作出，可以由行政机关裁量以文书或是口头方式告知。其次，信息披露是诉诸市场机制或者公共舆论来达到对当事人的惩戒，而在价值多元化的社会中，能否实现行政机关预期的目标，仍不确定。这与行政处罚直接通过公权力实现惩戒效果不同。

当然，信息被披露之后，肯定会对相对人的权益造成重大影响。例如，在 1959 年感恩节前夕，美国食品与药品管理部门在新闻发布会上宣称，在很多酸果蔓的果实上留有化学杀虫剂的残留物，这可能会致癌。公众对酸果蔓果实的恐惧因此蔓延开来，种植商和罐头生产商遭受到重大损失，当年 86% 的产品没有销售出去。但事后查明，仅有 1% 的植物留有残留物，而且对人体可能也没有什么害处。[3]

因此，将信息披露作为一种规制手段，尽管不要求有具体法律

---

① 参见王名扬：《美国行政法》，中国法制出版社 1995 年版，第 343 页。

② 有关报道很多，如“闯红灯上报纸　市民热议曝光行人交通违章”，http://www.hangzhou.com.cn/20080902/ca1564667.htm；“上海严惩违章交通行为 行人乱穿马路照片曝光”，http://www.hinews.cn/news/system/2006/05/29/000105424.shtml。

③ Cf. Bernard Schwartz, *op. Cit.*, p. 145.

的授权，但是，必须满足以下条件：（1）事先告知当事人信息内容、媒体覆盖范围，说明理由，听取其辩解。这既体现了正当程序的要求，也可收敦促之效。如果当事人自觉改正违法行为，积极消除有关后果，行政机关可以不披露信息。（2）满足公众的知情权远比对当事人造成的损害大，且不触及基本权利的核心内核。（3）披露的信息一般是结果信息，不是过程信息。信息内容必须准确、完整。

4 行政调查的救济

从行政调查所形成的法律关系看，除了行政机关与被调查人之间的单线结构之外，还可能出现行政机关与被调查人、证人、鉴定人、第三人等之间的多维结构。从调查过程看，涉及事实行为、行政行为和行政程序等多种形态，无论是行政救济已覆盖到的，还是尚未荫掩的，都有必要以人权保护为情怀重新审视。

在任意调查中，被调查人如持积极协助态度，一般不牵涉对其权利的侵害问题，即使有权利的侵害，也是被调查人自愿放弃的结果，因此，因调查而产生争执的可能性不大。但是，并不是说任意调查绝对不产生救济问题，如日本行政法上的“反面调查”，因其常与私人的隐私权或营业自由相抵触，对违法调查所侵害的个人权利和自由，应给予司法救济。[①] 又如，从韩国的实践看，有以任意调查之名、行强制调查之实的现象。而且，随着人权保障意识的逐渐高涨，任意调查作为一种公法活动，如果对相对人合法权益产生影响，也应当允许当事人寻求行政救济。只是说，相较于强制调查，这类问题或许不是很突出。

在强制调查中，被调查人的隐私权、人身自由、财产权利等常

① 在日本，税务机关为取得课税资料，向与纳税人有交易关系的企业、银行等调查，即为“反面调查”。关于这个问题，可详见刘宗德：《日本行政调查制度之研究》，载（台湾）《政大法学评论》第52期，1983年12月。

会与强制调查权的行使而发生直接的碰撞与冲突，这就有必要寻求法律上有效的救济途径，来控制行政机关违法行使强制调查权，保障被调查人的合法权益。

4.1 对间接强制调查的救济

传统理论认为，间接强制调查在实施阶段时，并没有直接对相对人的权利义务作出处分。只是在被调查人拒绝时，才以行政处罚或者拒绝给予利益来迫使被调查人配合调查。因此，在调查命令发出之后，至行政处罚或拒绝给予利益作出之前，这段活动仅为事实行为，不具有具体行政行为的特征，不能成为行政复议和行政诉讼的审查对象。对间接强制调查的救济，一般要等到被调查人拒绝行政机关调查，行政机关对其作出处罚或拒绝给予利益决定之后，才能就该行政行为是否合法而寻求行政复议和行政诉讼上的解决，与此同时，审查行政调查的妥当性与合法性问题。

但是，从救济的实效性看，对间接强制调查的救济，一定要等到行政机关诉诸担保手段，对被调查人作出行政处罚或拒绝给付利益之后再进行，恐怕过于消极，不能及时、充分地保障被调查人权益。

对这个问题，日本行政法上早有认识。为了强化对被调查人的救济，在学理上主张，在作出调查决定之后，应允许提起“禁止实施调查”或“确认调查权限不存在”这两种“预防的不作为诉讼”。[1]这种观点也得到日本最高法院的呼应，最高法院在一个判例中强调：“若不承认预防的不作为诉讼此种事前救济，将显不适当，于此特殊情形下，得提起义务不存在确认诉讼”。[2]

---

① 参见刘宗德：《日本行政调查制度之研究》，载（台湾）《政大法学评论》第52期，1983年12月。

② 日本最高裁昭和47年11月30日第一小法庭判决（民集26卷9号1746页）。

美国在行政调查上也同样重视事前与事中的救济，如传票（subpoena），也称作强制程序（compulsory process），强制实施之前，也必须由地区法院（district court）通过简易程序（a summary procedure）来审查，而这个程序无疑是会给抵制传票的被调查人带来实质上迟延效果的，而且还可以上诉到上诉法院（courts of appeal），甚至最高法院（supreme court），这对于想要阻止调查的被调查人来说，他可以锁定程序一段相当长的时间，获得不同机构的对上述调查要求的不同视角的审查，有益于纠正错误的调查要求（A person who resolutely seeks to block an investigation can tie up the proceedings for long periods, and have the benefit of many different views of the correctness of the demands made）。[①]

我国也一样。对于行政机关的调查要求，如果被调查人不服，也允许通过申请行政复议或行政诉讼，要求撤销行政机关调查命令。也就是说，可以积极地于调查实施之前，就对相对人进行充分的救济，而不必消极地等到被调查人因抗拒调查而被处以行政处罚或被拒绝给付利益之后再进行救济。

4.2 对实力强制调查的救济

实力强制调查本身违法时，因为这种调查具有即时强制的性质，当然可以作为行政强制措施而纳入行政复议和行政诉讼受案范围。但是，由于实力强制调查常以突击方式进行，被调查人无法抗拒，也无时间及时求助于行政复议或行政诉讼，因此，如果被调查人对调查措施有异议，只能于事后再通过行政复议和行政诉讼来审查调查的合法性问题。如果违法调查造成损害的，被调查人还可以请求国家赔偿。

由于实力强制调查还涉及物理上的强制力的运用（the use of force），如果超过法律所允许的与调查目的成比例的、合理的力

① Cf. Peter L. Strauss, op. Cit., pp. 186 – 187.

度，给被调查人造成损害，对上述事实行为的损害，被调查人可以要求赔偿。但是，除非调查行为本身违法，一般不会导致调查的无效。在英国，过度使用强制力（the use of excessive force），可以成为民事诉讼（civil action）或对伤害的刑事检控（criminal prosecution for assault）的理由。[①] 但在我国，对事实行为所致损害，应按国家赔偿处理。

还要注意，因行政机关的先前的积极调查行为，还有可能产生其对财物的事后妥善保护义务。例如，趁被调查人不在时，对怀疑为淫秽光盘生产窝点的人的住所破门而入，进行检查。检查完毕，如未发现问题，就应留下通知（notice），注明该住所已被检查、警局名称以及可要求损害赔偿，并有义务采取措施妥善保管其居室中的财物。如果违背上述作为义务，造成了被调查人事实上的损害，如屋内财物被盗，那么被调查人有权要求国家赔偿。

① Cf. Alex Carroll, op. Cit. , p. 336.

听证理论的本土化实践

余凌云*

1　引言

在中国人看来，听证是一个不折不扣的舶来品。在行政法学者看来，《行政处罚法》的一个突出成就，就是充分汲取了普通法中的正当程序元素，彻底改造了传统的偏重实质正义、视程序为“手续”的观念。

要谈听证的由来，就绕不开英国。在英国行政法上，听证是与自然正义（natural justice）和正当程序（due process）密切相关

* 清华大学法学院教授、博士生导师，公法研究中心主任。在本文的写作中，清华大学法学院管君同学帮助收集资料，在此致谢。本文受到清华大学“985”二期资助，也是2007年教育部“新世纪优秀人才支持计划”的阶段性成果。该文曾提交给2008年5月23～25日在台北召开的“第十届海峡两岸行政法学学术研讨会”，并发表在《清华法学》2010年第1期。

的,[1] 构成了正当程序的两个最基本要素之一。[2] 韦德(H. W. R. Wade)和福赛(C. Forsyth)甚至认为,听取双方意见(听证)最能够体现自然正义原则,因为它几乎包揽了所有的正当程序问题,甚至可以把无偏见也包容进来,因为公正的听证本身就必须是无偏见的听证。现在之所以两者是分开的,是对传统二元论遵从的结果。[3] 可以说,所有这些理论,对于当代的中国学者来说,都是耳熟能详,甚至可以说是被"照单全收"了。

在学者与立法者的共同努力下,听证自《行政处罚法》首次引入之后,陆续被推广到许可、立法程序和公共决策领域。经过十多年的宣传、实践和规范,行政机关、公众和媒体也都广泛接受了这一制度,它也逐渐融入了公共权力运行机制,开始成为公众参与和评价的一种主要形式。2002 年 1 月 12 日,"2002 年春运铁路票价听证会"在北京举行;2004 年 9 月 3 日,北京市人大召开了首次立法听证会,就当时社会舆论最为关注且争议最为激烈的《北京市实施〈中华人民共和国道路交通安全法〉办法(征求意见稿)》听取意见;2005 年 4 月 13 日,国家环境保护总局举行了"圆明园湖底防渗工程公众听证会";2007 年 12 月 14 日,中国保监会举行"机动车交通事故责任强制保险费率调整听证会"。听证也激发了学者们研究的热情,据不完全统计,1997 ~ 2007 年,专门研究听证问题的著作就有 8 本,发表在核心刊物的专题论文有

① 在英国的学术发展史和法院判例中,还出现了另外一个价值尺度,即公正行事(acting fairly),也可以视为听证的理论基础。但正像韦德(H. W. R. Wade)和福赛(C. Forsyth)指出的,公正行事和自然正义实际上没有什么区别,可以相互替代,都是用来描述一个灵活的原则,其内涵可以随着权力的性质和案件的情形而变化。Cf. H. W. R. Wade & C. F. Forsyth, *Administrative Law*, Clarendon Press. Oxford, 1994, p. 515.

② 两个基本要素:一个是听取另一方意见(hearing, *audi alteram partem*),另一个是无偏见(unbiase, *nemo judex in causa sua*)。

③ Cf. H. W. R. Wade & C. F. Forsyth, op. Cit., p. 494.

38篇，其他有关论文或者在行政程序中涉及听证的著作恐怕要以百篇计。

由于听证的类型很多，有立法听证、公开决策听证，也有行政行为的听证。其中有共性，也不乏个性，笼统的研究恐怕未必合适。所以在本文中，我更侧重对行政行为听证的思考，反思在中国情境下的听证问题，以求发现、积累我们自己的话语和本土化路径。首先，我将简单地介绍关于要不要引入听证的争议，给出一个要谨慎扩大听证适用范围的基本判断。其次，我将着重论述听证运作的要点和实践问题。再次，我将着重分析行政行为中的听证为什么时灵时不灵、问题的症结在哪里、如何走出困境。最后，我会分析违背听证程序要求的法律后果。

2　关于引入听证的争议

在《行政处罚法》立法中，“无论是人大立法的工作人员，还是审议该法的人大代表，大多对‘听证程序’寄予了超出该法范围的热望。”[①] 当然，这中间还可以看到学者的身影。但是，从当时立法机关征求草案意见的有关材料来看，[②] 实践部门的很多同志却不理解听证，甚至反对引入听证，其理由大致有两个：一是听证会给当前办案经费和人力不足的基层带来很大的负担。二是我们已经有了行政复议、行政诉讼和国家赔偿，对相对人的权益保障已经很充分了，为何还要听证？岂不是画蛇添足、多此一举？在我看来，上述看法或许夹杂着一种不知听证为何物的误读，但却未必都是非理性、自私的（不带贬义）。

① 鲍静：《双面的碑——〈中华人民共和国行政处罚法（草案）〉速写》，载《中国行政管理》1996年第4期。

② 我必须感谢我的导师皮纯协教授，当时他参加了《行政处罚法》的立法起草工作。所以，我能够看到很多立法机关征求各方面的意见材料。

2.1 对听证功能的误读

听证的功能绝不是行政复议、行政诉讼和国家赔偿所能替代的，它有着自己独特的、积极的救济功能。我们知道，行政复议和行政诉讼都是事后对相对人权利的救济制度，它们对相对人最为有效的救济就是撤销违法行政行为，不再执行违法的行政行为，使相对人仍然处于原先的初始状态，或者通过执行回转，把相对人受侵害的状态再恢复到原先未被侵害的状态。但是，如果违法的行政行为已经执行，并且对相对人造成了不可恢复性的损害，如已经执行行政拘留3天了，这时即便撤销违法的行政行为，也无法恢复初始状态，因为损害的事实（被拘留3天）已经成就。法院或复议机关只能退而求其次，为以后的行政赔偿作出确认违法的判决（裁决）。从这个意义上说，行政赔偿实际上是行政复议和行政诉讼的救济功能已经射程不足之下的补充。

对此，英国学者 J. F. Garner 和 L. N. Brown 有过一段非常精辟的论述："当公民面对既成事实时，依法行政原则和公民要求撤销违法行政行为的权利几乎没有什么价值，在这种情况下，撤销之所以几乎没有价值，是因为，要么没有什么行为可以撤销，要么行政机关作出的决定已发生法律效力并对公民造成损害，唯一救济方法就是取得对损害的赔偿。"①

但问题的是，现行的国家赔偿制度又是抚慰性的赔偿，对当事人的救济是很不充分的。麻旦旦"处女嫖娼案"就很能说明问题。② 而且，即便是提高赔偿的数额，究竟能不能达到当事人的预期，抚平当事人的痛楚，有的时候仍然是有疑问的。

---

① Cf. J. F. Garner & L. N. Brown, *French Administrative Law*, Butterworths, 1983, p. 114.

② 余凌云：《行政法案例分析和研究方法》，中国人民大学出版社2008年版，第117~125页。

所以，无论是行政复议、行政诉讼，还是行政赔偿，对相对人的救济都是事后的、有限的。现代行政法就思考能不能有更好、更周全的办法来保障相对人的合法权益，得出的结论之一就是增加事中的救济，把法院的听审制度引入到行政程序当中来，在作出行政决定之前，先进行类似于法院的听审程序，就能够减少错案发生的概率。于是，便有了听证的兴盛。或者说，人们刻意赋予了听证这样的使命。

2.2　应对稀缺资源的立法策略

实际上，听证不但有助于行政机关查清案件事实、准确适用法律，而且成本并不像实践部门的同志所顾虑的那样很高，相反，听证是可以很经济、很简化的，从总体上、从整个行政过程看，听证不但不会增加行政成本，反而会降低行政成本。因为如果我们抓住、抓好了听证的环节，就能够减少冤假错案，就能够避免很多不必要的行政复议、诉讼和赔偿。从这个意义上说，听证不仅没有增加行政成本，反而是降低了行政成本。因为应付复议、诉讼、赔偿，还有百姓的上访告状，更加牵扯行政机关的精力，耗时费力，成本更大。

当然，这是从宏观层面上总成本和总效益的核算，而且是假定会连锁地出现未来的行政救济问题。但对于更注重眼前和当下的行政机关来说，听证终究还要花成本的。对于实践部门基于稀缺资源的顾虑，我们无法简单地“一笑而过”（那英的歌名）、置之不理。因为当前公共资源稀缺，执法任务却很繁重，是行政机关面临的普遍性问题，已经让行政机关愁眉不展、疲于奔命了。以北京城市管理综合执法局为例，该局是市政管委下属的二级局，有 5000 名执法人员，负责 13 个领域 285 项管理职能。[①] 在 2004 年的调查中，

---

① 马怀德、王柱国：《城管执法的问题与挑战——北京市城市管理综合行政执法调研报告》，载《河南省政法管理干部学院学报》2007 年第 6 期。

86.6%被访的执法人员认为分队人员配备不充足。2007年调查显示，这一比例尽管下降了5.5个百分点，但仍有81.1%的被调查者称其所在分队的人员数量不足。即各区县城管分队编制不足的状况并没有得到显著改善。其中，30.8%的人认为人员“不是偏少，而是过少”。特别是东城区（60%）、西城区（60%）、崇文区（63.2%）、宣武区（60%）以及房山区（58.8%）的城管分队中，多达六成左右的被调查者认为其分队人员数量严重不足。47.4%的城管人员工作量接近或达到了满负荷（90%~100%），28.5%的人员工作量已经超出其满负荷的1.5~3倍。以至于27.7%的被调查者“不堪负荷，希望能转岗、转行或者早点儿退休”，不愿意继续从事城管综合执法工作了。①

表2-1　城管人员目前工作负荷（%）②

工作负荷	百分数
不足80%	8.3
80% ~ 89%	15.8
90% ~ 99%	26.2
100%	21.2
超出100%	28.5

让人感到欣慰的是，《行政处罚法》在适用听证的案件范围上持比较审慎的态度。全国人大法工委副主任张世诚在介绍《行政处罚法》立法情况时就说：“考虑到我国实施听证制度还没有经

① 首都社会经济发展研究所课题组：《北京市城管系统基层建设情况的分析报告》，中央民族大学法学院暨综合行政执法体制研究课题组，于2008年1月12日在北京召开的“综合行政执法体制学术研讨会”资料。感谢熊文钊教授、张步峰博士提供有关资料。

② 首都社会经济发展研究所课题组：《北京市城管系统基层建设情况的分析报告》，中央民族大学法学院暨综合行政执法体制研究课题组，于2008年1月12日在北京召开的“综合行政执法体制学术研讨会”资料。

验，各种行政处罚都进入听证程序还不具备条件，根据我国的实际情况，将听证作为一般程序的一种特殊情况，只是对责令停产停业、吊销许可证或者执照以及罚款数额较大的几种行政处罚，并且应当事人的要求，才举行听证，而不是所有的行政处罚都要经过听证程序。"① 谨慎的原因，立法者只强调了"经验不足"，但公共资源稀缺是一个长期存在的客观事实，应该也是一个重要理由，立法者不可能熟视无睹、无动于衷。或许，它被有意或无意地隐匿了，没有摆到台面上来。

"审慎的态度"体现在立法技术与实施上，就是采取了渐进式的、开放式的策略。先控制适用案件范围，然后根据公众对权利要求的攀升、行政机关的承受能力等，通过两个路径来逐渐拉张：一是对"较大数额罚款等行政处罚"的逐步扩大解释；二是由法律、法规和规章规定更多的案件类型。②

例如，对"较大数额罚款"的解释，考虑到实践部门的实际承受能力，一般是控制在"对个人处以二千元以上罚款，对单位

---

① 张世诚：《关于〈中华人民共和国行政处罚法〉的主要问题（6）》，载《中国行政管理》1996 年第 11 期。

② 不少学者认为，只有那些涉及国家安全的决定、紧急情况、行政执行行为、批量行政行为和根据技术标准而为的羁束行政行为等不适用听证程序。章剑生：《公正、公开的行政处罚及其保障——行政处罚听证研讨会综述》，载《行政法学研究》1997 年第 4 期。在英国，也存在一些行政决定不需要听证的，称为无须听证的决定（deciding without hearing）。那么，哪些行政决定不需要听证呢？一般取决于三个因素：一是授权法的规定；二是行政职能的种类（the type of function being performed）；三是决定者的性质（the nature of decision - maker）。基于公共健康或安全而采取的紧急行动，如将正在销售之中的变质猪肉收缴、销毁，或者命令将传染病人转院，一般是不需要经过听证的。另外，在有些非紧急情况下采取的行动，也不需要听证。比如，贸易部门派人对某公司的某些可疑问题进行调查，尽管这可能会对公司的名誉造成损害，但是，事先的听证将不利于调查目的的实现。Cf. P. P. Craig, *Administrative Law*, London. Sweet & Maxwell, 1999, p. 438.

处以一万元以上罚款，对违反边防出入境管理法律、法规和规章的个人处以六千元以上罚款”。对依据地方性法规或者地方人民政府规章作出的罚款处罚，适用听证的罚款数额按照地方规定执行，体现出灵活性。

又如，对于没收较大数额的违法所得或者非法财物，是否适用听证程序?《行政处罚法》第42条没有明确规定，一些地方公安机关就此问题请示公安部。公安部也向最高人民法院行政庭咨询，并请示全国人大法工委，得到的答复都是：《行政处罚法》第42条第1款规定的听证范围是“责令停产停业、吊销许可证或者执照、较大数额罚款等行政处罚”，这里的“等”是开放式的不完全列举，没收较大数额的违法所得或者非法财物，对相对人的权益影响很大，所以，应当属于“等”之列。[①] 2004年，最高人民法院在《关于没收财产是否应进行听证及没收经营药品行为等有关法律问题的答复》中规定，人民法院经审理认定，行政机关作出没收较大数额财产的行政处罚决定前，未告知当事人有权要求举行听证或者未按规定举行听证的，应当根据《行政处罚法》的有关规定，确认该行政处罚决定违反法定程序。

自《行政处罚法》之后，听证开始在各种行政领域与作用中活跃起来，确认的路径是多样的。与《行政处罚法》一样，《行政许可法》确认了听证。更值得注意的是，国务院在2004年《全面推进依法行政实施纲要》中明确要求，“对重大事项，行政管理相对人、利害关系人依法要求听证的，行政机关应当组织听证。”对重大事项的不确定表述，尽管其宣示意味大于强制性，但必然也会鼓励行政机构尽量扩张听证的适用范围。而且，从近年来行政审判的实践看，法院也愿意把正当程序引入到行政领域之中。如果一个案件显然违反了正当程序的基本要求，没有给当事人一个辩解的机

---

① 柯良栋主编：《公安机关办理行政案件程序规定（修订）释义与行政法律文书制作指南》，中国人民公安大学出版社2006年版，第295~296页。

会，法院也会断然否定该行政行为。例如，“宋莉莉诉宿迁市建设局房屋拆迁补偿安置裁决案”（《最高人民法院公报》2004 年第 8 期）就是一个例子。[①]

但是，上述努力并没有带来听证在行政法领域的“雪崩”，其中或许也不乏因为公共资源稀缺使得行政机关消极抵制的结果；[②]也可能是程序性救济对当事人仅是“口惠而实不至”，无法激发当事人起诉热情，进而也无法形成对行政机关持续的压力；或许是因为实践中的听证时灵时不灵，让人们逐渐丧失信心。所以，我们必须清醒的认识到，尽管我们有尽快推广听证的坚定决心，却不能操之过急，要容许行政机关逐渐适应，要有一个渐进的过程。当下，迫切要解决的应该是听证的效益而非规模。

3 制度构建与运作要点

3.1 制度构建

《行政处罚法》对听证程序作出专门一节规定，共 2 条。为进一步贯彻落实上述规定，很多部委、地方人大及其常委会、地方人民政府纷纷出台了有关听证的详细规定，有的是专门性立法，有的是在程序规定之中设专章（专节）规定。我们在“北大法宝”上搜索发现，专门的地方性法规 10 个，部门规章 31 个，地方人民政府规章的数量更大，我们没有做进一步的统计。

那么，制度是如何具体构建的呢？我选取一个比较熟悉的样本——《公安机关办理行政案件程序规定》（2006 年 3 月 29 日公安部部长办公会议通过），与《行政处罚法》作一个比对。《公安

① 余凌云：《法院如何发展行政法》，载《中国社会科学》2008 年第 1 期。

② 余凌云：《论对行政裁量不适当拘束之司法反应》，载《法学家》2003 年第 2 期。

机关办理行政案件程序规定》用了专门一章规定听证，条文数多达34条（第97~130条）。其中，制度是如何细密化，如何具体搭建起来的，我们可以见下面的表3-1。

表3-1 《行政处罚法》和《公安机关办理行政案件程序规定》对听证规定的对比

行政处罚法	公安机关办理行政案件程序规定
听证案件范围	✓
听证告知	✓
申请听证的期限	放弃或撤回申请的处理
	行政机关决定受理听证申请的期限
	✓
通知听证的期限	举行听证的期限
	延期
	✓
公开听证	✓
听证主持人	主持人的人数
	主持人的指定方式
	主持人的职权
回避	✓
委托代理人	听证参加人范围
	当事人权利
	第三人
	听证参加人义务
听证步骤（申辩）	合并听证
	具体听证步骤（宣读、出示证据、质证、辩论、最后陈述）
	中止听证
	终止听证
	听证纪律与相应措施
笔录	笔录具体内容
	听证报告书和内容
费用	—

续表

行政处罚法	公安机关办理行政案件程序规定
禁止因申辩加重处罚	不得因违法嫌疑人提出听证要求而加重处罚
–	案卷排他主义

注：

1. “✓”指两者规定相同。
2. “—”指没有规定。

这种细密化的特点及问题有以下两点：

第一，基本上都是按照正式听证（formal hearing）来塑造，对非正式听证（informal hearing）关注不够。很多学者把听取当事人辩解理解为非正式听证。其实不然。在西方还存在一种简约化的非法庭式的听证，这才是我们说的非正式听证。在我看来，非正式听证与正式听证同样重要。在像美国和日本等极其推崇听证制度的国家，有关的实证研究也表明，行政机关大部分走的都是非正式的听证程序，是简易的听证程序，很少走像法院那样的正式程序。

第二，模仿法院的庭审程序痕迹明显，对行政程序本身的特征关注不够。有的规定甚至违背了行政程序的基本原理，如《公安机关办理行政案件程序规定》第126条规定，听证参加人和旁听人员应当遵守听证会场纪律。对违反听证会场纪律的，听证主持人应当警告制止；对不听制止，干扰听证正常进行的旁听人员，责令其退场。而扰乱听证程序，是在行政过程中发生的，完全可以按照《治安管理处罚法》第23条第1项“扰乱机关、团体、企业、事业单位秩序”处置。

3.2　运作要点

当前在实施听证制度上，要防止和警惕在行政立法和实践中出现的一种不良倾向，把行政法上的听证搞得异常复杂、酷似法院的听审。过分追求形式主义，如场所的建设规模，搞文牍主义，必然会增加很多不必要的行政成本，造成基层不堪重负。可能也正是因为现在实践显露出来的不良倾向，使很多人甚至包括一些法律工作者都认为，在我国进一步推广听证制度为时过早，而应该更进一步地压缩、限制听证的适用范围。其实，在我看来，只要紧紧抓住听证的以下三个本质环节，就足以达到听证的目的，没有必要把形式和程序人为地搞得那么复杂。

首先，听证的实质就是听取当事人辩解。听证只不过是在更加正式的场合，通过当事人与行政机关之间（必要时还包括证人、鉴定人等）的陈述、辩论与对质，进一步查清事实，准确适用法律，吸收当事人合理的意见和可靠的证据，向当事人解释不采纳其主张的理由和依据，保证办案的准确性、正确性。

其次，听证是在非本案的调查人员主持下听取当事人辩解。它比让本案调查人员来听取当事人意见效果更好。因为本案调查人员可能在案件的调查过程中已经形成了自己的看法，有先入为主的问题。而由非本案调查人员来主持听取当事人辩解，更加中立，能够提高听证的质量与公信力。

最后，听证是在法律工作者参与下进行的。在听证中，我们允许当事人聘请律师或者让熟悉法律的亲朋好友来帮助他（她）辩解。[①] 由于实践中行政执法的对象往往是一些文化素质不高、不懂法、不知法的人员，即使行政机关告知其处罚的事实、理由和依据，当事人恐怕也不能很好地理解其中的法律规定。让他们自己来辩解，往往质量不高，辩解不到点子上去。如果由律师、懂法律的亲朋好友来帮助辩解，能够提高辩论的质量。这对行政机关全面地认定事实、准确地适用法律无疑也是非常有价值的。

为了保证听证能够取得实效，行政处罚决定必须是在经过听证的证据基础上作出，任何未在听证中出示的、未经过质证的证据都不能援用。听证中不需要严格适用像法院那样的证据规则（the rule of evidence），对证据的要求和采信标准要比法院低。也就是说，只要证据具有某种证明的价值（probative value），就可以采信。当然，在采信行政机关提供的有证明价值的证据之前，应当向申请人出示，并且听取其意见。在某些案件中，还必须对证人证言进行质证。[②]

正像丹宁（Lord Denning）指出的，如果听证权要真成那么一回事，就必须包含着这样一种权利，当事人有权知道针对他的案

---

① 当事人能否聘请他人，包括律师代理，出席听证会？在英国法中，这不是当事人的绝对权利，这种权利是否存在取决于裁判所（tribunal）的性质，是由主持听证的裁判所来裁量决定。在裁量中一般要考虑以下因素：指控或制裁的严厉程度（the seriousness of the charge or penalty）、是否可能出现法律上的争论点（whether any points of law are likely to arise）、当事人自己应付听证的能力、程序困难（procedural difficulties）、裁决的时间要求（the need for speed in reaching a decision）、关乎当事人与行政机关之间公正的需要（the need for fairness as between the individual and the officers concerned）等。在正式的裁判或调查中，除非有禁止规定，允许他人（包括律师）代理。但是，在英国，的确存在一些规章、协会的规则（an association' s rules），禁止他人代理。Cf. P. P. Craig，op. Cit. ，p. 429.

② Cf. P. P. Craig，op. Cit. ，p. 428.

件。他必须知道有哪些证据，影响他的决定是怎么说的，他要有公正的机会去纠正、去辩驳。[①]为此，听证还会延伸出一些很重要的权利与义务，如必须留给当事人一个合理的时间，让他准备听证会上的答辩。

4 怎么才管用

听证在实践中似乎时灵时不灵，有很多成功的事例。例如，上海市1996年10月1日至2000年6月30日的131次行政处罚听证中，要求复议或诉讼的案件只占5.3%；[②] 当然也不乏听证可能流于形式、让人望而却步的例子。又如，九江市丽景湾项目案。[③]

让我感兴趣的是，为什么有的当事人会对听证失去信心？是不是听证制度本身存在着瑕疵？还是在中国特有的情境之下，听证还需要别的什么元素？或者是现有的一些元素还权重、强化得不够？

可以说，经过这么多年的学术研究与积累，我们对西方的听证制度已经有了比较深入的了解。在制度的引入中，我们发现，基本的因素并不缺失，制度的模仿似乎已惟妙惟肖。那么，为什么实践的运转仍然有时让当事人信心不足？似乎这里更多的是中国情境下的问题了，需要我们耐住性子、沉下心来认真观察和分析我国的实践。从阅读有关实证研究文献，以及我个人的体察看，除了我在另外一篇文章中谈到的“要赋予听证解决纠纷的使命”、“行政机关有无诚意至关重要”外，[④] 还有几点值得关注：

第一，正当程序需要明晰的实体法规则来补强。听证只是提供

---

① Cited from H. W. R. Wade & C. F. Forsyth, op. Cit. , p. 531.

② 朱芒：《行政处罚听证程序制度的功能——以上海行政处罚听证制度的实施现状为分析对象》，http://www.fatianxia.com/paper_list.asp? id=3655。

③ 余凌云：《对行政许可法第八条的批判性思考——以九江市丽景湾项目纠纷案为素材》，载《清华法学》2007年第4期。

④ 余凌云：《对行政许可法第八条的批判性思考——以九江市丽景湾项目纠纷案为素材》，载《清华法学》2007年第4期。

了一个双方博弈的场所，但是，能否真正形成一种融合了双方意愿的妥当的决定，却在很大程度上取决于双方的博弈能力。但是，我们从实践中发现，面对着行政机关天然的强大优势，当事人实在缺乏有力的砝码，不能有效地讨价还价。纯粹靠双方在程序中的博弈似乎很难实现对行政权的有效控制，很难真正解决行政纠纷。[①]

这是因为，与西方社会相比，我们缺少一个成熟的、能够真正与行政机关对峙的社会结构，能够有效影响并能施加作用于行政机关的社会结构。[②] 因此，把听证放到这样的场域中运行，自然不免有时会不尽如人意。

但是，假如有更加客观和明确细微的规范，哪怕是行政机关自己制定的行为规则，也会使上述情况大为改观。因为行政机关自己制定的行为规则，对其本身产生了作茧自缚的效应，也为双方的谈判提供了客观的依据，能够增强当事人的抗辩能力，改善博弈的效果。可以说，规则越明晰，行政恣意越会受到挤压，裁量误差越能接近当事人的容忍度，博弈也就越能取得成效。[③] 所以，我有一个强烈的感觉，正当程序在中国现阶段的有效实施，很大程度上还必须依赖明晰的实体法规则。

第二，充分关注影响我们接受听证的因子。我们还必须敏锐地捕捉到一些影响听证的因素，一些在中国情境下显得比较重要的，也是让实践部门为什么不乐意接受听证的影响因子，并作出相应的有效应对，如流动人口对听证的影响。

---

① 余凌云：《对行政许可法第八条的批判性思考——以九江市丽景湾项目纠纷案为素材》，载《清华法学》2007年第4期。

② 这方面的分析，可以参见陈端洪：《对峙——从行政诉讼看中国的宪政出路》，载《中外法学》1995年第4期。

③ 余凌云：《游走在规范与僵化之间——对金华行政裁量基准实践的思考》，载《清华法学》2008年第3期。

随着市场经济的实施和社会经济的发展，人口流动加剧，[①] 流动人口的管理问题成为当前行政执法中比较棘手的问题，也对很多的制度运转带来了挑战和难题。

以警察法领域为例，2004 年，全国公安机关共查处流动人口治安案件 68.7 万起，占查处治安案件总数的 12.7%。[②]在听证上，很多基层公安机关比较担心，对这些人进行听证，从告知、听证的申请、决定受理到送达听证通知书、举行听证，大概有 12 天，在这 12 天里，对这些居无定所的人群，没有有效的控制手段。当事人如果利用听证的机会逃跑了怎么办？假如被处罚人在听证期间逃逸，受害人就极可能因不满而上访。

实践的对策就是，在告知当事人听证的权利之时，询问当事人的意见，如果对方表示不要求听证，就立刻作出裁决，并且执行。《公安机关办理行政案件程序规定》也认可了这种做法，规定违法嫌疑人放弃听证或者撤回听证要求后，处罚决定作出前，又提出听证要求的，只要在听证申请有效期限内，应当允许。言下之意，只要嫌疑人明确表示放弃听证，公安机关就可立刻作出行政处罚裁决。实践中因为相对人素质一般比较差，不懂法、不知法者居多，根本不知听证为何物，有何用处，行政机关也不多作解释，当事人常放弃听证权利，所以上述做法有时也能“行得通”。

但是，这个规定只是缓解了实践的窘境，却没有根本解决问题。因为如果当事人先前表示不要求听证，过后又提出听证要求，

---

① 据国家统计局公布的“2005 年全国 1% 人口抽样调查主要数据公报”，全国人口中，流动人口为 14735 万人，其中，跨省流动人口 4779 万人。与第五次全国人口普查相比，流动人口增加 296 万人，跨省流动人口增加 537 万人。http://www.stats.gov.cn/tjgb/rkpcgb/qgrkpcgb/t20060316_402310923.htm.

② 孙春英：《盗窃抢夺抢劫侵财性犯罪比例较大 出租屋成为治安盲点》，载《法制日报》2005 年 7 月 5 日。http://news.xinhuanet.com/legal/2005-07/05/content_3176800.htm.

时间又没有超过3天，还必须接受其申请，那么，这3天又怎么控制当事人呢？所以，“听证是个好东西”，但是实践部门却“想说爱你不容易”。我们只有对流动人口的处理问题予以特别关注，并进行有针对性的制度设计，才能够让实践部门真正接纳听证。

第三，信息公开能够补强博弈能力。从听证衍生出的说明理由要求，实际上也是信息公开的一种微观结构，但是，在行政决定作出过程中，如果信息公开仅仅局限于说明理由，是非常不充分的。因为说明理由虽然应该是在法律的框架之内进行，应该是在“要件——效果”结构之中针对个案作出抉择，但是，毕竟是一种判断与选择。如果有关法律规则的信息不公开，相对人对行政机关内部关于权力行使的各种行政解释和规范性文件也就无从知晓，行政机关就有可能利用这种信息不对称而挑选或裁剪规则。实践的表征就是，决定者一般总能找到在法律上似乎站得住脚的理由，而信息的不对称又会使得相对人的辩驳能力下降。

所以，充分的信息公开就像阳光一样，让行政机关在“玻璃房”（glass house）里操作权力、形成行政决定，在相对人与公众的监督之下，它也就无法任意裁剪法律规则，相对人也能够与行政机关在一个起跑线上选择和判断规则，才能有平等对话的可能。

5　不遵守的法律后果

《行政处罚法》第3条第2款和第41条是相当引人注目的，它第一次对违反行政程序的法律后果作出了直观的明确规定，让那些对保护相对人合法权益具有实质意义的程序真正获得了法律的生命力，其意义不容低估。

5.1　“不成立”就是“无效”吗

《行政处罚法》第41条似乎受到了民法和合同法的强烈影响，

采纳了“不成立”的概念。[1] 但有意思的是，在同一部法律里，第41条和第3条第2款规定明显不一致。照理来讲，第3条第2款规定的是基本原则——“不遵守法定程序的，行政处罚无效”，第41条只是规定若干特定行政程序的违反效果，也应该归于无效，怎么会是“不成立”呢？这里的“不成立”显然与学术上所说的“行政行为不成立”不相符。那么，第41条的“不成立”是不是在第3条第2款的“无效”之外又剥离出来的另外一个层次？还是都是一回事，只是表述不同而已？

我们从当时的立法说明中似乎也没有体察出其特殊意义。全国人大常委会秘书长曹志在1996年3月12日第八届全国人民代表大会第四次会议上就《行政处罚法（草案）》所作的说明中指出，拒绝当事人申辩或者听证，不得决定处罚。之所以要这样做，一是可以使行政机关在作出行政处罚时，注意以事实为根据、以法律为准绳，防止和减少错误。二是事先告诉当事人，由当事人申辩包括要求听证，有利于当事人维护自己的合法权利。三是符合重在教育的原则，使当事人知道自己哪些行为违反了法律，有利于提高法制观念。有意思的是，立法者本身也回避了“不成立”的表述，而改换成“不得决定处罚”，这种反常是否也意味着只是表述的选择习惯不同，没有更深的法律意义？而且从中，尤其是第一、二个理由中，我们可以推测，之所以要让行政决定“不成立”，主要是因为从合成行政行为看，没有听取当事人辩解，意味着在事实的认定上就缺少了来自当事人一方的信息，无法与行政机关信息对质、辨别和过滤，所以，可以推定为事实不清。而事实不清的结果，当然是撤销行政行为，而不是“不成立”。

---

① 《行政处罚法》第41条规定：“行政机关及其执法人员在作出行政处罚决定之前，不依照本法第三十一条、第三十二条的规定向当事人告知给予行政处罚的事实、理由和依据，或者拒绝听取当事人的陈述、申辩，行政处罚决定不能成立；当事人放弃陈述或者申辩权利的除外。”

所以，在我看来，“不成立”和“无效”之分，是没有实质意义的。我宁愿把第41条理解为是一种不同表述，是一种立法上的技术差错。

5.2　是否过分简约化

《行政处罚法》第3条第2款把“不遵守法定程序的”，统统归于“无效”，第41条把“拒绝听取当事人的陈述、申辩”，统统归于“不成立”。之所以如此，主要是为了能够进一步强化行政机关自觉遵守行政程序的意识。这种观念似乎在《行政处罚法》实施之初比较强烈。《最高人民法院公报》刊登的“平山县劳动就业管理局不服税务行政处理决定案”（1997年第2期）中，人民法院就很强硬地宣布，“程序上违法便可撤销，无须继续对实体性争议进行审理。”

但是，经过这些年的实践，我们也在反思，是否“只要违反法定程序都一律导致行政行为无效而被撤销”？在我看来，这显然是把问题简单化、单一化的一种做法，会人为地增加不必要的行政成本，对相对人也不见得总是有实际的收益，也不完全符合现代行政法发展的实际。

从近年来普通法的法院判例和理论发展来看，也不排除特殊情况下，可以不执行听证程序，只要没有违反“无偏见”之程序要求，仍然符合自然正义之要求。如果行政机关没有听证，法院又觉得在该案中是否听证对于最终的结果没有多大的影响，那么，法院也不会以程序违法撤销行政决定。[①] 德国人走得更远。德国《行政程序法》（*Law on Administrative Procedure*, *Verwaltungserfahrensgesetz*, *VwVfG*）S. 45（1）甚至允许行政机关对“没有对行政行为作出必要的理由说明（omission of a necessary statement of reasons for the ad-

① Cf. Peter Cane, *An Introduction to Administrative Law*, Oxford. Clarendon Press, 1996, p. 161.

ministrative act)”、“缺少义务性听证（omission of an obligatory hearing)”进行治愈。[①] 在我们看来，这些程序瑕疵已经不是一般可以容忍的瑕疵，它们对相对人权利都会产生实质性影响，绝对不是“治愈”问题，而应该是判决撤销。

不管怎么说，违反行政程序导致的法律后果应该是多样化的，对轻微的瑕疵，可以采取治愈；对程序违法，可以撤销。照理来讲，违反听证也会产生类似的多元化结果。那么，我们是不是还要继续坚持“拒绝听证，行政行为就不成立”的观点呢？在我看来，恐怕在一段时期内还是有必要的，因为听证虽已“生根”，但尚未完全“开花”，采取较为严厉的姿态能够产生比较好的制度效应。

如果因为没有给予公正的听证机会而导致行政决定被撤销或者被宣告无效，法院会责令行政机关重新听证。行政机关应该以尽可能公正的方式组织听证。如果行政机关迅速实施了听证，而且重新对所有的问题进行了考虑，在给予当事人适当的机会陈述其意见之后，所作出的行政决定将是有效的。[②]

6 结束语

在中国情境下的实践已经让“听证”这个舶来品越来越具有本土气息，逐渐适应这块水土，表现为越来越多的形态，适用的领域也愈加广泛。由于听证形态的复杂多样，恐怕很难在一种理论模型中解决所有问题，需要我们耐下心来，进行逐一的类别分析与实证研究，及时总结出我国实践的经验，迅速积累我们自己的话语与实现进路。

另外，我更感兴趣的是，我们还可以赋予听证其他什么样的妙用呢？我觉得，未来的听证制度是否可以进一步通过职能分离原则

---

① Cf. Bernd Goller & Alexander Schmid, “*Reform of German Administrative Courts Act*”(1998) 4 European Public Law 34, note 18.

② Cf. H. W. R. Wade & C. F. Forsyth, op. Cit., p. 549.

和正当程序，赋予其确认案件事实的基本功能，缓解实践中案件事实难以查清而问题又不能不解决的窘境，并使得行政诉讼基本上成为法律审，除非当事人有证据证明听证认定的事实是有问题的。

我国行政调查法制的现状与课题

——以消防行政调查为例的考察

章志远*

1 引言：现象、问题与分析视角

美国行政法学者施瓦茨教授曾言："情报是燃料，没有它行政机器就无法发动。"① 事实上，在现代资讯社会，行政机关无论是针对特定个案作出处罚、许可、给付或裁决等具体处理决定，还是针对社会治理中的一般情形拟定法规、出台政策，都需要通过细致入微的调查获取充分的基础性事实资料。可以说，作为获取资讯手段的调查几乎存在于所有的行政活动过程之中，理应属于行政法学的中心课题。考察英美诸国行政法的发展历史，无论是以追求法治行政为目的的传统行政法制，还是以追求良好行政为目的的现代行政法制，都对行政调查权的授予与控制、行政调查手段的认可与限制给予了应有的关注。②

---

* 苏州大学法学院教授、法学博士。

① ［美］施瓦茨：《行政法》，徐炳译，群众出版社1986年版，第82页。

② 以美国为例，在第二次世界大战之前，行政机关的调查权受到了严格的司法控制；在第二次世界大战期间及之后，法院对行政机关调查权的态度则出现了明显变化，在很多案件中都作出了有利于行政机关的判决，对行政调查权的行使采取更为积极而务实的立场。王名扬：《美国行政法》（上），中国法制出版社1995年版，第326～327页。

在我国行政法学理上，行政调查这一极其重要的课题长期以来没有获得应有的重视。究其原因，有学者将其归结为“与我国行政法学重实体轻程序的传统有关”;① 有学者则归结为“静态行为类型论”研究范式的负面影响，并主张以“动态行为过程论”研究范式取而代之，关注“作为过程的行政调查”;② 还有学者则认为，这种状况与日本及我国台湾地区早期行政法学行为形式论学说的影响密不可分。③ 公允论之，这些诱因分析都具有一定道理。特别是深受大陆法系传统行政法学上行政行为形式论的影响，行政调查的研究常常陷入“概念外延宽窄”及“行为性质定位”的泥潭而无法取得实质性进展。④ 最近几年，国内行政调查的研究论文虽呈现不断增多的趋势，但大体上还是沿袭“概念属性定位——基本原则适用——实体法及程序法规制——救济法制构想”这一传统研究进路展开的。这项研究虽有可能为行政调查的法律控制提供一个相对完整的法制框架，但也忽略了实践中行政调查绚丽多姿的表现形态，进而影响了理论的现实回应性。可见，行政调查课题的研究在我国行政法学上尚有广泛的发展空间。

---

① 杨海坤等:《关于行政调查的讨论》，载《行政法学研究》2000 年第 2 期。

② 周佑勇:《作为过程的行政调查——在一种新研究范式下的考察》，载《法商研究》2006 年第 1 期。

③ 金自宁:《论行政调查的法律控制》，载《行政法学研究》2007 年第 2 期。

④ 耐人寻味的是，时至今日，在我国近邻日本的行政法学中，“行政调查不仅尚未能形成通说之处甚多，且在研究成果之累积上亦是进展不多之领域”; 而在我国另一近邻韩国的行政法学中，“行政调查只是行政法教科书中归纳、整理的 10 页左右内容中的主题之一，过去 10 年期间直接关于行政调查方面的论文不过 10 篇左右。”参见 [日] 滨西隆男:《日本行政调查之实际状况及其应有之统制》，载《东亚第八届行政法学年会论文集》(2008，台湾)，第 14 页; [韩] 吴峻根:《关于韩国行政调查制度之行政法考察》，载《东亚第八届行政法学年会论文集》(2008，台湾)，第 30 页。

行政调查课题的深入研究同样来自于实践的热切需求。在当下的行政执法中，调查权得到了越来越广泛的运用。一方面，在很多具体的执法情境中，行政机关被授予了特定的实体管理权限，但却没有相应的调查手段作为支撑，行政机关往往不择手段以求完成行政目标。“上海钓鱼执法事件”即是这类情形的典型代表。[①] 另一方面，在现代信息社会，信息调查与披露是行政机关重要的规制手段。特别是在证券监管、食品药品安全监管等专业行政管理领域，一旦行政机关对特定企业实施调查，极可能对企业的市场声誉造成严重的负面影响。可见，赋予行政机关必要的调查手段与限制调查权的任意启动都是行政实践所面临的现实课题。就当下的行政立法而言，是制定单行的《行政调查法》还是在统一《行政程序法》中专门规定行政调查同样存在认识上的分歧。这种分歧的背后实际上也隐含着对行政调查类型、定位的不同见解。

行政立法与行政执法实践既呼唤行政调查研究的深入，也为行政调查研究的繁荣提供了契机。如同我国当下行政法学研究过分关注总论而忽略分论一样，以往行政调查研究的根本缺陷也在于没有深入到具体的行政部门实践，切断了行政调查一般原理与行政实践之间应有的密切联系。“魔鬼就存在于细节之中”，摆脱行政调查研究困境的根本之道就在于关注部门细节，通过考察具体行政领域调查法制的运作现状，为行政法总论中行政调查的研究提供丰富的实践素材。本文的研究思路，即在通过对消防行政调查这一微观领域的细微观察，揭示我国当下行政调查法制的现状以及未来需要回

① 有学者就“钓鱼执法案”接受《法制日报》记者采访时就曾指出：“从某种程度上讲，手段的缺失是促使个别执法部门执法不择手段的重要原因之一。”参见薛刚凌：《“钓鱼式执法”缺乏手段导致不择手段》，http://www.legaldaily.com.cn/misc/2009-10/26/content_1171912.htm.

应的课题，希冀推动行政调查“个别化”研究范式的兴起。① 需要指出的是，之所以选择消防行政作为考察对象，主要基于两个方面的考虑：一是消防管理既是传统警察行政事务的重要组成部分，同时也是政府履行公共服务职能的重要内容，具有秩序行政与给付行政的双重属性，是观察行政调查运作实践的重要窗口。二是近年来随着《消防法》和一些消防管理法规、规章的修订与颁布，消防行政调查法制框架已具雏形，基本上能够覆盖主要的调查类型，是观察行政调查运作实践的典型部门。②

2 消防行政调查法制概说

根据《人民警察法》第6条的规定，“组织、实施消防工作，实行消防监督”是公安机关的人民警察应当依法履行的一项基本职责。这是国家法律对公安机关消防管理权的明确授予。经过二十多年的发展，一个以《消防法》为龙头、以相关行政法规和地方性法规为补充、以部门规章和地方规章为主体的消防法律规范体系已经建成。借助北大法宝信息库进行检索，可以大体上看出我国消

① 值得关注的是，个别较为敏感的行政法学者已经在警察行政调查、福利行政调查等“个别化”研究方面迈开了重要步伐。参见余凌云：《警察调查权之法律控制》，载《南京大学法律评论》2002年春季卷；胡敏洁：《福利行政调查权与受益人权利保障》，载《当代法学》2008年第2期。

② 在行政调查的谱系中，个别调查与一般调查是最为典型的分类。二者虽然都是行政机关为达成特定行政目的而对私人所进行的各种资讯收集活动，但前者往往是为了作出相应的行政处理决定而进行的前提性事实资料收集，后者则是为了获取行政立法或政策拟定而进行的基础性资料收集。从对私人权益影响的直接性和重要性程度来看，个别调查远甚于一般调查。因此，学理上有关调查方法等具体问题的分析多侧重于个别调查。参见刘宗德：《日本行政调查制度之研究》，载《政大法学评论》第52期。就本文所研究的消防行政调查而言，恰好覆盖了个别调查的各种情形，自然属于十分典型的分析对象。

防管理法律规范体系的概况。其中，在“中国法律法规规章司法解释全库”中以“消防”为标题关键词进行检索后，查询到法律2部、行政法规7部、司法解释1部、部门规章157部、其他2部；在“地方法规规章全库”中以“消防”为标题关键词进行检索后，查询到法规97部、地方规章107部、地方规范性文件1907部、地方司法文件1部。[1] 除一些内容有所重复以及大量具体的规范性文件外，我国消防管理法律规范的总体框架可通过以下图表形式表现出来：

表一　消防管理法律规范结构简表

类别	名称	制定、颁布部门
法律	《消防法》	全国人大常委会
行政法规	《国务院关于进一步加强消防工作的意见》 《森林防火条例》 《国务院办公厅关于进一步加强森林防火工作的通知》 《草原防火条例》	国务院
部门规章	《建设工程消防监督管理规定》 《消防监督检查规定》 《火灾事故调查规定》 《高等学校消防安全管理规定》 《机关、团体、企业事业单位消防安全管理规定》 《公共娱乐场所消防安全管理规定》 《集贸市场消防安全管理办法》 《爆炸危险场所安全规定》 《高层居民住宅楼防火管理规则》 《仓库防火安全管理规则》等	国务院部委 （以公安部为主）

① 所有数据均截止到2010年2月28日。

续表

类别	名称	制定、颁布部门
地方性法规	《深圳经济特区消防条例》（2009 年修订） 《陕西省消防条例》（2009 年修订）等	省（自治区、直辖市）、市（省会市、较大市、经济特区市）人大及其常委会
地方规章	《重庆市高层建筑消防安全管理规定》（2009 年施行） 《宁波市高层多业主建筑消防安全管理规定》（2009 年施行）等	省（自治区、直辖市）、市（省会市、较大市、经济特区市）人民政府

从上表可以看出，部门规章在消防管理法律规范体系中发挥了极其重要的作用，已经成为消防管理工作最主要的法律依据。这些规章既有关于各类特殊场所消防安全管理事项的规定，也有消防管理流程中各类具体管理事项的规定。事实上，作为消防管理权重要组成内容的调查权也基本上是由公安部以部门规章形式所规范的。特别是公安部为配合新《消防法》的实施，于2009 年 4 月 30 日同时发布了新的《建设工程消防监督管理规定》、《消防监督检查规定》及《火灾事故调查规定》，筑起了消防行政调查法制的基本框架。除此以外，消防行政调查的重要法律规范依据还有《人民警察法》、《国务院关于进一步加强消防工作的意见》以及《公安机关办理行政案件程序规定》等。有关消防行政调查各类法律依据所规范的事项可通过以下图表形式表现出来：

表二 消防行政调查法律规范结构简表

序号	名称	事项
1	《消防法》	授予公安机关消防机构各类调查权
2	《人民警察法》	警察执行职务的一般性要求
3	《国务院关于进一步加强消防工作的意见》	对公安机关消防机构监督检查权的强调
4	《公安机关办理行政案件程序规定》	公安机关办理行政案件调查取证的一般性要求
5	《建设工程消防监督管理规定》	消防设计审核、验收、备案抽查权行使的具体要求
6	《消防监督检查规定》	消防监督检查权行使的具体要求
7	《火灾事故调查规定》	火灾事故调查权行使的具体要求

根据《消防法》的规定，我国消防工作的基本方针是“预防为主、防消结合”。为了有效预防火灾发生，通过调查消除一切火灾隐患就成为公安机关消防机构的中心工作。从上述消防行政调查的法律规范依据上看，目前我国消防管理领域中的调查主要有以下三种类型：

一是建设工程消防监督中的调查。除森林、草原之外，火灾大多是在特定建筑物内发生的。因此，在建筑物施工建设和竣工阶段，就应该严格执行消防技术标准，从源头上遏制火灾隐患的发生。为此，《消防法》赋予公安机关消防机构对建设工程消防设计审核、消防验收和备案抽查的权力。通过审核、验收及备案抽查等具有行政许可性质的权力行使，纠正消防设计不合格、施工质量未达消防技术标准的建设项目。公安机关消防机构在行使这些权力出具相应意见前，必须对项目图纸或建设工程本身进行实地调查。从行政调查自身谱系上看，这类调查属于有学者所定义的“最狭义行政调查”（即“构成要件事实调查”）中的“许可要件审查”。[①] 就功能而言，这类调查的作用在于为公安机关消防机构作出许可决定提供基础性事实依据，进而最大限度地消除工程建设中的消防隐患。从消防管理工作的流程来看，建设工程消防监督中的调查无疑是一类事前调查。

二是日常的消防监督检查。预防火灾发生的关键在于监管部门对单位是否遵守消防法律规范的经常性监督检查。为此，《消防法》赋予公安机关消防机构依法享有对机关、团体、企业、事业等单位遵守法律法规情况的监督检查权。《消防监督检查规定》则进一步将这一监督检查权的形式概括为5种，即“对公众聚集场所投入使用或营业前的消防安全检查”、“对单位履行法定消防安全职责情况的监督检查”、“对举报投诉的消防安全违法行为的核查”、“对大型群众性活动举办前的消防安全检查”以及“根据需要进行的其他消防监督检查”。这些检查活动虽然名义上都属于消防监督检查，但就其内在功能而言，仍然存在差异。其中，第一类和第四类检查实则类似于建设工程消防监督中的检查，检查的结果直接决定能否使用、营业或举办，可以归为“许可要件审查”；第三类对举报投诉违法的核查实际上是“构成要件事实调查”中的“违法事实调查”。[②] 只有第二类才是真正意义上的“监督性检查”，即“行政机关对于依其法律具有监督权责之私人或其关系人，定期或不定期对其与监督事项有关之活动进行检查，以观察其目前状况，注意其是否有违法情事，督促其自动履行法律义务，并

① 洪文玲：《行政调查与法之制约》，学知出版公司1998年版，第19页。

② 洪文玲：《行政调查与法之制约》，学知出版公司1998年版，第19页。

同时了解其于遵行现行法令规定上有无困难，主动加以协助辅导。”[①] 这种监督检查的目的是了解消防法律规范的遵守情况，除非存在不符合消防安全的情形或火灾隐患，否则检查之后并不会作出相应的处理决定。在实践中，公安机关消防机构往往都会在重要节假日之前或期间进行不打招呼的突击式抽查，甚至还创造性地采取错时检查办法，尽可能消除火灾隐患。从消防工作以预防为主的方针上看，这种监督检查是公安机关消防机构最重要的日常工作。在消防管理工作的流程中，这种典型的监督检查是一类事中调查。

三是火灾事故调查。火灾绝对不发生是不可能的，而一旦发生火灾，就应当及时、有效地进行扑救，尽可能减少火灾损失。同时，还应当尽力查清火灾起因，以便对火灾事故作出处理，通过总结火灾教训进一步预防火灾发生。从这个意义上来说，火灾事故处理与火灾预防是辩证统一的。在火灾事故的处理过程中，对起火原因及灾害成因的调查即是火灾事故得到公正处理的关键。可见，火灾事故调查也可以归结为“构成要件事实调查”中的“违法事实调查”。从消防管理工作的流程来看，火灾事故调查无疑是一类事后调查。

如果将行政调查理解为一种“行政机关所为的资讯收集活动”[②]，那么上述三类消防行政调查也不过是公安机关消防机构为满足不同需要而实施的资讯收集活动，或为获取许可决定基础性事实的调查，或为获取违法事实的调查，或为获取法规遵守情况的调

---

① 王立达：《我国行政调查制度之法制化》，载《宪政时代》第24卷第4期。我国台湾地区学者洪文玲则将此类监督检查视为“最最狭义的行政调查”，参见洪文玲：《行政调查与法之制约》，学知出版公司1998年版，第19页。

② 在日本行政法学理上，围绕行政调查的属性定位先后形成了“行政机关所为行为类型之一”、“行政上制度”、“行政程序之一阶段”及“行政机关所为资讯收集活动”四种见解。参见刘宗德：《日本行政调查制度之研究》，载《政大法学评论》第52期。

查。有关消防行政调查的类型及形式可通过以下图表形式表现出来：

表三　消防行政调查类型及形式结构简表

调查类型	调查形式	调查对象
许可要件审查	1. 建设工程消防设计审核、消防验收和备案抽查中的检查 2. 对公众聚集场所投入使用或营业前的消防安全检查 3. 对大型群众性活动举办前的消防安全检查	物（图纸、资料）、场所（活动现场、工程、工地）
违法事实调查	4. 对举报投诉的消防安全违法行为的核查 5. 火灾事故调查	场所、火灾现场物品、痕迹当事人、证人
监督检查	6. 对单位履行法定消防安全职责情况的监督检查	物、场所、人员

3　消防行政调查法制存在的主要问题

在对现行消防法律规范进行粗略梳理之后，不难看出，尽管我国目前还没有统一的《行政调查法》，行政调查立法极为分散、凌乱，但类似消防管理等局部行政领域的调查法制化却已达到较高水准。例如，有关消防调查的法律规范既有实体性权力授予规定，也有程序性权力行使规定；有的程序性规定还相当细致，如将火灾事故调查区分为简易程序和一般程序两种情形；有的程序性规定甚至还向正当法律程序目标迈开了重要步伐。[①] 不过，仔细检视消防行政调查的立法规定及其实践运作，仍然能够发现其间的诸多缺陷与不足。具体而言，以下三个方面的问题尤为突出：

第一，调查法制整体上具有“重权力授予轻权利保障”的倾向。行政调查的目的在于收集资讯、发现真实，保证之后可能作出的行政处理决定具有充分的事实依据。因此，充分授予行政机关必要的调查权限是行政调查立法的重要使命。尤其是在消防行政、税务行政及食品卫生行政等关涉公益维护的领域，凸显调查权的赋予更为必要。但是，这些领域调查权的行使恰恰也最容易侵犯到调查对象的基本权利。例如，消防行政调查常常都是以“进入场所实地检查”的方式完成的，因而极易侵犯相对人的营业自由、休息权甚至隐私。可见，在授予行政机关调查权的同时，也应当重视相对人权利的保障。然而，综观目前消防行政调查的法律规范，“重权力授予轻权利保障”却已成为立法的基本倾向。作为规范人民警察执法活动的基本法律，《人民警察法》只有一个条文（第35条）对警察调查作了规定，即“阻碍人民警察调查取证的”，给予治安管理处罚；作为规范消防机构执法活动的基本法律，《消防法》（第56条）虽然规定了公安机关消防机构及其工作人员行使职权应做到“公正、严格、文明、高效”，但也只是象征性地列举了“不得收取费用、不得谋取利益及不得指定产品品牌”等无关痛痒的禁止情形，而根本没有就消防行政执法中行政相对人基本权利的保障作出明确宣示。全国人大常委会制定的法律尚且如此，公安部自身所制定的规章就更是渐行渐远了。翻检公安部专门发布的

① 例如，根据《深圳经济特区消防条例》第66条的规定，公安机关消防机构实施消防监督检查时，检查人员不得少于两名，并出示执法身份证件和经市、区公安机关消防机构负责人签发的检查令。其中，“出示检查令”的规定就是对《消防监督检查规定》第14条的发展，体现了行政调查程序法制的重要进步。

三部涉及消防调查的规章，充斥其间的都是各类消防调查权的具体运作程式，对被调查对象权利的维护则只字未提，甚至还变相剥夺当事人本就少得可怜的提起行政诉讼的权利。[①] 此种情形正好印证了有学者关于我国目前行政调查立法规定具有强烈“管理法”色彩的判断。[②] 赋予行政机关大量的调查权力却忽略行政相对人在接受调查过程中的权利保护，这样的制度安排无疑偏离了现代行政法治既要促使行政权“行善”，也要抑制行政权“作恶”的价值预设，自然就经不起立法正当性的考问。

第二，调查程序法制呈现“重权力维护轻权力规制”的偏好。从形式上看，目前消防行政调查程序法制已经相当健全，各种消防调查权的行使都有比较具体的操作性规定。但是，这些程序设计基本上都是以维护调查权的方便行使作为出发点的，对调查权的制约则极为匮乏。任何权力的行使都必须具有相应的法律依据，这些依据大体上是由组织规范、依据规范和规制规范所构成。[③] 作为具有强制性色彩的消防行政调查权，其合法性来源并不能局限于单纯的组织规范，还必须具备作用法上的依据规范和确保其公正运行的规制规范。按照这一标准，现行消防调查法制的重大缺陷即在于依据

① 例如，《火灾事故调查规定》第33条规定，对火灾事故认定书不服的，可以申请复核和直接向人民法院提起民事诉讼。行政法学理在火灾事故认定行为法律性质的理解上确实存在争议，但事故认定同样是行政权的行使，同样会对当事人的权利义务产生影响。因此，这一规定实际上就是以规章的形式剥夺了当事人提起行政诉讼的权利。又如，《建设工程消防监督管理规定》第40条规定，对公安机关消防机构建设工程消防监督管理中作出的具体行政行为不服的，可以向本级人民政府公安机关申请行政复议。该条规定似乎也存在有意回避当事人可以直接向人民法院提起行政诉讼的嫌疑。

② 金自宁：《论行政调查的法律控制》，载《行政法学研究》2007年第2期。

③ ［日］盐野宏：《行政法》，杨建顺译，法律出版社1999年版，第52～53页。

规范特别是规制规范供给上的严重不足。以最典型的消防监督检查为例，该项调查权的行使直接面向各类场所，如果行使不当会直接侵犯到检查对象的营业自由。而在消防监督检查实践中，恰恰就存在这方面的问题。例如，每到重大节日、重大活动之前或期间，消防机构都会频繁地组织各类突击式的安全调查，甚至创造性地运用不打任何招呼的“错时检查”、“暗访”、“曝光”等手段，希冀通过这种运动式执法营造声势，集中整顿消防安全违法行为，遏制火灾事故的发生，进而完成确保人们过一个“平安夜”、“平安年”、“平安节”等硬性政治任务。[①] 撇开法律位阶低的缺陷暂且不论，《消防监督检查规定》第 7 条的有关“重大节日、重大活动前或者期间的监督抽查”的规定可以被视为“依据规范”基础。不过，如何保障该项调查权的公正行使、如何避免该项调查权的滥用的“规制规范”却难觅其踪。事实上，重大节日、重大活动期间，也正是许多公众聚集场所营业兴旺之时，频繁的检查特别是吸收众多新闻媒体参与的暗访无疑会侵扰单位的正常营业。尽管可以将上述做法解释为行政机关在调查手段上的选择裁量，但这种无“规制规范”约束的裁量却已同事前通知、重复调查禁止等基本要求相去甚远。美国实地调查法院令状主义的做法也许过于苛刻，但类似前述调查手段任意裁量却无任何限制的做法则更加糟糕。现代行政程序法的要旨之一就是通过设计严密而公正的程序限制行政权的恣意妄为，权力规制精神的缺乏正是现行调查程序法制内在的重大缺陷。

第三，当事人协力规范要求与现实运作的偏离。现代行政事务纷繁复杂，单靠行政机关的力量往往无法有效达致预定的行政目标，因而依托当事人的协力几乎成为所有行政活动过程中的普遍现

---

① 以“消防安全突击检查”、“消防安全错时检查”、“消防监督检查暗访”等为关键词在 GOOGLE 等搜索引擎上进行检索，能够获得数以百万计的链接。“奇效”、“战役”等革命性词语充斥其间，运动式执法思维跃然纸上。

象。特别是对于肩负危害防止任务、维护公益的消防机关而言，面对难以计数的建设工程、公众聚集场所、机关团体及企事业单位，如果离开调查对象的配合与协助，极其有限的警力根本就不可能实现对消防事务的良好治理。从《消防法》所确立的“政府统一领导、部门依法监管、单位全面负责、公民积极参与”的消防工作基本原则，到许可要件审查中建设单位“申请消防审核、申请消防验收、主动备案接受抽查”、公众聚集场所使用及大型群众性活动举办前的“申请消防安全检查”，从火灾事故调查中“任何单位和个人不得妨碍和非法干预”，到消防监督检查中“当事人对整改义务的落实”，当事人协力基本上覆盖了所有类型的消防行政调查，已然成为消防调查的基本原则。然而，这些当事人协力的规范要求并没有在消防行政管理实践中得到认真落实，甚至还无法得到及时纠偏。以 1993 年 7 月 5 日发生在大连市的“辽宁某医疗器具有限公司火灾案”为例，当地公安机关消防机构在对该公司厂房进行防火审核时，曾对建筑的防火分区、防火隔断、空调系统防火设计、安全疏散、消防车通道等提出防火要求，但该公司一项都未落实，且拒绝消防监督机构检查验收。工程竣工后，该公司不仅没有主动报请消防监督机构进行验收，还以无菌车间非生产人员不得进入为由，将消防人员拒之门外，拒绝消防检查。平时消防监督人员和消防部门工作人员到该车间进行防火检查和实施演练时，该公司也以此为由加以阻止，致使消防人员对车间的内部情况和布局均不熟悉。这些没有践行当事人协力要求的错误终于酿成了损失巨大的火灾。[①] 在实践中，很多单位从节约成本、贪图便利等角度考虑，往往缺乏主动申请检查、审核或验收的动力，进而在源头上增加了火灾隐患。每到岁末年终之时，为应付消防监督检查或创建平安单位，突击填写消防档案成为一些单位的普遍现象。当事人协力

---

① 《中华人民共和国消防法：案例应用版》，中国法制出版社 2009 年版，第 15 ~ 16 页。

规范要求与现实运作的偏离虽然原因复杂，但这种现象的大量存在却使得消防工作以预防为主的方针落空，许多火灾事故的发生也正缘于当事人自律协力机制和部门外力监管机制的双重失灵。

4 健全行政调查法制面临的基本课题

诚如学者所言，给行政调查“确立适当的法律位置，对谋求法治主义的彻底化是十分重要的”。[①] 其实，在崇尚成文法传统的国家和地区，行政调查法制化的努力一直没有间断。无论是通过制定一部基本法规范行政调查，还是在行政程序法中辟专章或专节规范行政调查，健全行政调查法制都已成为众多国家和地区实现行政法治的重要课题。通过上文对我国当下消防管理领域行政调查现状与问题的考察，可以看出对行政调查法制完善的艰难，其原因不仅在于行政调查自身种类的繁多、所处领域及阶段的不同，还在于行政调查法制需要在众多不同的价值目标之间进行取舍与平衡。以消防行政调查法制的实证分析为依托，笔者认为，我国未来行政调查法制的健全至少需要处理好以下三组关系：

第一，统一立法与分散立法的关系。健全行政调查法制究竟应当选择何种立法思路？是寻求统一立法规范行政调查，还是坚持分散立法各个击破？目前还存在不同的学术主张。有的学者提出行政调查立法“综合化”思路，一方面要加紧制定《行政程序法》或统一的《行政调查法》，以尽快建立行政调查的法制化基础；另一方面也要兼顾特别行政调查领域的个性，在坚持最低限度标准的前提下考虑部门行政的灵活性和效率性。[②] 有的学者则提出行政调查立法“阶段式”思路，即以制定统一的行政调查职权法为最终目

① ［日］室井力主编：《日本现代行政法》，吴微译，中国政法大学出版社1995年版，第130页。

② 应松年等：《行政调查的现状与未来发展方向》，载《江苏社会科学》2008年第5期。

标、以行政法规及部门规章的修正为中程目标、以严格遵守相当理由原则为近期目标。[①] 从域外立法实践来看，除韩国制定了作为一般法的行政调查基本法之外，其他国家和地区大多是在行政程序法中辟专门章节规定行政调查。[②] 从我国当前消防行政调查法制的现状与问题来看，制定各部门行政调查共同遵守的最低限度要求的统一立法确有必要，但分散立法却更加急需。笔者认为，源自行政处罚领域的裁量基准制度改革经验值得向行政调查领域推广，通过对基层行政执法经验的提炼和细化、量化等控制技术的运用，能够为行政机关的裁量活动提供相对统一的行动标准，进而遏制行政裁量权的膨胀与滥用。鉴于我国行政调查领域规则的普遍缺失，这种倡导"规则之治"的裁量基准无疑能够满足现实急需。在我国台湾地区警察行政领域，类似《各级消防主管机关办理消防安全检查违法案件处理应注意事项》、《直辖市县市消防机关火场指挥及抢救作业要点》、《受理民众检举违法爆竹烟火业作业规范》、《各类场所消防安全设备检修及申报作业基准》等裁量基准文件对警察消防行政活动就起到了重要的规范作用。因此，无论今后是否制定统一《行政调查法》、是否在统一《行政程序法》中专章规定行政调查，具体行政领域的调查活动仍然离不开专门的裁量基准。

第二，业者自律与公权调查的关系。现代行政任务的繁杂和行政资源的有限决定了行政活动离不开私人的参与和协助，甚至决定了行业自律、业者自律在社会治理中对公权干预一定程度上的替代。以消防安全监管、环境监管、食品安全监管、税收征管等领域

---

① 沈军：《中国行政检查问题研究》，载罗豪才主编：《行政法论丛》(第 8 卷)，法律出版社 2005 年版，第 341 页。

② 在我国台湾地区，学者同样主张在立法政策上要尽快推动制定《行政调查通则》，将各种行政调查领域最低共通规范加以明定，避免行政调查被沦为"法治国家另一个黑森林"。参见王立达：《我国行政调查制度之法制化》，载《宪政时代》第 24 卷第 4 期。

为例，如果一味地依靠监管部门的监督检查，有限的监管力量必然会被数以千万计甚至以亿计的从业者所湮没。因此，如何优先发挥业者自律的作用、如何实现公权调查与业者自律之间的衔接，是未来行政调查法制必须直面的课题。事实上，上述监管领域中涌现的企业排污申报、纳税人税务申报以及食品生产经营企业进货查验、出厂检验记录和购销台账等举措无不体现了对业者自律、业者自检的重视。来自域外行政调查法制的经验也显示了业者自律之于公权调查的优先地位。例如，韩国行政调查基本法的一大创举就是辟专章规定了“自律管理体制的构筑”，通过引入被调查对象自律申报制度推动以行政机关为主的行政调查习惯向个人或团体的自律管理体系方向的转换。[①] 在英国的特种营业管理与规制调查实践中，执照管理法规将许多消费者安全维护设施及消防安全设备的检查责任交给业者自己，政府则退居指导及复查的监督角色，构成了业者自律的基础。而业者基于永续经营和企业信誉的自我约束，大多能够洁身自爱遵守法纪，进而形成了业者自律为主、公权介入调查为补充的良性循环。[②] 我国消防行政调查法制虽然也关注当事人对行政调查的协力，但仍然是以公权调查为主导的传统模式，且在现实运作中并未发生预期的作用，其结果是当事人报不胜报、消防机构查不胜查，消防法律规范难以贯彻实施。这实际上已经成为我国诸多行政执法领域普遍存在的痼疾。因此，在规制缓和、激励性规制兴起的背景下，如何通过相应激励机制的建立促使业者愿意自查，以此减少监管部门调查人力之付出以便集中更多精力于制裁及执行，

---

① ［韩］金载光：《关于行政调查基本法立法过程上主要争点之考察》，载《东亚第八届行政法学年会论文集》（2008，台湾）第54页。

② 洪文玲：《行政调查与法之制约》，学知出版公司1998年版，第228页。

便成为健全行政调查法制必须回应的课题。①

第三，任务实现与私权保障的关系。作为收集资讯的行政活动，行政调查的最终目的在于实现特定的行政任务。就个别调查而言，还关涉国家公权力与个人、物品和场所的直接接触。因此，如何处理好行政任务实现与私人权利保障、实体调查权授予与调查手段选择之间的关系便成为健全行政调查法制的重要课题。正如前文在分析我国消防行政调查法制现状时所指出的那样，片面追求权力授予和权力维护是当下调查法制的基本品格。这种现象的形成既与我国重实体轻程序的历史传统有关，也受惠于当下弥漫在全社会的运动式执法理念。运动式执法强调特定时期行政任务的快速完成，因而行政机关在执法手段上往往任意裁量甚至不择手段，其背后所秉持的理念是"只要确保任务完成就可以考虑任何必要手段"。例如，为了完成重大节日期间的消防安全保卫工作，消防机构就会动用不打招呼的突击检查、错时检查和暗访等非常手段；为了严厉打击黑车整顿交通秩序，交管部门甚至不惜动用"钓鱼执法"方式。这些游离于法律规范之外的调查手段也许能够收集到某些行政机关想要得到的资讯，甚至能够对违法行为起到立竿见影的震慑效果。但是，实体的正义、任务的实现并不能成为论证行政机关不择手段具有正当性的依据。在"调查手段——任务实现"的过程中，私权保障是横亘于二者之间不可逾越的考量因素。笔者认为，未来行政调查法制的健全不仅要在规范源头上设计周密的调查手段以压缩行政执法机关的裁量空间，更需要引入外部的司法评价机制来遏制行政机关不择手段的冲动。尽管本文对行政调查引发的司法救济问

① 在这方面，韩国行政调查基本法第27条有关对依法自律申报、自律管理者"给予减免调查及税制支援等优惠措施"的规定值得关注。事实上，在我国地方公共治理实践中也出现了类似浙江温州市瓯海区梧田派出所"以万元抽奖形式办理暂住证登记"等典型个案。参见陈东升：《温州办暂住证可抽万元大奖事件真相调查》，载《法制日报》2008年3月25日第8版。

题着墨不多，但在我国当下司法能动主义高扬的社会背景下，为当事人提供充分而有效的行政诉权保护无疑是人民法院落实司法为民理念的题中应有之义。因此，行政调查法制对任务实现与私权保障关系的正确处理离不开司法审查制度的落实。在这方面，新近上海“钓鱼执法案”中司法机关的表现值得关注。虽然人民法院与“钓鱼”方法正当性审查失之交臂，但规范行政调查手段、保障被调查对象私权却已引起全社会的广泛关注。

5 结语

通过对现行消防法律规范文本的梳理和消防管理实践的粗略考察，可以看出我国具体行政管理领域调查法制的进展与不足。这种微观领域的细致观察不仅能够检验行政法学总论上行政调查一般原理的科学性，而且还能为未来行政调查法制的健全凝练更多共识、提供更多素材。就本文的分析对象消防行政调查而言，其结论对于整个警察行政调查乃至食品药品安全调查、环境监管、税务调查等其他部门行政领域的类似活动同样具有启示意义。作为文章的分析结论，尚可简要归纳为如下三点：

第一，鉴于行政调查在现代行政法上的运用极其广泛，行政调查课题的研究宜遵循类型化的基本思路，通过对行政调查的谱系寻根，在行政法学上逐渐形成行政调查的类型共识。

第二，行政调查法制的健全无法毕其功于一役。适用于各类行政调查的统一通则固然必要，但各种旨在为特定行政调查活动提供指引的裁量基准文件更加急需。我国行政调查法制的健全宜坚持渐进式道路。

第三，行政调查领域存在的诸多问题无法冀望于单纯的立法作业获得一揽子解决。业者自律意识的觉醒，监管部门对激励性手段的娴熟运用，司法机关在行政任务实现与私权保障之间的准确拿捏，对于行政调查法治化的真正实现都具有无法替代的作用。

保障性住房调查的展开及其制度架构

余凌云　胡敏洁*

1　问题的提出

“很少有其他东西像住房一样与生活的各方面息息相关。住房不仅为居住者提供了一个栖息的地方，它更是家庭生活最重要的场所……住房还具有象征意义……”① 用无数的言语来描述住房的重要性或许都不足为重。可以说，住房是我们能够获得的最为昂贵的消费资料。无论是发达国家抑或发展中国家，政府在其中如何发挥作用及其所承担的职能都将是影响公民居住条件与房屋质量的关键因素。廉租房、经济适用房以及政策租赁性住房构成了我国保障性住房的主要内容，多数保障性住房的提供需要由政府为低收入困难群体规定必要的限定标准、价格等，进而转由特定人群使用。

因此，如何确定保障性住房的申请人资格以及核查其相关收入水平便成为启动保障性住房的关键环节之一，在保障性住房的后期使用中，该类住房是否能够符合当初制度设计的初衷，为需要之人所使用也是制度设计与实践操作中的核心环节。这些制度运作过程便与行政调查密切相关。进而，政府如何在法治的框架下展开调

---

* 余凌云，清华大学法学院教授、博士生导师；胡敏洁，南京大学法学院副教授、法学博士。

① ［美］阿列克斯·施瓦兹：《美国住房政策》，黄瑛译，中信出版社2008年版，第2页。

查，如何确保其行为的公正与效率便成为调查环节所特别需要关注的问题。

2 保障性住房调查的类型及其性质

从保障性住房的展开基础来看，其制度设计本身的初衷旨在为低收入群体提供必要的住房保障。但是，实践中所暴露出的核心问题便是保障性住房实际上并不“保障”。例如，2010 年 3 月初，住房和城乡建设部公布了对北京、天津、上海、重庆四个直辖市保障房的实地检查结果。报告认为当下的保障性住房存在如下问题：一是住房保障申请审核程序有待规范。二是住房保障信息化建设有待加强。三是住房保障机构有待健全。此外，全国工商联住房产业商会课题组对北京、西安、太原三地的抽样调查发现，相当数量的经济适用房被中高收入阶层购置用于投资。北京经济适用房被用于出租的比例达到 48.65%，而普通商品房购买后用于出租的比例只有 20.55%。[①] 这些问题再度为我们彰显出保障性住房调查中的核心问题，即如何展开调查核定公民的真实家庭收入呢?[②] 在核定家庭收入的过程中又是否可能侵扰到公民的某些基本权利，如隐私权呢？这就需要我们首先对保障性住房调查的性质及其类型加以阐

---

① http://www.wolai.com/news/2010-04-08/80630/，访问日期：2010 年 7 月 27 日。

② 例如，对保障性住房申请户家庭收入的确认只能依赖单位出具证明、群众举报以及劳保、公积金 2 个平台的信息匹配进行审核，开具假证明以图蒙混过关的违规现象屡有出现，居民收入特别是隐性收入和财产性收入认定相对困难。对于自由职业、个体工商户、灵活就业者以及失业群众等的收入核查，只能根据他们申报的情况进行，无法真正体现实际收入情况。家庭住房、厂房因地理位置及建设情况差异很难确认其真实价值。家庭汽车、有价证券（银行存款、股票）等财产尚无有效办法考证。http://www.nbrd.gov.cn/art/2010/6/18/art_5222_445400.html.

明。“情报是燃料，没有它行政机器就无法发动。”① 保障性住房调查是行政调查在保障性住房领域的具体运用。各种领域的不同的行政调查方式，实际也发挥着不同的作用，有的是行政机关所为行为类型之一，有的是行政程序的阶段之一，有的是行政的制度之一。②

具体到住房、福利等相关领域，行政调查往往会转化为一种较为具体的制度，即“家庭经济情况调查”制度。通过这项具体的制度，行政机关依照一定的法定工作程序来审核申请救助的公民的收入状况。其中，有的国家或地区还要调查申请者的家庭财产和工薪之外的其他经济来源。从行政调查的具体分类来看，根据资料来源的不同，分为直接调查与间接调查；根据调查方法的不同，分为统计普查、自动申报等；根据相对人忍受义务的不同，分为任意调查或强制调查等。③

从目前我国保障性住房调查的实际操作来看，主要包含如下几种方式：

2.1　普遍性的统计型调查

准确地说，这种普遍性的调查在实践中往往被称为“普查”。其中，涉及住房保障方面的普查包括住房普查、城市居民人均收入普查、人口普查等。例如，湖南邵阳、武汉东楚、江苏南京等地开展的住房普查，这种调查用以核查保障性住房乃至居民的综合住房水平。又如，在江苏省年度统计公报中，对城市居民收入、消费支

① ［德］伯纳德·施瓦茨：《行政法》，徐炳译，群众出版社1986年版，第82页。

② 刘宗德：《日本行政调查制度之研究》，载《政大法学评论》第52期，第117页。

③ 刘宗德：《日本行政调查制度之研究》，载《政大法学评论》第52期，第117页。

出的调查，这种调查是为了从宏观上把握住房支出在居民消费支出中所占的合理比例。上述调查的依据为《中华人民共和国统计法》，即统计的基本任务是对经济社会发展情况进行统计调查、统计分析，提供统计资料和统计咨询意见，实行统计监督。此类调查的目的是从宏观上把握政策，包括经济适用房、廉租房等的建设规模、价格等。

事实上，其他国家也有类似制度，如美国从 1973 年以来便展开了“年度住房调查”项目，每年开展一次。1984 年，它被更名为美国住房调查，迄今为止，AHS[①] 是全国住房市场最综合的信息源，它提供的信息包括住户特征、收入、住房和社区质量、住房支出、设备和燃料、住房面积等。[②] 此时的调查是一种信息的收集与获取，其主要发挥的是获悉住房市场信息以及帮助国家决策的功能。

在我国，对住房水平的普遍性的统计型调查最早是在 1985 年在全国范围内展开的，但是此后至今没有展开过大规模的统计型调查。住房普查数据，特别是其中低收入群体的住房情况缺乏必要且准确的数据，这使得政府部门在制定相关的住房制度时面临着科学性与否的质疑。

2.2 针对申请者的个别调查

保障性住房调查中的核心调查程序是针对个人展开的，因为这一程序构成了是否可以提供住房的关键环节。在各个不同的程序中所面临的调查权限与相对人义务也是不同的，这将在后文另行讨论，此处只是着眼于调查的具体类型及其性质。

---

① 相关信息可查阅网站：http://www.ahs.com/，访问日期 2010 年 7 月 25 日。

② ［美］阿列克斯·施瓦兹：《美国住房政策》，黄瑛译，中信出版社 2008 年版，第 44 页。

保障性住房的展开阶段	申请人义务	调查方式
个人申请阶段	如实申报义务	科以申请人，如实申报并声明同意接受市住房保障行政管理部门和有关行政管理部门对其户籍、收入（资产）、住房等情况的调查核实的义务
调查的展开	如实提供相关信息	(1) 入户调查 (2) 查阅产权产籍、公房租赁档案 (3) 邻里访问 (4) 信函索证等方式相结合
审核阶段	备案（档案的建立以及动态管理）	
轮候阶段	如实报告的义务	轮候期间，家庭人口、户籍、收入（资产）、住房等情况发生变化不再符合社会保障性，应当如实向市住房保障行政管理部门申报，并退出轮候

这种针对个人展开的调查构成了行政机关所必须遵循的重要程序。此时的调查属于一种个别调查，即更侧重于行政处分和具体权限的行使，以区别于着重于立法或政策的制定。不同于普遍性的统计型调查，此时调查的功能在于获取申请人的真实信息，以求确定其是否符合相关的给付程序，进而成为后续行政行为展开的前提要件。具体来看，其中最主要的三种方式，即（1）邻里访问方式，这种方式类似于日本税务调查中的反面调查，① 即通过向非当事人或第三人调查相关事项。（2）入户调查属于现场调查，即通过进入家庭或现场而获取信息。（3）信函索证则属于提出文书或其他

① 在日本，税务机关为取得课税材料，向与纳税人有交易关系的企业或银行进行调查，此种调查被称为反面调查。参见［日］北野弘久：《税法学原论》，陈刚、杨建广等译，中国检察出版社2001年版，第268～269页。

证明的方式。当然，其他方式亦可被归为其他类型。例如，通过网络建设获得低收入群体的调查，这种方式即可能是一种间接调查。

此外，从上表可以看出，对于该种针对申请者展开的个案调查往往要求申请者履行义务来作为对于行政机关行为的配合与支持。这种义务的强调固然重要，但是也应有一定的边界。例如，2007年《烟台市人民政府办公室关于调整住房供应结构稳定住房价格的通知》（烟政办发［2006］125号）中有这样的一条规定，计划外出或未在自有房屋居住的居民，应在调查规定时间内持身份证和房屋所有权证到辖区居委会填写调查表。这种规定是否存在调查权的推诿，抑或公民配合义务的强化值得思考。①

一方面，保障性住房调查是一种政府依职权的行为，需要强调行政机关在启动调查时的积极、主动以及调查的合法性。另一方面，对于公民配合义务的强调，也需要考虑后续的监管措施，即不如实提供相关信息的责任由谁来承担，这便使得实践中政府的相关监管存在着一定的漏洞，仅有一些地区通过事前的立法来对相关的行为加以了规范。例如，《广州市保障性住房小区管理扣分办法（试行）》② 中明确规定，保障性住房小区住户应当积极配合小区管理服务中心管理人员或受委托的保障性住房小区物业服务企业，以及其他第三方机构的取证和处理工作。违规住户违抗或不配合取证和处理等工作的，情节轻微的，加倍扣分；侮辱、殴打调查取证人员，或以暴力、胁迫等方法阻挠调查取证工作，情节严重的，终止房屋租赁合同或要求退回购买的经济适用住房或拆迁安置新社区住宅。通过这种规定将调查中申请者的配合义务加以法律后果上的强化。需要注意的是，此时的调查主体已并非是行政机关，而是保障

---

① 《住房调查、利国利民》，http://www.shm.com.cn/jcld/html/2007-01/10/content_61602.htm，访问时间2010年7月29日。

② www.laho.gov.cn/zqyj/fj201001000001.doc 2010-1-6，访问时间2010年7月29日。

性住房小区的管理人员及相关物业服务企业管理人员。

2.3 后期的监督检查

在后期的监督检查中，除了上述提及的针对原先申请者，也就是现有居住者所展开的个别调查之外，也会出现针对保障性住房的建筑质量以及安全问题所展开的调查。这种调查往往也是后续行政处罚展开的基础，因为绝大多数情形之下对查出的质量、安全等问题将限期整改并依法给予处罚。此外，基于群众举报等启动的后续监督检查也是常见的方式之一，很多地区也通过行政奖励鼓励举报人举报。

在后续监督检查中，实际上的主体多为小区物业公司或者居委会，他们进行检查的主要方式为入户检查以及专项检查。入户检查的内容主要包括住户是否有擅自转租、转借、转让、出租、调换、经营等违规使用行为。发现有违规行为的，物业服务公司及时向住户发出告知书，限期整改。专项检查主要由相关的行政机关，如公房管理中心等，联合上述组织进行，检查常规检查中发现的问题是否已经整改，对拒不整改的通过照相、摄像等手段记载，掌握必要的证据材料，情节严重的，移交有关职能部门进行严肃处理。

综上所述，在保障性住房领域中可大体分为如上三种类型；从调查的对象来看，可以分为个别调查和统计型调查；从调查的具体方式来看，可分为入户调查、反面调查；从调查的时间来看，可以分为专项检查与一般化的常规检查，其中又以入户调查为最主要的方式之一。

3 侵扰权利，抑或合理忍耐

保障性住房调查一般是国家为推行相关政策所进行的必要步骤，所收集到的相关信息对政府权能运行具有一定的必要性，是为了保证稀缺公共资源的二次分配更加合理公正，作为社会成员组成的个人负有一定的义务来配合此种调查。同时，出于对公共福利分配这种公共利益的追求，个人享有的权利受到一定范围的限制。例如，在“入户调查”中，从调查过程至调查结果是否公开都可能产生一些对于公民权利的侵扰。“于是，他们宁可忍受贫寒生活的煎熬，也不愿意向政府和社会求助，自动放弃受助的权利。”① 这是对城市最低生活保障领域中入户调查的一种描述，是否在保障性住房中的入户调查也面临着这样的问题呢？

从学理上来看，特别是在美国法中长期以来存在着关于入户调查是否侵扰隐私权的争议。在 Camara v. Municipal Court② 案中，美国宪法第四修正案的保障范围扩展至非刑事领域，但家庭访问仍被认为是“友好的访问”而非“调查性的”，因此不受第四修正案的保障。此后，在怀曼诉詹姆斯（Wyman V. James）案中，法院认为，尽管家庭“是个人保障中最重要的部分”，但家庭访问是非宪法性的。而申请者接受家庭访问是一种“义务”，这是因为社会服务人员到宅访问，事实上在以社会复归为目标，社会民众接受这种旨在提高其家庭生活质量的福利行为时，就默认并接受了被访问的义务。因此，法院认为调查是合理的，本案不在宪法第四和第十四修正案涵盖范围之内。当然，在此案中道格拉斯（Douglas）和马歇尔（Marshall）法官也分别表达了不同的意见。道格拉斯法官认为，这是奇怪的判决，它仅仅对商业性调查予以保障，却对家庭调查视而不见；而马歇尔法官则认为，将第四修正案局限于刑事调查领域，践踏了传统的“家庭是城堡”的观念。③

从美国法院的这些判决意见中我们可以看到，在行政机关展开带有福利性质的家庭访问时，并不涉及对于公民权利的侵扰，这多半会因由其中带有的福利性质而构成公民的隐忍义务。

---

① 唐钧编：《中国城市贫困与反贫困报告》，中国社会科学院社会政策研究中心，华夏出版社 2003 年版，第 161 页。

② Camara v. Municipal Court, 387 US 523, 538 (1967).

③ Wyman V. James, 400 US 309 (1971).

其实，在我们看来，正因为是福利性质，入室调查不会采取实力强制调查，最多只是在遭到被调查人拒绝时，以事实不清而将后者剔除保障性住房提供名单之外。也就是应采用以拒绝受益的方式来担保调查的顺利实施，所以，也不太会与被调查人的隐私权等发生激烈的碰撞。实际上，通过对媒体报道资料、实证素材等多方面的收集，我们可以看到在保障性住房入户调查中所聚焦的问题并不在于此。那么，其中涉及的主要问题又是什么呢？

第一，保障性住房入户调查的时间选择。选择恰当的时间对于调查行为而言具有重要意义。选择夜半时分的“午夜调查”显然不合适，选择上班时间亦可能存在问题。例如，在广州等地开展的保障性住房调查中，调查组的入户率非常低。[①] 因此，可以考虑预约、中午或者傍晚入户调查。入户调查的恰当时间选择可以有效地提高入户调查的效率。

第二，保障性住房调查中家庭收入的确定。实践中，对保障性住房申请户家庭收入的确认只能依赖单位出具证明、群众举报以及劳保、公积金两个平台的信息匹配进行审核，开具假证明以图蒙混过关的违规现象屡有出现，居民收入特别是隐性收入和财产性收入认定相对困难。对于自由职业、个体工商户、灵活就业者以及失业群众等的收入核查，只能根据他们申报的情况进行，无法真正体现实际收入情况。家庭住房、厂房因地理位置及建设情况差异很难确认其真实价值。家庭汽车、有价证券（银行存款、股票）等财产尚无有效办法考证。这恐怕是保障性住房调查中最为核心与关键的问题。对此，迫切需要健全有关保障性住房的相关信息系统，如限制房屋产权信息登记系统，可以将保障性住房申购者的姓名等输入该系统，确定该住房的相关信息，监督该住房是否存在转租等

① 广州保障性住房无理由闲置超半年将被收回，http://house.southcn.com/f/2009-09/11/content_5762723.htm，访问日期2010年7月27日。

现象。

第三，保障性住房调查中公民的如实申报义务。尽管相关规范中都确定了公民的如实申报义务，但是究竟如何确保公民申请信息的真实性，这或许是实务操作中最难以确定的问题。由于在保障性住房等福利领域中存在信息不对称的现象，信息的来源是申请方，因此行政部门事实上总是无法查明所有的事实真相。此外，行政机关实际上也缺乏足够的规制资源去逐一核实信息。因此，确定如实申报义务的法律后果，如存在隐瞒或者虚报家庭人口、住房、收入和财产等状况的，可以将其从轮候册中删除并予以警告，同时可以由行政机关追还由此产生的不当得利，并可视情况通报其所在单位、向媒体披露。

4 保障性住房调查程序的设计

鉴于保障性住房调查的类型繁多，调查内容与对象也较为复杂，因此调查程序的设计可以有效地提高调查效率并避免其中可能存在的问题。

4.1 调查主体：非营利组织以及第三方调查机构的引入

学理上认为，某些行政检查虽然具有公权力行使的性质，但是政府应擅长利用私人企业的专门知识以及主动积极的态度、科学与企业的管理技术，借此也可同时减轻行政机关负担，避免行政机关官僚体制及层级在决定过程中的迟缓，并减少预算以及人事命令的限制。① 通过将调查权限移交给社区或者非营利组织，可以帮助公共房屋摆脱过分纠缠的官僚制度。这些非营利组织一方面较政府部门更富有效率，另一方面能够结合一定的专业技术和管理知识，又容许居民作出近距离的监督和参与，可以较好地运作政府资助，切

① 行政院研究发展考核委员会编：《行政检查研究》，行政院研考会发行1996年版，第288页。

实的改善低收入户的居住情况。英国、荷兰、德国、瑞典，以及日本等公共住房建造及管理体系较为成熟的国家，专门的住房非营利组织都扮演着主要角色。[①]

在我国目前的情况下，非营利组织并未发挥多少作用。在保障性住房领域，除了传统的行政机关，主要为房管局、民政局、保障性住房管理中心等部门，可以看到社区物业管理人员也可以成为调查的主体。具体而言，在街道办事处这一级受理居民的最低生活保障申请，然后委托作为基层群众性自治组织的居民委员会进行家庭调查。也就是说，这项制度的展开更需要地方基层组织的配合。这就使得基层行政机关及组织在确定调查时限、是否发放低保金以及调查方式的选择方面，一般享有较大的裁量空间，这也直接导致了各地的保障性住房调查程度、方式等方面存在的差异。进而在后续监督检查中，往往会委托交由社区物业管理人员展开。在目前的情况下，这些人员并不一定具有相关的调查能力与水平或者缺乏相关的调查技巧，这可能会影响到调查的质量，实际上可以通过调查人员的专业性培训来弥补这一缺陷。[②] 也可以通过委托第三方机构参与入户调查的方式，减轻现有行政机关的负担。这种第三方机构需要具备一定的调查能力并了解掌握保障性住房相关调查程序。

4.2 调查程序的启动：令状主义使用与否

在各国宪法中，均对家庭隐私给予了特殊保护，联邦最高法院将行政调查纳入了宪法第四修正案的保障范围。由此，一般情况需

---

① 施育晓：《低收入人士住房政策：国际比较及其启示》，http://www.gov.cn/ztzl/2005-12/31/content_143724_2.htm，访问日期2010年7月27日。

② 如厦门市保障性住房管理中心为帮助社区入户调查工作人员更好地掌握入户调查工作的政策和操作规程，湖里街道和江头街道分别举办保障性住房入户调查业务培训。http://www.xm.gov.cn/zt/xmsshbzxzf/gzjb/200709/t20070929_185750.htm，访问日期2010年7月27日。

取得法院的搜索票限制，这被称为“令状主义”。在令状为原则的基础上，联邦最高法院规定了几个例外情况：（1）公众场所检查(并非出于第四修正案目的的调查)。(2) 在紧急救难检查及灾后现场检查。(3) 经相对人同意。(4) 对某些长期受政府管制的事业或受经济性规范规制的产业，进行的定期性、常规检查。[①]

但上文已经提及，在社会福利、保障性住房等带有福利性质的行政领域，申请者接受入户调查可以说是其获得保障性住房的前提与要件，申请人如果不接受入户调查则可能直接丧失相关的给付，因此保障性住房调查并不遵循令状主义。与其去强调令状主义，毋宁去设计出一套更为合理的调查程序。例如，要求行政机关事先通知，出示必要的证件、在调查后应将结果告知相对人并说明一定的理由等。保障性住房调查程序的启动更为强调事前的通知制度，尽量减少或者避免对被监察人的私生活以及经济活动的干扰，并符合法安定性的要求。这种事前的通知应当包含检查的理由、目的、范围、时间、地点等必要内容。同时，要求调查人应当携带证明其身份的证明。如果被申请人拒绝、妨碍或者规避入户调查，相关机关则可以驳回其申请、停止或者废止相关的保障措施，所有的这些相关要求需要通过制定事先的“调查准则”或者规程来加以确定。

4.3 调查信息的处理：个人信息的保护

行政机关进行调查所收集的和保留的各种信息，是否公开或者保密，涉及错综复杂的行政利益和公众利益。调查公开是促进行政民主化的一个环节，但也可能对行政机关和公民带来不利后果。就行政机关而言，调查信息过早公开可能妨碍有效的执行法律，违法者可以及时隐藏或摧毁证据。对公民个人而言，调查信息的公开可

① ［德］伯纳德·施瓦茨：《行政法》，徐炳译，群众出版社 1986 年版，第 96 页。

能会侵犯个人的隐私权，泄露商业秘密，损害被调查者的信誉。[①]在网络化时代，行政调查所获得的信息，更加有被滥用的可能。因此，有学者主张，包括后期资料的利用、管理、公开等事项都应当被纳入法的规制领域。[②]

在保障性住房领域，该种调查往往涉及一些极为私密的资料，包括个人家庭情况、资产状况、家庭收入等，这些资料一旦被公布或泄露，往往具有较大的侵益性。这就要求行政机关应当对保障性住房调查的接受者的相关个人信息予以保密，未经相对人同意许可，不得擅自将检查所得的隐私资料公布于众，应妥善保管好相应的材料并做好保密工作，以便尽可能降低因为行政行为对相对人权益造成侵害的程度。在此阶段，可通过格式化的行政合同或其他协议来决定个人数据的使用范围并设立救济方式，收集机关在没有同当事人协商并获得其同意之前，不得将当事人为某特定目的所提供的个人数据运用在另一目的之上。

5　结语：住房券的引入

通过对上文的梳理，我们可以看出在保障性住房调查中，事前的通知以及后续的资料保护较为重要。基于该种调查可能带来的受益性，此时可能不需要遵循如其他领域般严格的令状主义。基于申请人的庞杂与数量巨大，考虑通过必要的程序简化、信息化以及委托第三方调查主体，可以有效地提高调查的效率。但是，当事人一旦获得了保障性住房，收入情形发生变化，在这种情况下，即便为后续的调查所掌握，也会在收回保障性住房等问题上发生困难。那么，如何解决这个问题，引入住房券或许是一个思路。

---

① 王名扬：《美国行政法》，中国法制出版社 1995 年版，第 343 页。

② 行政院研究发展考核委员会编：《行政检查研究》，行政院研考会发行 1996 年版，第 248 页。

住房券是很多国家采取的一种方式，它的对象往往为低收入群体或者一些特殊人群，如老年人、残疾人、多子女家庭等。2009年年底，也有媒体报道，我国深圳地区拟采用住房券制度。[①] 这种券制是继教育券之后形成的一种券制形态，如医疗、食品、住房、运输、幼儿保健、老年服务、家庭护理、娱乐和文化服务等领域都存在这一制度。[②] 学者们研究认为，券赋予了个人购买权或选择权（直接或间接）；券可能以消费或者税收补贴的形式加以表现；券往往有固定的限额；券往往规定有既定的消费者与使用者；券制服务的目的在于引入竞争，提高效率。[③]

或可考虑引入住房券的制度，作为保障性住房的一种补充或者替代方式，通过将住房补贴直接用于建房、买房以及租房领域，通过行政机关与其他机关的配合，如民政部门、劳动和社会保障部门等，在事先已经确定的低收入群体，如低保户等，以他们作为发放对象；在后续的监督检查环节，也可以通过住房券的使用对象，即实际上住房券用来购买的房屋、物业等机构来负责核实相关信息，这样或可减少目前保障性住房调查中行政机关的各种负担，减少后续的执行成本，也同样可以实现居者有其屋的制度设计目标。

① 《深圳拟推行住房券制度解决低收入者住房》，载《21世纪经济报道》2009年12月10日第4版。

② ［美］E. S. 萨瓦斯：《民营化与公私部门的伙伴关系》，周志忍译，中国人民大学出版社2001年版，第84页。

③ C. Eugene Sreuerle, Van Doorn Ooms, *Vouchers and the Provision of Public Services*, Brookings Institution Press (2000), p. 4.

火灾调查的司法审查

海　娃*

1　引言

1.1　问题的提出

火灾是经常威胁公众安全和社会发展的一种灾害。据统计，2009年1~10月，全国共发生火灾97366起，死亡799人，受伤461人，直接财产损失9.7亿元（不包括森林、草原、军队、矿井地下火灾）。① 火灾事故调查，作为火势扑灭后公安消防机构的必要职责，是一项专业性、技术性很强的行政执法工作。由于火灾事故调查中对证据的采集和认定，会直接成为后期民事案件、刑事案件的相关证据，影响到当事人后期诉讼的结果。因此，近年来，火灾事故调查引起的诉讼案件不断出现。这类案件凸显了行政权与司法权之间的关系。从横向关系上看，火灾调查是否属于行政诉讼受案范围，实践中有两种截然不同的声音，有的法院选择受理，有的法院则不予受理。从纵向上看，由于火灾调查这类案件专业性、技术性较强，一旦被纳入行政诉讼，法官如何对其进行审查，审查到何种强度，亦存在诸多问题。由此可见，火灾调查的司法审查，无

* 清华大学法学硕士。

① http://news.sohu.com/20090911/n266665505.shtml，2009年11月10日，下午4点5分浏览。

论是从横向上看，还是从纵向上看都存在广泛的探讨空间。

1.2 理论背景

火灾调查属于行政调查的一种，行政调查理论在中国行政法学界一直处于灰色地带。说它是灰色，是因为首先，行政调查没有得到应有的关注，这一点从国内专著以及核心期刊论文的数量，[①] 以及它在行政法学教科书中出现的次数与比例即可以看出。其次，即使为数不多的几位对行政调查感兴趣的学者，他们的立场也不统一，对行政调查的基本理论，甚至连它的称呼都存在争议。因此，在没有共同话语基础的情况下，广泛的行政调查研究在中国不太可能。最后，从方法论上看，目前研究的视角局限于传统的行政行为理论框架下，难以突破。往往只是个别地分析单个行政行为的类型而没有将微观的行政行为放到宏观的行政目的实现过程中去考量，往往只强调行政主体一方的法律地位而忽视行政相对人意思在行政决定法律效果的最终形成中的作用。[②] 缺乏对实践中具体问题的学理质疑和细致剖析。综上，行政调查研究的一个必然的导向就是从

① 近十年核心期刊论文如下：周佑勇：《作为过程的行政调查——在一种新研究范式下的考察》，载《法商研究》2006 年第 1 期。应松年、庄汉：《行政调查的现状与未来发展方向》，载《江苏社会研究》2008 年第 5 期。王麟：《行政调查中权力的可能边界》，载《法律科学》2008 年第 6 期。李延军：《论行政调查的程序规制——法治视域下的考量》，载《中山大学学报论丛》2006 年第 11 期。宋雅芳：《论行政调查中相对人协助义务的限度》，载《河南社会科学》2006 年第 5 期。金自宁：《论行政调查的法律控制》，载《行政法学研究》2007 年第 2 期。李安清：《论行政调查的法律救济》，载《湖北社会科学》2008 年第 3 期。杨海坤、郝宜山：《关于行政调查的讨论》，载《行政法学研究》2000 年第 2 期。黄学贤：《行政检查制度论纲》，载《东吴法学》2003 年号。沈军：《中国行政检查问题研究》，载罗豪才主编：《行政法学论丛》，法律出版社 2005 年版。

② 周佑勇：《作为过程的行政调查——在一种新研究范式下的考察》，载《法商研究》2006 年第 1 期。

基础理论走入部门法研究,[①] 通过解决各个领域现存的一些行政调查问题，来勾画行政调查的轮廓，诠释行政调查的法律内涵。

现代行政国家的背景使得行政逐渐朝向专业化发展，行政机关所持有的专业知识使它们在专业领域比法官具有更多的发言权，但是任何行政自由裁量权都有可能面临被滥用的危险。美国的著名法官道格拉斯曾担心：“除非我们对行政机关的行为制定严格和苛刻的要求，否则专业性——现代政府的优势将成为这样一头猛兽，即使是规则也无以限制其裁量权。绝对的裁量，一如腐败，将成为自由终结的标志。”[②] 火灾调查领域尤为如此。由于火灾调查是一类专业性非常强的行政行为，立法无法穷尽火灾认定中的各种复杂情况，更不可能用精准的语言概括每一种认定行为的裁量空间。有时火灾调查人员的行为起到了对行政法不确定法律概念解释的作用。从权力配置角度来看，对这种解释的司法审查涉及了立法权和行政权、行政权和司法权的关系问题。笔者研究火灾调查这一典型的行政调查行为，希望管中窥豹，见微知著。

1.3　研究方法和研究范围

笔者期望以司法审查的视角，透视目前火灾调查方式、程序中

---

① 这个研究方向的现有成果如下：余凌云著：《警察行政强制的理论与实践》（第二版），中国人民公安大学出版社 2007 年版。其中，第 195 ~ 228 页探讨了对警察行政调查权的法律控制。唐若雷、余凌云：《户籍调查制度的立法取向》，载《公安研究》1998 年第 2 期。余凌云：《对不确定的法律概念予以确定化之途径——以警察盘查权的启动条件为例》，载《法商研究》2009 年第 2 期。胡敏洁：《福利行政调查权与受益人权利保障》，载《当代法学》，第 22 卷第 2 期。周佑勇：《作为过程的行政调查——以食品卫生领域为观察》，台湾行政法学会主编：《当事人协力义务：行政调查、国家赔偿》，元照出版社 2006 年版。孟璞：《警察盘问权》，载罗豪才主编：《行政法论丛》第 11 期，法律出版社 2008 年版。

② 342 U. S. p. 882（1951）.

存在的问题。司法审查的对象往往是火灾调查中存在争议的环节。通过对一个个火灾调查案例的研究，对一份份法院判决书的讨论，接触和回应火灾调查实践中的真实问题，捕捉法官对该类案件的审查偏好，挖掘问题背后的理论争议，以跳出法条规范主义的狭隘视野，实现保护当事人权利和提高火灾调查效率的统一。在本文中，笔者考察了《最高人民法院公报》①、《中国审判案例要览（行政审判卷)》②、《人民法院案例选》以及《北京市高级人民法院行政诉讼案例》③、北大法宝案例库、《安徽消防》、《消防安全》、《消防科学与技术》等相关资料，从中筛选出具有行政法学研究意义的案例作为分析对象。需要说明的是，因为火灾调查相关案件的数量很少，④ 尤其是笔者将没有研究意义的案件排除后，可以作为样本进行分析的案例只有 13 件。它们虽量少但弥足珍贵，笔者按照引用的顺序将它们编号，方便后面写作时引用。

需要说明的是，火灾调查具有广义和狭义两种界定方式。广义的火灾调查，是指有权机关为认定火灾原因、查明火灾责任而进行一系列收集证据、分析火灾事实的活动。这里的有权机关还包括刑

① 根据笔者的搜索，自 2000 ~ 2009 年，《最高人民法院公报》中尚没有关于行政调查案件。

② 国家法官学院、中国人民大学法学院编：《中国审判案例要览》，中国人民大学出版社、人民法院出版社 2008 年版。

③ 《北京行政诉讼案例研究》（第 1 ~ 3 卷），中国检察出版社 2003 ~ 2005 年版，北京市高级人民法院行政审判庭编。

④ 这一点在采访调查中也得到了印证，朝阳区火灾调查科科长沈玉松坦言，当事人起诉消防支队的情形比较少，2009 年朝阳区消防队才接到过一件，而亦庄经济开发区消防支队一件都没有。实践中，除非遇到火灾损失价值巨大或者火灾调查确实存在严重问题，很少有当事人愿意走司法程序，去人民法院既费钱又费时间。涉及火灾财产损失的民事纠纷当事人也都愿意选择私下和解的方式解决纠纷。

侦部门，各别案件中刑侦部门的火灾调查工作与消防机构同时进行。[①] 狭义的火灾调查，仅指公安消防机构依据《火灾事故调查规定》，[②] 通过询问当事人、勘验火灾现场、物证鉴定等方法，认定火灾原因、核定火灾损失，对火灾事实依法进行处理的过程。本文研究的对象是狭义的火灾调查。研究范围包括火灾调查的可诉性以及火灾调查的司法审查两部分内容。由于我国火灾调查被划分为火灾原因认定和火灾损失核定两部分内容。[③] 介于这两部分内容性质和调查方式的显著差异，在论证可诉性问题时，笔者将分开进行探讨。

2 火灾原因认定的可诉性

近些年，火灾发生频繁。[④] 由于火灾事故调查中对证据的采集

---

① 依照《火灾事故调查规定》第10条的规定，公安机关消防机构在火灾调查中遇到以下三种情况：(1) 有人员死亡的火灾；(2) 国家机关、广播电台、电视台、学校、医院、养老院、托儿所、幼儿园、文物保护单位、邮政和通信、交通枢纽等部门和单位发生的社会影响大的火灾；(3) 具有放火嫌疑的火灾。应当立即报告主管公安机关通知具有管辖权的公安机关刑侦部门，公安机关刑侦部门接到通知后应当立即派员赶赴现场参加火灾调查。因此，刑侦部门也可以成为火灾调查主体。

② 目前，我国火灾调查相关的法律、法规、部门规章主要有：《消防法》、《火灾事故调查规定》、《火灾直接财产损失统计方法》、《火灾统计管理规定》、《安全生产法》、《森林防火条例》、《草原防火条例》。

③ 《火灾事故调查规定》第3条规定，火灾事故调查的任务是调查火灾原因，统计火灾损失，依法对火灾事故作出处理，总结火灾教训。

④ 据公安部官方网站公布，2008年共发生火灾13.3万起（指统计月，不含森林、草原、军队、矿井地下部分火灾，下同），死亡1385人，受伤684人，直接财产损失15亿元。2009年1月到10月期间，全国共发生火灾97366起，死亡799人，受伤461人，直接财产损失9.7亿元。http://news.sohu.com/20090911/n266665505.shtml，2009年11月10日，上午11点10分。

和认定，会直接成为后期民事案件、刑事案件的相关证据，影响到当事人后期诉讼的结果。因此，火灾事故调查引起的诉讼案件不断涌现，对于这类案件，人民法院是否应当受理，在理论上和实践中都存在争议。

在司法实践中，各地人民法院对火灾调查的可诉性问题处理态度各有不同。[①] 在笔者收集的13个案例中，有11位法官受理了案件，有两位法官选择驳回起诉（具体情况见表格）。

① 如发生在四川叙永县的案例1，赵康兰等诉叙永县公安消防大队火灾原因认定和火灾事故责任认定案，人民法院进行了受理和判决。而在上海发生的一起类似案件——案例2许臣明与上海市闸北区公安消防支队火灾原因认定纠纷案，人民法院却驳回了当事人的起诉。

表 2.1　火灾调查案件的受理情况

案例①	是否受理	法官的理由
案例 1	受理	火灾原因认定不属于最高人民法院《关于执行〈中华人民共和国行政诉讼法〉若干问题的解释》（以下简称《若干解释》）第 1 条排除事项，被告作出的火灾原因认定和火灾事故责任认定虽不直接确定相对人的权利义务，但却是决定行政相对人权利义务的先决条件，对特定的相对人的权利义务产生了实质性的影响，该认定在未依法定程序被撤销前，始终有效，具有行政确认行为的性质，不同于技术鉴定
案例 2	不受理	火灾原因认定前置程序，并未直接设定权利义务关系
案例 3	受理	1999 年实施的《火灾事故调查规定》（已失效）第 31 条无权规定行政最终裁决

① 案例 1：赵康兰等诉叙永县公安消防大队火灾原因认定和火灾事故责任认定案，(2001) 叙永行初字第 5 号。案例 2：许臣明与上海市闸北区公安消防支队火灾原因认定纠纷案，(2008) 闸行初字第 42 号。案例 3：长江航运公安局武汉分局水上消防支队与夏林霞等消防行政确认纠纷上诉案，(2008) 武行终字第 125 号。案例 4：刘方正不服建宁县公安消防大队消防行政确认案，(2004) 建行初字第 5 号。案例 5：五河县农业机械管理局诉五河县公安消防大队消防管理行政确认案，(2002) 五行初字第 6 号。案例 6：刘光龙不服建宁县公安消防大队火灾直接财产损失核定案，(2004) 建行初字第 10 号。案例 7：周仕清不服南昌市西湖区公安消防大队火灾事故原因认定案。案例 8：无锡市绿宝石电动自行车厂不服余干县公安消防大队公安消防行政确认案，(2005) 饶中行终字第 2 号。案例 9：中国农业银行三亚分行与三亚市公安消防局火灾事故责任认定纠纷上诉案，(2003) 琼行终字第 5 号。案例 10：薛学宝不服平潭县公安消防大队火灾事故责任认定和行政处罚决定案。案例 11：蒋恩泉与广饶县公安消防大队消防行政赔偿上诉案，(2004) 东行终字第 38 号。案例 12：南京市给排水工程公司诉南京市鼓楼区公安消防大队消防责任行政确认案，(2004) 鼓行初字第 40 号、(2004) 宁行终字第 135 号。案例 13：陈荣星诉莆田市涵江区公安消防大队不作火灾原因、事故责任认定及火灾损失核定案，(2001) 莆中行终字第 51 号。

续表

案例	是否受理	法官的理由
案例4	受理	火灾原因认定是一种行政确认行为，法律效果直接涉及公民权利义务
案例5	受理	对火灾核定行为法律并未明确排除司法审查，且对当事人的权利义务产生了实际影响
案例6	不受理	火灾损失核定是一种统计行为，不影响当事人的权利义务
案例7	受理	法律并未排除或禁止对该类行为的司法审查
案例8	受理	火灾认定属于行政确认，直接影响当事人财产权和人身权，不属于《行政诉讼法》规定的排除事项
案例9	受理	火灾责任认定对当事人权利义务产生实际影响，根据《若干解释》第1条的规定
案例10	受理	判决书中没有任何说明
案例11	受理	判决书中没有任何说明
案例12	受理	判决书中没有任何说明
案例13	受理	判决书中没有任何说明

而在调查采访中，绝大多数消防支队火灾调查科的同志都认为火灾调查不应当属于行政诉讼受案范围。因为它只是一种技术行为、认定行为，不对当事人的权利义务产生直接影响。① 如果当事人对初次火灾调查结果不服，可以向上级机关申请重新认定，人民法院没必要插手。

以上来自实践部门的不同立场，和法官不同的说理理由为笔者

① 笔者前往北京市朝阳区、大兴区、宣武区以及亦庄经济开发区消防支队进行了调研。采访了朝阳消防支队、宣武消防支队火调科科长和部分科员、大兴消防支队政委、经济开发区消防支队支队长。从采访结果看，绝大多数消防工作者不认可对火灾事故认定进行行政诉讼。

归纳问题争议焦点提供了基础素材。笔者认为，要解决火灾原因认定可诉性问题，必须对以下三个方面内容进行深入的探讨和分析：一是现有法律规定。二是火灾原因认定的性质。三是火灾原因认定是否已经对当事人的权利义务产生实际影响。这三个问题恰好形成了一条论证可诉性的逻辑线索，首先，从法律规范层面出发，梳理我国相关法律、法规。其次，确定火灾原因认定的性质。最后，分析这类行为介入司法审查的时机是否恰当，是否已经对当事人的权利义务产生实际影响，最终为火灾原因认定可诉性问题画一个圆满的句号。

2.1　公安部的相关规定

从法律规范层面出发，火灾原因认定诉讼，首先要面对的就是公安部颁布的相关规定。以 2009 年颁布的《火灾事故调查规定》（公安部令第 108 号）为转折点，在这之前公安部对火灾事故调查的可诉性一律持否定态度，在这之后则发生了根本的变化，公安部通过自我修正的方式，废止了否定火灾调查可诉性的所有相关规范性文件。

2009 年之前颁布的规范性文件主要有：

(1)《公安部关于对火灾原因鉴定或认定和火灾事故责任认定不服不属于申请复议范围的通知》（公通字［1994］7 号）（已失效）。该通知规定："根据《中华人民共和国行政复议条例》规定的申请复议范围，火灾原因鉴定或认定和火灾事故责任认定不属于申请复议的范围。当事人对火灾原因鉴定或认定和火灾事故责任认定不服的，可向当地主管公安机关或上一级公安消防监督机构申请重新鉴定或者认定，当地主管公安机关或上一级公安消防机构的重新鉴定或认定为最终鉴定或认定。"

(2) 公安部1999年颁布的《火灾事故调查规定》(已失效)。[①] 其中，第31条第1款规定："当事人对火灾原因、火灾责任认定不服的，自收到《火灾原因认定书》、《火灾事故责任书》之日起十五日内，可以向火灾事故发生地主管公安机关或者上一级公安消防机构申请重新认定；对省级公安消防机构作出的火灾原因、火灾事故责任认定不服的，向省级公安机关申请重新认定。"第4款规定："火灾原因、火灾事故责任的重新认定为最终决定。"

(3) 公安部2000年3月20日作出的公复字［2000］3号《关于对火灾事故责任认定不服是否属于行政诉讼受案范围的批复》(已失效)(以下简称公复字［2000］3号)。该文件的论述更加清楚和直接。"火灾事故责任认定是公安消防机构在查明火灾事故事实后，根据当事人的行为与火灾事故之间的因果关系，以及其行为在火灾事故中所起的作用而作出的结论，其本身并不确定当事人的权利义务，不是一种独立的具体行政行为，不属于《行政诉讼法》第十一条规定的受案范围。当事人对火灾事故责任认定不服的，依据公安部《火灾事故调查规定》第三十一条的规定，可以申请重新认定。"

(4) 公安部2000年9月5日作出的《公安部关于对不服火灾直接财产损失核定能否提起行政复议的批复》(公复字［2000］9号)(已失效)。该文件认为："火灾直接财产损失核定是公安消防机构根据受损单位和个人上报的火灾损失情况进行的核定，是调查处理火灾事故的一个环节，其本身并不确定当事人的权利、义务，不是一种具体行政行为，不属于《行政复议法》第六条规定的复议范围。当事人对火灾直接财产损失核定不服的，可依据公安部《火灾事故调查规定》第三十一条的精神和《中华人民共和国公共

① 1999年3月15日发布施行的《火灾事故调查规定》(公安部令第37号)和2008年3月18日发布施行的《火灾事故调查规定修正案》(公安部令第100号)已经废止。

安全行业标准》（GA185－1998）中火灾直接财产损失统计方法的规定，向上一级公安消防机构申请复核。”

尽管公安部的上述一个部门规章和三个规范性文件都极力将火灾调查从行政诉讼受案范围中排除出去，但是“事与愿违”，在司法实践中（从笔者搜集的案例来看），绝大多数法官还是会选择受理该类案件。法官的依据是《行政诉讼法》第52条、第53条的规定。[①] 按照该规定，行政审判中“依据”法律、法规作出裁判，对规章只是“参照”。从立法本意上看，参照是指人民法院审理行政案件时可以参考、依据规章的有关规定，其实是赋予人民法院对规章的“选择适用权”。而对规章以下的行政规范性文件既不是具体行政行为合法性审查的“依据”，也不是具体行政行为合法性审查的“参照”，因此在法律适用中没有一席之地，可以不加以考虑。[②] 在司法实践中，法官正是凭借这一条，在判决书中对法律位阶加以分析，否定了对公安部相关规定的适用。

例如，案例3长江航运公安局武汉分局水上消防支队与夏林霞等消防行政确认纠纷上诉案中，武汉市硚口区人民法院认为，按照《行政诉讼法》第12条第4项规定，法律规定由行政机关最终裁

① 《行政诉讼法》第52条规定，人民法院审理行政案件，以法律和行政法规、地方性法规为依据。《行政诉讼法》第53条规定，人民法院审理行政案件，参照国务院部、委根据法律和国务院的行政法规、决定、命令制定、发布的规章以及省、自治区、直辖市和省、自治区的人民政府所在地的市和经国务院批准的较大的市的人民政府根据法律和国务院的行政法规制定、发布的规章。

② 在行政审判实践中，对规章以下的规范性文件完全不加以考虑实际是行不通的，在相当长的一段时间，在国家行政管理活动中，规章以下的行政规范性文件将继续发挥重要作用。面对这一现实，法院在审查具体行政行为的合法性时，对规章以下规范性文件亦要参照或参考，只要它不与法律、法规、规章相抵触。参见姜明安主编：《行政法与行政诉讼法》（第二版），北京大学出版社、高等教育出版社2005年版，第573～574页。

决的具体行政行为不属人民法院行政诉讼的受案范围。对该法律规定的含义，最高人民法院《关于执行〈中华人民共和国行政诉讼法〉若干问题的解释》第5条规定："行政诉讼法第十二条第（四）项规定的'法律规定由行政机关最终裁决的具体行政行为'中的'法律'，是指全国人民代表大会及其常务委员会制定、通过的规范性文件。"而1999年发布施行的公安部《火灾事故调查规定》和公复字［2000］3号《关于对火灾事故责任认定不服是否属于行政诉讼受案范围的批复》（已失效）均不属最高人民法院《关于执行〈中华人民共和国行政诉讼法〉若干问题的解释》第5条规定的"法律"范畴。

笔者认为，人民法院是否拥有司法审查权的决定因素是行政诉讼法及最高人民法院的司法解释所确定的审查范围。是否属于行政诉讼受案范围，除了法律作出规定之外，只有全国人民代表大会及其常委会作出立法解释，或者由最高人民法院作出司法解释，其他机关均无权就此进行解释。公安部颁布的《火灾事故调查规定》属于部门规章；公通字［1994］7号（已失效）、公复字［2000］3号（已失效）以及公复字［2000］9号（已失效）属于行政规范性文件，根本无权规定行政最终裁决。公安部作出这些规定，超越了法定职权，是无效的，违背了《行政诉讼法》第12条第4项的立法精神，因此，这些规定对火灾调查可诉性而言，不构成实质性的障碍。不能以此作为依据，排除对火灾调查行为的司法审查。

或许，公安部正是意识到实践和理论中的这些问题，在2009年颁布的《火灾事故调查规定》[①] 中进行了自我修正，删除了"火灾原因、火灾事故责任的重新认定为最终决定"的表述，同时规

---

① 《火灾事故调查规定》（公安部令第108号）于2009年4月30日经公安部部长办公会议通过，自2009年5月1日起施行。1999年3月15日发布施行的《火灾事故调查规定》（公安部令第37号）和2008年3月18日发布施行的《火灾事故调查规定修正案》（公安部令第100号）同时废止。

定任何一方当事人向人民法院提起诉讼，法院已经受理的，火灾事故认定复核机构不予受理；在复核审查期间，任何一方当事人就火灾向人民法院提起诉讼并经法院受理的，公安机关消防机构应当终止复核。[①] 尽管上述规定没有明确指出火灾调查可以进行司法救济，且条文中提到的“诉讼”用语模糊，没有指明是民事诉讼还是行政诉讼，但从严令禁止，到默许存在，公安部对火灾调查可诉性的态度已发生重大转变。就在 2009 年颁布的《火灾事故调查规定》生效不久，同年 5 月 21 日，公安部又发布了《公安部废止和修改消防工作部门规章及规范性文件通知》，该文件指出，各地公安机关及其消防机构要准确掌握与消防法有关的部门规章和规范性文件。对决定废止的，一律不再执行；对决定修改的，其中不符合消防法以及《火灾事故调查规定》（公安部令第 108 号）等相关内容的，应当停止执行。公通字［1994］7 号文、公复字［2000］3 号文以及公复字［2000］9 号文都在废止的规范性文件目录之中。至此，从法律规范层面看，火灾调查可诉性的障碍基本消除殆尽。

2009 年颁布的《火灾事故调查规定》与司法实践基本能够对接，体现了司法审查对行政机关决策的影响，在司法与行政的博弈中，当事人的权利获得了更多的保障，因此新规定虽不彻底，但值得肯定。但由于行政部门对行政诉讼具有天然的排斥，尤其在专业

---

① 《火灾事故调查规定》第 36 条规定，复核机构应当自收到复核申请之日起 7 日内作出是否受理的决定并书面通知申请人。有下列情形之一的，不予受理：(1) 非火灾当事人提出复核申请的；(2) 超过复核申请期限的；(3) 已经复核并作出复核结论的；(4) 任何一方当事人向人民法院提起诉讼，法院已经受理的；(5) 适用简易调查程序作出火灾事故认定的。公安机关消防机构受理复核申请的，应当书面通知其他相关当事人和原认定机构。该规定第 38 条规定，复核机构应当对复核申请和原火灾事故认定进行书面审查，必要时，可以向有关人员进行调查；火灾现场尚存且未变动的，可以进行复核勘验。复核审查期间，任何一方当事人就火灾向人民法院提起诉讼并经法院受理的，公安机关消防机构应当终止复核。

性很强的领域，行政机关不认为法院比自己更精明，因此新规定似乎没有得到消防机构内部工作人员的认可，在正式施行3年后，公安部对《火灾事故调查规定》的个别条款再次作出了调整。[①]《公安部关于修改〈火灾事故调查规定〉的决定》（公安部令121号）删除了带有"诉讼"字样的条款，包括第36条第4款，即复核机构不予受理的第四种情况"任何一方当事人向人民法院提起诉讼，法院已经受理的"。第38条第2款"复核审查期间，任何一方当事人就火灾向人民法院提起诉讼并经法院受理的，公安机关消防机构应当终止复核"。这两处修改，充分体现了公安部对火灾事故认定可诉性的态度，从默许转变为抵制。对《火灾事故调查规定》的修订，形式上看完善了火灾事故调查程序和复核程序，有利于当事人权利的保障，实质上是一种倒退，变相倒退到1999年的规定，企图将火灾事故认定作为行政最终裁决，脱离司法审查的监督，通过在规范层面消除"诉讼"的痕迹，引导当事人选择行政机关内部复核的途径而非司法解决纠纷。

2.2 火灾原因认定的性质

之所以出现火灾事故调查法规范的反复，归根结底是火灾调查的性质在行政法框架下没有得到充分的讨论，没有一个明确的答案，由此影响了火灾调查可诉性的认定。"公民、法人或者其他组织提起行政诉讼的首要条件，必须是认为行政主体作出了侵犯其合法权益的具体行政行为。准确的识别具体行政行为，是确定行政诉讼受案范围的前提条件。"[②] 严格来讲，火灾事故调查可以分为两

---

① 《公安部关于修改〈火灾事故调查规定〉的决定》（公安部令121号）于2012年11月1日起施行。公安部对《火灾事故调查规定》的部分内容进行了修改，未修改条款依旧有效，但有关条文序号作出相应调整。

② 于安、江必新、郑淑娜：《行政诉讼法学》，法律出版社1997年版，第93页。

部分：一是火灾原因认定；二是火灾损失核定。笔者将对这两类内容分别进行讨论。首先探讨火灾原因认定，从其性质入手，分析它属于哪一类具体行政行为，进而论证该行政行为的可诉性，并结合火灾原因认定行为自身的特点，得出较为明确的判断。

2.2.1　几种不同的观点

对于火灾原因认定的性质，司法实践中存在争议，理论界也存有不同的看法。有观点认为，火灾原因认定行为属于专业技术鉴定。它是公安消防机构依照法定职责和程序，通过对火灾现场勘查取得的痕迹物证和调查访问的事实材料分析，并运用建筑学、电学、化学、光学、力学、燃烧学等专门知识，针对某一具体的火灾事故的发生、发展规律作出的结论，具有明显的专业技术性和鉴定的特征。①

笔者认为，这种说法是不成立的。因为火灾原因认定与普通鉴定具有明显区别。第一，从主体上看，火灾事故原因认定是公安消防机构依职权作出的行为，其主体是特定的国家行政机关；而一般技术性鉴定不一定是行政主体的职权行为，其主体是不特定的，它可能是司法机关或者其他事业性单位等技术部门。第二，从时间上看，鉴定行为发生在前，而原因认定是以鉴定的结果为依据。有鉴定不一定有火灾原因认定，但是有原因认定就必须有鉴定结果。第三，鉴定是一种技术措施，原因认定则是一种行政行为。鉴定一般由技术部门作出，技术部门依据科学原理和专业知识作出判断，而原因认定是由行政机关依法、依职权在鉴定结论的基础上作出的。第四，二者的表现形式也不同。鉴定一般是采取技术测算、检验，将结论制成技术性的图表。而行政确认则是利用鉴定结论作出具有

① 于治平：《对火灾原因认定结论不能提起行政诉讼》，载《消防科学与技术》2003 年第 10 期，第 29 页。

公法意义的判断，制作原因认定书、责任认定书。[①] 第五，在诉讼中二者的证据作用不同，火灾事故原因认定没有可替代性，如果其不能作为证据使用，人民法院或者当事人都不可能再找其他公安机关重新进行原因认定，即对同一事故不可能有两份以上同时具有效力的原因认定书；而一般性技术鉴定在同一诉讼中有可能存在多份，且当事人或者人民法院可以根据案情需要通过其他途径进行重新鉴定。因此，火灾原因认定是公安消防机构运用勘验、鉴定等手段，遵循法定相关程序作出的一个独立的行政行为，而非鉴定等技术行为。

还有一种观点认为，公安消防机构的火灾原因认定行为是庭审中必须审查的证据，不是具体行政行为。理由主要有两个：首先，火灾原因认定是公安消防机构依职权或移交有权机关处理火灾事故的事实依据，用于证明火灾当事人的行为在火灾发生、发展中所起的作用，其内容是火灾调查人员运用逻辑思维方法将收集的证据进行分析、对比、综合得出的结论。消防机构依法对引起火灾的当事人实施行政处罚，应依据《行政处罚法》的规定进行，火灾原因认定是行政处罚的事实依据。如追究火灾当事人的刑事责任，应依《刑事诉讼法》的规定进行，公安消防机构的火灾原因认定，是构成刑事责任的依据。因此，火灾原因认定行为作为火灾事故调查基础环节，尚未影响当事人的权利义务。其次，火灾原因认定过程不可能允许火灾当事人以平等的身份参与到调查中来，否则将影响客观准确结论的产生。而具体行政行为因其具备影响相对人权利义务的特点，行政机关有时会邀请相对人参与到程序中来，如行政处

---

① 李国慧、刘学智、李国雁：《法官的逻辑与经验——行政诉讼十大问题研究》，人民法院出版社2006年版，第51页。

罚程序中听证制度的确立。①

对于第二种观点，笔者认为，尽管火灾原因认定书是民事、行政、刑事责任判断的依据，但是公安消防机构作出原因认定是一个动态的行政过程，是一个各种行为与程序的结合体，它包括现场勘验、询问当事人、火灾试验、检查勘验等多种活动样态，除了技术鉴定环节当事人无法介入，其他调查活动相对人都有机会参与。火灾原因认定对当事人权利义务的影响，既有直接的也有间接的。间接影响体现在当事人可能在后续诉讼中承担一系列赔偿责任。直接影响则表现为消防机构在认定中的违法行为侵犯到相对人的隐私权、财产权等合法权益。将火灾原因认定简单地视为证据的观点，只关注静态的调查结果，忽略了动态的行政过程，只见树木，不见森林。

综上所述，鉴定说和证据说对火灾原因认定性质的判断都是不正确的，不能体现出火灾原因认定的本质。

2.2.2　火灾原因认定的性质属于行政确认

火灾原因认定符合行政法原理对行政行为的统一认知。② 行政法通说认为，具体行政行为是指国家行政机关和行政机关工作人员、法律法规授权的组织、行政机关委托的组织或者个人在行政管理活动中行使行政职权，针对特定的公民、法人或者其他组织，就特定的具体事项，作出有关该公民、法人或者其他组织权利义务的单方面行为。公安部下属的消防局属于国家行政机关，具有法律授权的火灾事故调查职能，而且火灾事故原因认定是作出事故责任分

① 林瑞清：《试论火灾原因和事故责任认定的可诉性》，万肇初主编：《新时期消防工作实务全书》，中国社会科学出版社2004年版，第624～628页。

② 通说认为，判断一种行为是否属于行政行为，主要是看行为主体的性质，是否运用了公权力以及行为是否产生公法上的效果这三个方面。

配、行政处罚决定的直接依据。消防机构单方面作出的认定结果间接地决定了当事人权利义务的内容，因此火灾认定属于具体行政行为。

在司法实践中，有的法官认为火灾原因认定属于行政确认。[①]关于行政确认的概念，行政法学界存在争议。[②]一般将行政确认认定为“准行政行为”，即行政确认不是典型的具体行政行为，但其

① 例如，赵康兰等诉叙永县公安消防大队火灾原因认定和火灾事故责任认定案的法官认为，被告作出的火灾原因认定和火灾事故责任认定虽然不直接确定相对人的权利义务，但却是决定行政相对人权利义务的先决条件，对特定的相对人的权利义务产生了实质性的影响，该认定在未依法定程序撤销前始终有效，具有行政确认行为的性质，不同于技术鉴定。被告是唯一有权对所辖区域的消防工作进行管理的职能部门，火灾原因和责任认定是其法定职责，具有严格的地域性和职权专属性，不同于一般的技术鉴定。另外，火灾原因认定符合行政行为的特征，对原因认定不服的可以申请复核，复核机构可以维持、撤销原认定结果，而技术鉴定不存在维持、撤销，故被告主张火灾原因认定和火灾事故责任认定属于技术鉴定，不属法院受案范围的理由不能成立。

② 有学者认为，行政确认是指行政机关对相对人的法律地位或权利义务的确定、认可、证明。应松年、朱维究主编：《行政法与行政诉讼法教程》，中国政法大学出版社 1989 年版，第 185 页。有学者认为，行政确认是指行政机关对个人、组织的法律地位或者权利义务的确定、认可、证明。罗豪才主编：《行政法学》，中国政法大学出版社 1989 年版，第 173 页。有学者认为，行政确认为认定并宣告特定的法律事实或法律关系是否存在的行政措施。皮纯协编著：《行政管理和行政法学概论》，学苑出版社 1989 年版，第 138 页。有学者认为，行政确认是指行政主体依法对行政相对人的法律地位、法律关系或有关法律事实进行甄别，给予确定、认定、证明（或否定）并予以宣告的行政行为。姜明安主编：《行政法与行政诉讼法》，北京大学出版社、高等教育出版社 1999 年版，第 197 页。有学者认为，行政确认是指行政机关依职权或依申请，对法律上的事实、性质、权利、资格或关系进行甄别和认定，以法定的方式予以宣告的具体行政行为。马怀德主编：《行政法与行政诉讼法》，中国法制出版社 2000 年版，第 252 页。

与具体行政行为极其类似，是行政主体依法对行政相对人的法律地位、法律关系或者有关法律事实进行甄别，给予确定、认可、证明（或者否定）并予以宣告的具体行政行为。[①] 行政确认最主要的特点是不直接改变公民、法人或者其他组织的法律地位，只是通过确认、认可等方式明确相对人的权利义务，成为决定相对人权利义务的先决条件。为了更好地监督行政，为公民、法人或者其他组织提供司法救济，应当将其纳入司法审查的范围。这种观点在 2000 年之后逐步为司法普遍接受。对于法律责任的行政确认案件，最高人民法院行政庭在深入调研的基础上形成了倾向性的意见，认为此类案件在理论上是可诉的，但是鉴于各地差别较大，各高级人民法院可以根据各自情况自行确定。此后，陆续有超过半数的省区开始受理此类案件，有些地方还形成了比较成熟的经验。[②] 但是，随着 2007 年《道路交通安全法》的出台，逆转了对法律责任确认司法审查的发展势头。该法将《道路交通事故认定书》认定为处理交通事故的证据。因此，排除了行政诉讼对行政机关认定的事故责任认定的审查。

但是，仅仅通过民事诉讼对交通事故责任认定作为证据进行审查，根本无法起到督促其依法履行职责的目的，尤其是公安机关怠于履行，不出具交通事故认定书时，更是只能望“法”兴叹。民事诉讼无法起到行政诉讼发挥的保障权益，监督行政的作用。因此，无论从理论角度，还是从实践角度来看，行政确认都应当接受司法审查。

公安消防机构通过科学的方式、合法的程序确定火灾事故发生原因、当事人的法律责任，属于对法律事实和法律关系的确认。另

---

① 姜明安主编：《行政法与行政诉讼法》（第二版），北京大学出版社、高等教育出版社 2005 年版，第 282 页。

② 王振宇：《最高法院在诉权保护方面的努力》，载《行政执法与行政审判》（第 6 集），中国法制出版社 2009 年版，第 29～30 页。

外，消防机构根据调查结果作出具有行政效力的《火灾事故认定书》，向当事人公示其调查的结果。最后，受害人可以依据认定书的内容要求责任人赔偿民事损失，公安消防机构可以据此进行行政处罚，人民法院也可以据此下判决。因此，这对当事人的权利义务无疑会产生直接的法律影响，将火灾原因认定行为界定为行政确认是比较准确的。

2.3 火灾原因认定是否满足行政诉讼标准

2.3.1 规范层面的分析

我国行政诉讼的受案范围最初是由《行政诉讼法》三个条文界定的，即第 2 条的概括规定、第 11 条的列举规定以及第 2 条的否定排除规定。[①] 它主要采纳列举方式，认定只有侵犯行政相对人人身权、财产权的具体行政行为才会受到司法审查，同时排除了抽象行政行为，从而确定了以“具体行政行为”为中心的受案范围。这三条规定与当时司法资源不足、司法权威微弱，特别是行政活动不规范，行政机关对行政诉讼是否会损害效率和行政权威存在较大担忧有关。这些规定对行政诉讼范围进行了较严格的限制，减轻了行政机关的抵触，有利于行政诉讼制度的顺利建立。[②]

随后，最高人民法院两次颁布司法解释企图弥补制度漏洞与实践操作之间的“鸿沟”。1991 年 5 月 29 日，最高人民法院通过了

---

① 当初之所以有此规定，主要是“考虑我国目前实际情况，行政法还不完备，人民法院行政审判庭还不够健全，《行政诉讼法》规定‘民可以告官’，有观念更新问题，有不习惯、不适应的问题，也有承受力的问题，因此对受案范围现在还不宜规定得太宽，而应当逐步扩大，以利于行政诉讼制度的推进。”参见王汉斌：《关于〈中华人民共和国行政诉讼法〉（草案）的说明》，载《全国人民代表大会公报》1989 年第 2 期。

② 喜子：《反思与重构：完善行政诉讼受案范围的诉权视角》，载《中国法学》2004 年第 1 期。

《关于贯彻执行〈中华人民共和国行政诉讼法〉若干问题的意见》（已失效），该意见除了对“具体行政行为”下了一个定义，对几类显然属于行政诉讼受案范围的，但地方法院在实践中受理有困难的行为，声明可以诉讼外，没有越雷池半步。[①]《若干解释》对行政诉讼法受案范围作出了新的规定，[②] 其基本指导思想就是要解除司法解释或者在事实上存在的对受案范围的不当限制，将受案范围恢复到《行政诉讼法》的本来面目。[③] 在这一段时间，行政确认既没有被列到可诉之列，也没有明确被排除在受案范围之外，但学术界通说认为，行政确认应当属于行政诉讼受案范围。[④] 司法实践中，多数法官也选择了受理，[⑤] 有争议的地方主要集中在对交通事故责任认定和医疗事故技术鉴定两个领域。

2004年1月14日，最高人民法院下发了《关于规范行政案件案由的通知》，即法发［2004］2号（以下简称《案由通知》）。《案由通知》规范了行政案件案由的构成，对司法实践中常见的具体行政行为的种类进行了整理。在其划分的27种具体行政行为中，

---

① 何海波：《行政诉讼受案范围——一页司法权的实践史》，载《北大法律评论》第4辑，第571页。

② 事实上，行政诉讼受案范围是整部司法解释中技术难度最大的部分。“最高人民法院以及行政法学界的专家学者曾对此作出过很多设想，提供了很多方案，起草过程非常的复杂。”参见甘文：《行政诉讼司法解释之评论——理由、观点与问题》，中国法制出版社2000年版，第7页。

③ 江必新：《是恢复，不是扩大——谈〈若干解释〉对行政诉讼受案范围的规定》，载《法律适用》2000年第7期，第27页。

④ 江必新、梁凤云著：《行政诉讼法理论与实务》，北京大学出版社2009年版，第232页。

⑤ 2004年《案由通知》正式颁发前，仅在北大法宝案例库搜索到的有关行政确认的案例就有100件。http://vip.chinalawinfo.com/Case/Result.asp?SFlag=11，2010年2月2日，上午10点37分。

行政确认行为作为第四类单列在前。[①] 由此可见，行政确认的可诉性已得到制定法的明确认可。对于火灾原因认定这类行政确认行为法院无权拒绝受理。

2.3.2 是否符合诉讼时机的要求

上文界定了火灾原因认定的性质，扫清了法律规范层面的障碍，并为行政确认可诉性寻找到了制定法依据，似乎火灾原因认定的可诉性已经得到了充分论证。但最高人民法院的《若干解释》第1条第2款第6项规定，对公民、法人或者其他组织权利义务不产生实际影响的行为，不属于人民法院行政诉讼的受案范围。司法实践中，有法官恰以此作为法律依据，排除对火灾调查行为的司法审查。[②] 火灾原因认定行为究竟是否对相对人产生了实际影响，这个追问非常重要，从应然层面上说，它是解决火灾认定可诉性的关键，也是所有行政确认行为迈入法院门槛时面临的最大难题。

（1）行政诉讼中的成熟原则。在美国法中，“法院在审理行政案件时应解决两个问题：第一，可否复审。第二，法院复审权的范

---

① 《案由通知》规定的27种行政行为种类：(1) 行政处罚。(2) 行政强制。(3) 行政裁决。(4) 行政确认。(5) 行政登记。(6) 行政许可。(7) 行政批准。(8) 行政命令。(9) 行政复议。(10) 行政撤销。(11) 行政检查。(12) 行政合同。(13) 行政奖励。(14) 行政补偿。(15) 行政执行。(16) 行政受理。(17) 行政给付。(18) 行政征用。(19) 行政征购。(20) 行政征收。(21) 行政划拨。(22) 行政规划。(23) 行政救助。(24) 行政协助。(25) 行政允诺。(26) 行政监督。(27) 其他行政行为。

② 许臣明与上海市闸北区公安消防支队火灾原因认定纠纷上诉案中，上海市第二中级人民法院在审判书中认定：“消防机关作出的火灾原因认定，属火灾事故责任认定的前置程序，并未直接设定权利义务关系。原告对此不服提起的诉讼，不属于行政诉讼受案范围。”该案基本案情如下：原告许某认为，被告作出的沪闸公消（认）［2007］第729号《火灾原因认定书》认定的结论与事实不符，导致其因财产损害赔偿纠纷被邻居起诉，承担民事侵权责任。因此，请求人民法院依法判决撤销被告作出的《火灾原因认定书》。

围多大。法院在回答第一个问题时必须回答，受指控的行政行为是否已‘成熟’到了可以复审的程度。如果不是，应当到成熟时才能求助于法院。[①] 美国法院认为，只有行政行为对相对人产生了实际不利影响并适于法院审查时法院才能受理。[②] 对于成熟问题应从两个方面来看，即问题是否适宜于司法裁判，以及推迟法院审查对当事人造成的困难”。[③] 因为当事人所攻击的行政行为不能是琢磨不定的问题，法院的时间也不能消耗在抽象的问题上，因此应当避免法院过早作出裁决，以免法院自身卷入有关行政政策的理论争论之中。与此同时，也是为了在行政机关正式作出行政裁决之前，在原告当事人事实上感受到这种裁决的效力之前，保护行政机关的决定免受司法干扰。[④]

有学者认为，我国《若干解释》第1条第2款第6项的规定实质上类似于美国司法审查中的成熟原则。[⑤] 但是，第6项的规定比较笼统，尤其是“实际影响”这个概念既不准确，也不全面，在实践中难以把握。如何认定当事人的权利义务已经受到实际影响，即“实际影响权利义务”的标准是什么，国内学者对这个问题的

---

① ［美］伯纳德·施瓦茨：《行政法》，徐炳译，群众出版社1986年版，第397页、第478页。

② 这正是美国判例法所确立的行政诉讼中的成熟原则。王名扬：《美国行政法》（下），中国法制出版社1995年版，第643页。

③ 王名扬：《美国行政法》（下），中国法制出版社1995年版，第645页。

④ 姜明安主编：《外国行政法教程》，法律出版社1993年版，第301页。

⑤ 石佑启：《在我国行政诉讼中确立成熟原则的思考》，载《行政法学研究》2004年第1期，第63页。

关注度不够高。[①] 美国成熟性标准主要由判例确立，且逐渐呈放宽趋势。[②] 尽管美国《联邦行政程序法》第704节以行政机关的最后决定作为司法审查成熟的标志，但美国法院采取一种灵活的实用主义的观点来判断行政机关的决定是否为最后决定。20世纪60年代以后，美国法院认为，审查成熟的关键标准是看行政行为是否对当事人造成了不利的影响。行政机关的决定不论是肯定性的决定，还是否定性的决定，不论是正式程序的决定，还是非正式程序的决定，只要对当事人产生不利的影响，便认为时机成熟，就可接受司法审查。[③]

在我国，通常将成熟标准分为实质标准和形式标准两类。前者是指行政行为是否对相对人的权利义务造成了实际的影响，包括因行政行为的实施，导致相对人权利、利益、名誉、地位受损，或义务的承担或加重等。例如，行政机关的决定增加了相对人的负担，

---

① 目前，国内对该问题的主要研究思路有以下两种：一是借鉴美国"成熟原则"标准的规定，对其进行本土化改造。相关文章，薛刚凌：《行政诉讼受案标准研究》，载《法商研究》1998年第1期。石佑启：《在我国行政诉讼中确立成熟原则的思考》，载《行政法学研究》2004年第1期，第63页。蔡乐渭：《行政诉讼中的成熟性原则研究》，载《西南政法大学学报》2005年第5期。汪栋、王本利：《行政案件司法审查适时性问题研究》，载《烟台大学学报》(哲学社会科学版) 2005年第1期。二是希望通过对受理的行政行为进行分类，界定"实际影响"的内涵。判断行政行为是否对公民、法人或者其他组织权利义务产生实际影响在不同行为种类中应当采取法律行为下的效力标准、事实行为下的实施标准和怠于履行职责行为下的怠于履行职责事实的发生标准。杨小军：《行政诉讼受案范围反思》，载《法商研究》2009年第4期。

② 20世纪60年代以前，美国法院主要采取的是简单的形式主义的标准，认为否定性的决定和非正式程序的决定不成熟，不能接受司法审查。20世纪60年代以后，成熟的标准逐步放宽。

③ 朱维究、胡卫列：《行政行为过程性论纲》，载《中国法学》1998年第4期，第56页。

限制、减少或剥夺了相对人的权利或利益，改变了相对人的法律地位等，均被视为对相对人产生了实际不利影响。[①] 后者主要是指须待行政行为发展到最后决定阶段才算成熟。“尽管最后决定作为形式标准受到挑战，但仍不失为判断行政行为是否成熟的标准，只是要结合实际情况灵活把握”。[②]

笔者认为，对于实质标准和形式标准都必须结合个案的具体情况。实质标准中对“当事人权利义务产生实际不利影响”，除了上述石佑启教授罗列的实体上的权利义务以外，还应当考察一下推迟司法审查对当事人造成的影响，是否会造成实际困难，这种困难是否是直接的、即时的、通过其他程序无法弥补的。[③] 因为，有时在具体案件中一旦推迟对行政案件的司法审查，将会对当事人的权益产生实质的影响（下文将结合具体情况阐述）。

（2）火灾原因认定符合成熟性原则的标准。首先，火灾原因认定符合实质标准。火灾原因认定具有前置性，它作为火灾事故责任认定的基础，是整个火灾事故调查活动的起点。但是，这并不代表它不会对公民的权利义务带来直接影响。简单地说，火灾原因认定作为后期民事侵权诉讼的证据，直接影响民事、刑事判决的结果，它的间接效果将导致一方承担民事损害赔偿责任。而且，这种不利的负担，通过后续程序无法纠正和弥补。如果消防机构将火灾原因认定为放火所致，那么消防行政案件将转化为刑事案件，火灾原因认定将成为相对人承担刑事法律责任的基础。

有观点认为，如果当事人对认定结果不服，完全可以就赔偿问

① 石佑启：《在我国行政诉讼中确立成熟原则的思考》，载《行政法学研究》2004年第1期，第63页。

② 石佑启：《在我国行政诉讼中确立成熟原则的思考》，载《行政法学研究》2004年第1期，第63页。

③ 该标准是在美国1967年艾博特药厂案中提出来的，即在一定情况下，从保护当事人权利的角度出发，判断不进行审查是否会对当事人造成困难，从而确定司法审查是否有存在的必要。

题提起民事诉讼，那么，这个认定书在民事诉讼中就转化为证据，原告完全可以通过提出其他相反的证据来推翻火灾原因认定书的效力，因此，无须对认定书本身提起行政诉讼。① 这一理由在实践中根本站不住脚，因为最高人民法院《民事诉讼证据规则》规定，国家机关、社会团体依职权制作的公文书证的证明力一般大于其他书证，因此由公安消防机构作出的对火灾发生原因的认定具有权威性，是诉讼中决定胜败的关键证据。在实践中，对这一证据人民法院极少不予采纳，而当事人也很难找到足以推翻该认定书的其他过硬证据。可以说，在事实上——而不是法律上，消防机构火灾原因认定书确立了事故双方的赔偿权利义务关系。在行政诉讼中，承担举证责任的是公安消防机构，这有利于人民法院对客观真实情况的掌握，而民事诉讼中施行“谁主张，谁举证”的原则，大量证据都掌握在具有行政确认权的消防机构手中，相对人要履行举证责任非常困难。因此，在司法实践中，一旦否定了火灾原因认定的可诉性，就意味着当事人不得不承担民事案件中败诉带来的损害赔偿责任，而且不可能再获得任何形式上的司法救济。

其次，火灾原因认定也符合形式标准。按照形式标准的要求，一般情况下，行政机关在实施行政行为过程中的预备性的、中间性的和程序性的决定不属最后决定。但对行政机关“最后决定”的判断，不能仅从时间维度出发。如果行政机关经历正式程序，作出一个肯定性或否定性决定，并告知行政相对人，则该决定为最后决定。②《火灾事故调查规定》中，规定了火灾原因调查的方式和正式程序，并要求公安消防机构依据火灾现场询问、现场勘查、技术

---

① 莫于川教授主编的《案例行政法教程》中列举了这一观点并加以批判。参见莫于川主编：《案例行政法教程》，中国人民大学出版社 2009 年版，第 369 页。

② 石佑启：《在我国行政诉讼中确立成熟原则的思考》，载《行政法学研究》2004 年第 1 期，第 66 页。

鉴定等调查情况，制作《火灾原因认定书》并向当事人送达。符合形式标准的内涵。另外，按照石佑启教授对形式标准的分析，如果行政机关在作出最后决定前作出了一个或几个独立的实体决定，则该实体决定可视为最后决定。[①] 公安消防机构对当事人违反《消防法》的行为作出行政处罚之前，作出的火灾原因认定并告知了当事人。在这里，行政处罚和火灾原因认定是两个相互独立又存在紧密联系的决定，因此当事人对两个行为不服均可以提起行政诉讼。

综上所述，火灾原因认定行为符合行政诉讼成熟性原则的标准，可以进入行政诉讼的受案范围。

3 火灾损失核定的可诉性

3.1 法官的逻辑

司法实践中法官对火灾财产损失核定是否属于行政诉讼受案范围存在不同的看法。有的法官认为，核定行为对当事人产生了实际影响，且法律并未明确排除审查，是可诉行为。例如，案例5五河

① 石佑启：《在我国行政诉讼中确立成熟原则的思考》，载《行政法学研究》2004年第1期，第66页。

县农业机械管理局诉五河县公安消防大队消防管理行政确认案中①，安徽省五河县人民法院认为，根据《消防法》第4条、第39条及公安部《火灾事故调查规定》第6条的规定，被告有权对本区域发生的火灾直接财产损失进行核定，具有行政主体资格，被告的核定行为法律并未明确排除司法审查，且该行为对当事人的权利义务产生了实际影响，是可诉行政行为，属于人民法院行政案件受案范围。

有的法官则认为，火灾直接财产损失核定属于国家宏观统计行为，对原告的权利义务不产生实际影响，因此不属于行政诉讼受案范围。例如，案例6刘光龙不服建宁县公安消防大队火灾直接财产

① 基本案情如下：原告五河县农业机械管理局（以下简称五河县农机局）认为，被告对火灾受损人认定错误，受损人应当是五河县城关农技站第二门市部，而不是杨青松种子、农药门市部，且被告未依照《火灾事故调查规定》对火灾造成的财产损失现场进行调查取证，被告未依法对火灾受损人进行审查，对火灾财产损失进行客观、公正的核定。请求人民法院判令被告重新予以核定火灾直接财产损失。被告辩称，火灾发生后，消防大队根据《火灾直接财产损失统计方法》第5.1条、第5.2条的规定，进行了火灾现场勘查，现场拍照，由受损人杨青松种子、农药门市部的法人杨青松提交“火灾直接财产损失申报表”后，两名消防人员进行现场对照核定，根据物品的原始进货发票，按照被烧毁物品的烧损率、折旧年限和重置价值，核定受损人的火灾直接财产损失为80231元；根据公安部《关于对不服火灾直接财产损失核定能否提起行政复议的批复》的规定，该核定不是具体行政行为，其不确定当事人的权利义务，请求人民法院依法驳回原告的起诉。安徽省五河县人民法院认为，被告在火灾事故调查过程中，对火灾受损主体认定，未做必要的调查和审查，对火灾中被烧物品及特征，也未进行必要的调查清点，致使被烧损物品的残存价值未予确定。在核定直接财产损失中，对第三人申报的被烧损物品的品种、数量作相应增减，无相关证据证明，对被烧损的办公用品的重置价值及实际使用时间，也未做相关的调查，故事实不清，主要证据不足。撤销被告五河县公安消防大队五公消字（2001）第006号“火灾直接财产损失核定通知书”。

损失核定案。福建建宁县人民法院认为,《火灾统计管理规定》第1条规定,为了加强火灾统计管理工作,保障火灾统计资料的准确性和及时性,充分发挥火灾统计在消防工作中的作用,根据《中华人民共和国统计法》和有关消防法规,制定本规定。第3条规定,火灾统计的基本任务是对火灾进行统计调查、统计分析,提供统计资料,实行统计监督。从上述相关规定可以看出,公安消防机构对火灾损失的核定只是一种国家的宏观统计行为。被告对财产损失的核定是依据当事人的申报针对统计需要而核定的,不是对财产损失的鉴定,不影响当事人的权利义务,与当事人之间没有法律上的利害关系,不属于行政诉讼的受案范围。

司法实践中争议的焦点,是对火灾损失核定性质的认定以及火灾损失核定是否对当事人的权利义务产生影响。

3.2 火灾损失核定的性质

3.2.1 规范层面分析

火灾损失核定的性质是判断其可诉性的基础。2009年颁布的《火灾事故调查规定》中,将1999年《火灾事故调查规定》(已失效)中的第五章标题"火灾损失的核定"改为第四节"火灾损失统计",这一变化体现出公安部对火灾损失核定工作性质的认定,以及工作内容的转变。新颁布的《火灾事故调查规定》第27条规定,受损单位和个人应当于火灾扑灭之日起7日内向火灾发生地的县级公安机关消防机构如实申报火灾直接财产损失,并附有效证明材料。《火灾故事调查规定》第28条规定,公安机关消防机构应当根据受损单位和个人的申报、依法设立的价格鉴证机构出具的火灾直接财产损失鉴定意见以及调查核实情况,按照有关规定,对火灾直接经济损失和人员伤亡进行如实统计。新规定与1999年的

《火灾事故调查规定》（已失效）[1] 相比，主要变化在于，一是明确了火灾损失的内涵，包括火灾直接财产损失和人员伤亡情况。二是明确了依法设立的价格鉴证机构在火灾直接财产损失鉴定方面的合法地位。三是明确了公安消防机构的工作内容，主要是依据受害单位和个人的申报，以及价格鉴证机构出具的鉴定意见进行数据统计。

即便新颁布的《火灾事故调查规定》不对其第五章标题作出调整，火灾损失核定的性质依然应当被认定为宏观的国家统计行为，原因如下：

首先，火灾损失包括直接损失和间接损失。按照《火灾统计管理规定》规定，火灾直接财产损失是指被烧毁、烧损、烟熏和灭火中破拆、水渍以及因火灾引起的污染等所造成的损失。火灾间接损失是指因火灾而停工、停产、停业所造成的损失，以及现场施救、善后处理费用（包括清理火场、人身伤亡之后所支出医疗、丧葬、抚恤、补助救济、歇工工资等费用）。[2] 直接财产损失核定是依据《中华人民共和国公共安全行业标准》（GA185—1998）中火灾直接财产损失统计方法进行的。它适用于内部统计和划分火灾等级，其标准适用于各类房屋、构筑物、设备等，不适用于货币及有价证券（卡）等的火灾损失统计。公安消防机构只对火灾直接财产损失进行核定和人身伤亡后所支出的费用、善后处理费用加以

---

① 1999 年《火灾事故调查规定》（已失效）中，“火灾损失的核定”一章有三个条文：第 25 条：“火灾损失应当由受损单位或者个人如实统计，并由受损单位或者个人签字盖章后报公安消防机构。”第 26 条：“公安消防机构应当根据国家有关规定及时指派火灾事故调查人员对上报的火灾损失情况进行核定。”第 27 条：“任何单位和个人不得干扰火灾损失核定工作，不得谎报、瞒报、虚报和漏报火灾损失。”

② 《火灾统计管理规定》（1996 年 11 月 11 日公通字［1996］82 号）第 8 条。

统计。[①] 由此可见，火灾直接财产损失核定与火灾实际损失核定内涵是不同的，其范围小于实际损失核定，且没有那么精确。

其次，火灾损失核定是基于当事人的申报和价格鉴定机构的鉴定报告作出的，消防机构对于申报的内容没有审核的权力。《火灾事故调查规定》并没有规定在什么情况下可以委托价格鉴定机构进行鉴定。那么，可以理解为，在当事人双方没有争议的情况下，当事人申报的火灾损失就是消防机构《火灾损失统计表》中的内容。

因此，综上所述，公安消防机构进行的火灾损失核定工作是火灾统计、分析和火灾等级划分的一个重要参数。它的作用是为国家消防宏观指导、决策提供依据，以便于国家掌握火灾情况，分析火灾规律，为政府消防决策服务。从性质上看，它不是针对特定当事人所作的单方行为，而是宏观的国家统计行为。

3.2.2　域外经验

在国外，火灾事故调查行为不包含火灾损失核定这项内容，国外消防机构只进行灭火工作和火灾原因调查，既不负责火灾责任的认定，也不负责核定火灾财产损失。在国外，火灾统计与火灾损失核定性质迥然不同。对火灾损失核定的工作主要由保险公司承担。在英国，当一场重大火灾发生之后，当事人有权向保险部门索取应得的保险赔偿。保险公司可以提供 24 小时服务。当重大火灾发生之后，投保人希望保险公司工作人员马上进入现场，并以最快的速度进行财产损失核定，而当保险公司需要进行一大笔损失赔偿时，损失核定人也必须深入火灾现场，并负责监督当事人聘请的法律顾

① 参见公安部公布的火灾直接财产损失申报统计表和火灾损失统计表制作样式。

问的火调工作。[①] 保险公司同时可以聘请经验丰富的火灾调查公司，负责火灾损失的调查工作。例如，美国设立了许多经过国家认可的火灾调查机构，如全国消防保险委员会（下设纵火调查处）、互助调查局、调查总公司、肯尼迪联合公司等。这些机构专门从事或在内部设有火灾调查部门，接受各联合保险公司的委托进行火灾损失的调查。保险公司对其委托机构提交的索赔进行评估，从而确定对当事人的具体赔偿数额。[②]

国外火灾调查统计主要是由专门的统计部门负责。例如，美国的火灾损失统计工作主要通过两种方式完成：一是美国消防协会（NFPA）的年度火灾调查（NFPA Annual Survey）。二是美国消防管理局的全国火灾事故报告系统（NFIRS）。1974 年，美国联邦消防法案授权美国消防管理局下属的消防数据中心负责收集美国全国的消防数据及有关信息。1976 年，美国消防数据中心建立了全国火灾事故报告系统 NFIRS，并按照“美国消防协会 901 标准”、“消防统一编码”等标准建立了统一的火灾报告表，各地消防队将各地火灾数据填写 NFIRS 的火灾报告表并报州消防部门，州消防部门每半年或 1 年向该系统报送一次，最后由 NFIRS 汇总。

国外的这种火灾损失统计与火灾损失核定完全由不同主体负责，其优点在于：第一，避免了不必要的行政诉讼纠纷。第二，提高了火灾统计的专业性、系统性以及工作效率。第三，方便当事人获得火灾损失赔偿，有利于对当事人权利的保护。第四，减轻了消防机构的负担，使其能够专心于灭火和火灾原因调查工作。但是，这种损失统计与损失核定分离的模式，是建立在国外高度民营化的背景下，美国拥有大量经验丰富、实力雄厚的火灾调查公司和联合

① 王芸编译：《英国火灾调查程序规定》，载《消防安全》2003 年第 6 期，第 48 页。

② 王欣：《美国火灾统计与火灾调查》，载《消防科学与技术》2004 年第 2 期，第 32 页。

保险公司，它们完全可以胜任火灾损失核定的职能。

3.3 本章小结

由上可知，公安消防机构作出的火灾损失核定并不是火灾实际的财产损失，它类似美国火灾协会，作出的是一种国家统计行为，不能作为当事人进行民事赔偿的依据，也谈不上对当事人的权利义务产生实际影响，因此不应当被纳入行政诉讼的受案范围。如果当事人需要进行后续民事诉讼，应当委托各地价格鉴定机构对火灾损失进行全面的价格鉴定、评估，方能获得支持损害赔偿诉求的有力证据。①

至此，对火灾损失核定可诉性的探讨似乎告一段落，但笔者的思考并未停止。笔者考虑到了上述结论是否在广大农村和经济不发达的县镇适用，由于目前我国农村、县镇火灾发生数量普遍高于城市，② 而在我国广大农村，以及经济不发达的县镇地区很难找到符合法定标准的价格鉴定机构，即便能够找到，当事人的经济能力也

① 目前，并没有关于火灾财产损失鉴定的统一规定，由各省市自行规定。例如，四川省物价局、四川省公安厅《关于规范火灾直接财产损失鉴定工作的通知》（川价发［2010］8号）规定，火灾发生后，负责调查的公安机关消防机构可以根据需要委托同级依法设立的价格鉴证机构对火灾直接财产损失进行鉴定。公安机关消防机构委托鉴定时，应当出具《火灾直接财产损失鉴定委托书》，价格鉴证机构从事火灾直接财产损失鉴定业务，必须具有国务院价格主管部门颁发的《价格鉴证机构资质证》。从事火灾直接财产损失鉴定业务的人员，应当取得《中华人民共和国价格鉴证师执业资格证书》并经注册或取得《中华人民共和国涉案财物价格鉴证原岗位证书》方可执业。

② 2009年1月到8月，全国城市共发生火灾33776起，农村发生火灾27609起，县城集镇发生火灾22228起。同比分别下降4.9%、7.4%和7.9%，其中，城市火灾死亡179人，农村火灾死亡306人，县城集镇火灾死亡227人，分别占城乡火灾亡人总数的24.5%、41.9%和31.1%。http://news.sohu.com/20090911/n266665505.shtml，2009年11月10日，下午4点10分。

未必能支付委托鉴定的费用。在这种情况下，消防机构的火灾损失核定无疑将成为民事诉讼中的重要证据，且具有很强的证明力，当事人难以推翻。而依据《火灾事故调查规定》第27、28条的规定，消防机构无权对火灾损失进行调查，只能依当事人的申报或价格鉴定机构作出的鉴定报告进行统计。实践中，消防机构对当事人申报的损失一般只作形式上的审查。[①] 这就意味着一方当事人自己上报的损失结果借消防机构“火灾损失核定”这一“外壳”，在民事诉讼中具有了国家机关公文的证明力，而另一方不得不承担败诉的风险。这样看来，完全把火灾损失核定挡在司法审查的门外似乎也不太合适。

另外，《火灾事故调查规定》把火灾统计工作几乎全部交给了当事人和价格鉴定机构，减轻了消防机构的认定负担。这一改变，有向英美模式学习的趋向。但是，美国设有统一的火灾损失调查机构，有严格的标准和执行程序，能够确保火灾统计的真实性和可靠性。我国的火灾统计工作基本依赖于当事人和各地物价局设立的价格鉴定机构，由于各省市目前鲜有对火灾损失财产价格鉴定的规

---

① 调查采访中发现火灾调查科的现有人力资源严重不足，在很多县级消防支队不设独立的火灾调查科，由其他部门的同志兼职火灾调查工作。亦庄经济开发区消防支队火灾调查科只有两人，一人专职，另一人由其他部门的同志兼职。朝阳消防支队火灾调查科的专职工作人员有四人，但该科科长仍抱怨人力不足、资源不足。许多工作无法严格按照《火灾事故调查规定》的要求去办，比如实践中对火灾损失核定这部分内容，基本不进行严格的审查直接采纳当事人上报的火灾财产损失。

范，因此该行为缺少有力的监督，很难保证统计工作不出现误差。[①] 如果对价格鉴定机构作出的损失核定不服，当事人应当怎样获得救济，现有的法律也没有作出明确的规定。因此，本章探讨火灾损失核定可诉性，只是“压下葫芦的一端”，随之而来的一系列问题如果得不到关注和有效的解决，该章的结论必将再次陷入悬而未决的争论之中。

4　火灾事故认定的司法审查

美国的著名法官道格拉斯曾担心：“除非我们对行政机关的行为制定严格和苛刻的要求，否则专业性——现代政府的优势将成为这样一头猛兽，即使是规则也无以限制其裁量权。绝对的裁量，一如腐败，将成为自由终结的标志。”[②] 对火灾调查行为的司法审查恰好面临这样一个问题，火灾调查是一类专业性非常强的行政行为，很多认定中遇到的问题，法律没有规定，也不可能规定得面面俱到，这为消防机构的自由裁量保留了空间，但同时留下了隐患。人民法院应当如何对火灾认定进行审查，才能在司法能动与消防机构自由裁量之间实现平衡？

4.1　火灾认定司法审查的要素

一个行政行为包含多个合法要件，从司法审查的角度而言也就是多个审查根据，每个审查根据同时包含审查要素和审查标准。一

---

① 目前，能查到的只有江苏省物价局和江苏省公安厅下发的《关于进一步规范火灾损失财产价格鉴证工作的通知》（苏价证［2009］323 号），苏州市物价局和公安局下发的《关于进一步规范火灾损失财产价格鉴证工作的通知》的实施意见（苏价认字［2010］4 号）。四川省物价局、四川省公安厅下发的《关于规范火灾直接财产损失鉴定工作的通知》（川价发［2010］8 号）。绝大多数省还是依照原先各省下发的涉案财产价格鉴定条例的规定去管理火灾损失财产价格鉴定。

② 342 U. S. p. 882 (1951).

个行政行为的合法性审查，首先应当确立其合法性要素，其次按照每个要素匹配的合法标准进行审查。从司法审查角度看，行政行为合法要件可以概括成五部分：（1）主体合格。（2）条件符合。（3）事实有据。（4）程序正当。（5）处理得当。这既是对法律规范逻辑结构分析的结果，也是完全符合合法性审查经验的。[①] 上述几个部分并不是连续或者甚至是单独出现的，而是相互联系的。比如，行政机关对某一案件事实的认定并非漫无目的和毫无限制的，而是以当事人的行为是否符合法律规定为方向的。因而，行政机关对案件事实的认知，当然是以法律这一问题的规定的意识和理解为条件的；同时，对法律概念的解释也是具体的，被个性化的，必然要考虑到案件的具体事实。因此，所有合法要件的分析都暗含在“决定某一问题的概念之中”。[②]

本章对火灾认定司法审查的探讨思路，大致将遵循上述合法性构成要件的逻辑顺序，但会结合火灾认定行为的特殊性和司法实践中的情况，作出具体的分析。通过对案例的梳理可知，实践中火灾认定行政纠纷争议的焦点，主要集中在事实认定错误、程序违法和火灾认定不作为三个方面，也有案例认为消防机构适用法律错误，这牵涉人民法院对不确定法律概念的审查态度（参见表4.1）。

表4.1 火灾调查争议焦点

案例名	争议焦点	司法审查要素
案例1	消防大队提供证据超过法定期限	事实依据
案例3	火灾责任认定事实不清，程序违法	事实依据、程序问题
案例4	消防大队不作为是否侵害原告合法权益	处理结果
案例5	火灾损失核定证据不足，事实不清	事实依据

① 何海波：《行政行为合法要件——兼议行政行为司法审查根据的重构》，载《中国法学》2009年第3期，第61页。

② ［德］哈特穆特·毛雷尔著：《行政法学总论》，高家伟译，法律出版社2000年版，第123页。

续表

案例名	争议焦点	司法审查要素
案例7	火灾鉴定程序错误，事实认定错误	事实依据、程序问题
案例8	火灾鉴定机构不合格，送达程序违法	事实依据、程序问题
案例9	火灾责任认定没有法律根据	法律适用
案例10	火灾责任认定不当	处理结果
案例11	消防大队迟延履行法定职责是否侵害原告合法权益	处理结果
案例12	火灾事故责任主体认定不当，事实认定不清	事实依据
案例13	消防大队火灾认定不作为是否侵犯原告的合法权益	处理结果

复核机构在受理复核申请时，目光也主要是聚焦在事实问题、程序问题，以及认定结果是否正确这三部分内容。① 由于火灾认定是由各种调查方式链接起来的一个动态的过程，每一种调查方式都对应一种调查程序的要求。因此，实质上火灾认定的程序是各种调

① 《火灾事故调查规定》第39条规定："复核机构应当自受理复核申请之日起三十日内，作出复核结论，并按照本规定第三十二条规定的时限送达申请人、其他当事人和原认定机构。对需要向有关人员进行调查或者火灾现场复核勘验的，经复核机构负责人批准，复核期限可以延长三十日。原火灾事故认定主要事实清楚、证据确实充分、程序合法，起火原因认定正确的，复核机构应当维持原火灾事故认定。原火灾事故认定具有下列情形之一的，复核机构应当直接作出火灾事故复核认定或者责令原认定机构重新作出火灾事故认定，并撤销原认定机构作出的火灾事故认定：（一）主要事实不清，或者证据不确实充分的；（二）违反法定程序，影响结果公正的；（三）认定行为存在明显不当，或者起火原因认定错误的；（四）超越或者滥用职权的。"

查方式所适用的各种程序拼接出来的结果。[①] 因此，对火灾认定程序的司法审查还是融入各种调查方式之中去探讨比较贴切，如火灾物证调查程序的审查、火场勘验程序的审查等。对正当程序的审查无外乎四个方面：（1）行政机关的独立和中立。（2）行政活动的方式、步骤和期限。（3）当事人对行政过程的知情和参与。（4）对当事人不利的行政决定应当说明理由。当然，还必须结合每种火灾认定行为的特点和司法实践中的判例。

火灾原因认定结果是按照法律的规定在证据的基础上作出的。它的关键是对相关科学原理的运用和火灾调查人员丰富的工作经验，因此火灾原因认定在最后处理环节裁量空间较小。换句话说，在证据充足的情况下，依照法定的程序，依照科学的推断原理，消防机构得出的火灾原因认定结果应当是确定和唯一的。在处理环节最主要的问题就是火灾认定不作为。

基于上述的分析，笔者将选择条件符合、处理得当作为火灾认定司法审查的重点研究对象。对条件符合的探讨，侧重于人民法院对火灾认定证据和对专业领域不确定法律概念的审查。对处理环节的讨论，主要解决火灾认定不作为的审查问题，而对程序问题将放到各个具体的火灾认定行为之中去讨论。

4.2 对事实依据的审查

4.2.1 对火灾现场勘验笔录的审查

火灾发生后，火灾调查人员应当在第一时间到达火灾发生现场，对现场进行封锁，然后采取现场照相或者录像、录音，制作现

① 对于各种调查方式都适用的一般程序内容比较少。《火灾事故调查规定》第四章第一节对一般程序的一般规定只有5条（第14~18条），包括对火灾调查人员的规定、对成立专家组协助火灾调查的规定、对封闭火灾现场的规定以及火灾认定期限的规定。

场勘验笔录和绘制现场图等方法记录现场情况。火灾现场的勘验笔录所反映的不仅是单个的物证，还可以对火灾现场的物证群作出综合的反映。人民法院应当着重审查两点：一是火灾现场勘验笔录的形式是否合法，二是勘验笔录作出的程序是否合法。按照《火灾事故调查规定》第20条的要求，勘验笔录应当由火灾事故调查人员、证人或者当事人签名。证人、当事人拒绝签名或者无法签名的，应当在现场勘验笔录上注明。现场图应当由制图人、审核人签字。另外，从形式上看，勘验笔录还应当明确记载火灾发生的时间、火灾发生的地点、火灾现场勘验的过程和结果。

从程序上看，勘验人员进行勘验时，必须出示公安消防机构的工作证件，邀请基层组织或有关单位派员参加。有关当事人应当到场，而拒不到场的，不影响勘验的进行。但消防机构工作人员应当在勘验笔录中说明当事人或者近亲属不到场的原因和具体到场人员的情况。由于勘验笔录能直接反映争议事实发生现场的情况，具有能够对原始状态进行移植、固定的证据保全作用。因此，除非当事人提出足以推翻消防机构作出的勘验笔录的证据，否则人民法院应当认定其是真实的。

4.2.2　对火灾痕迹、物品的审查

火灾认定中获取的物证，主要是包括从火灾勘验现场搜集的实物物证和痕迹物证。人民法院对其合法性审查焦点在于收集过程是否依照法定的程序。严重违反法定程序的证据材料应当被排除，不得作为定案依据。消防部门从火灾现场提取痕迹、物品，应对其位置、尺寸进行测量，并进行照相或录像。消防机构应当按照法律要求填写火灾痕迹、物品提取清单，由提取人、证人或者当事人签名；证人、当事人拒绝签名或者无法签名的，应当在清单上注明。对提取的痕迹、物品应当及时封存，并粘贴标签。标签上应当注明被封装痕迹、物品的名称、编号以及提取时间。由封装人、证人或者当事人签名；证人、当事人拒绝签名或者无法签名的，应当在标

签上注明。[①]

人民法院除了可以审查物证的形式合法性（符合法定形式和正当的收集程序），还可以根据案件的具体情况对物证的实质合法性进行审查。实质性审查的对象往往都是消防机构自由裁量空间较大的领域。例如，在收取火灾物证的过程中，消防机构有权力认定哪份证据的证明性更高，从而决定分配更多的人力、物力资源到这份证据的进一步调查中，消防机构可以对那些与火灾发生有直接原因的证据送去委托鉴定，而对那些不重要的证据视而不见。这种对重要证据的选择往往因为其专业性很强，而且是基于消防机构常年的火灾调查经验作出的，通常都会排除人民法院的审查。但是，当相对人有明显的证据证明消防机构对证据的选择，有违常理是错误的时候，人民法院可以依据当事人提供的证据对其进行实质性审查。在审查过程中，消防机构必须提供足以说服法官和当事人的理由，证明自己选择此份证据为与火灾发生原因直接相关的重要证据，而排除对其他证据的正确性。例如，案例7中周仕清诉南昌市西湖区公安消防大队，南昌市西湖区公安消防大队因为选择与火灾原因缺乏直接关联的证据，并以此作为认定火灾原因的依据，导致火灾原因认定错误，引发了当事人的诉讼。基本案情如下：2007年，江西省南昌市周仕清、余秀兰家发生爆炸起火，南昌市西湖区公安消防大队对这起火灾进行调查。得知周仕清家厨房中有管道液化气和钢瓶液化气两处能引起爆炸的着火点，消防大队在作出初步勘查后即请某液化气公司与消防部门人员一道拆卸管道液化气表，拆卸后未立即盖章封存，而是由某液化气公司人员进行调校、鉴定，结论是管道液化气表不泄漏。消防大队认定火灾原因是厨房内液化气钢瓶连接热水器的软管破裂，液化气泄漏造成的。周仕清、余秀兰认为，液化气钢瓶最后一次换气距发生火灾有1年多，留在现场的钢瓶中仅有少量气体。火灾后，他们曾多次要求消防大队查

① 《火灾事故调查规定》第21条。

明管道液化气表在火灾前一天晚上多走了 18 立方米的事实，并给出一个有说服力的回答和科学鉴定。然而，对于这样一个对查明火灾直接相关的问题，消防大队既不解释又不请第三方鉴定。在火灾事故调查中，竟然委托与这起事故有利害关系的某管道液化气公司的人员参加对管道液化气表的拆卸调校和测试，严重违反了公安部《火灾事故调查规定》第 12 条的规定。周仕清、余秀兰遂向南昌市西湖区人民法院提起行政诉讼，以该火灾原因认定书认定事实有误。消防大队在本次火灾事故调查中严重违反法定程序为由，请求人民法院依法撤销《火灾原因认定书》。

一审法院判决认为，消防大队在火灾事故调查时严重违反公安部《火灾事故调查规定》第 19 条规定，所以管道液化气不会泄漏的鉴定结论无效，认定此起火灾原因是钢瓶液化气泄漏所致的结论不具有客观公正性，故撤销南昌市西湖区公安消防大队《火灾原因认定书》。公安消防大队不服，向南昌市中级人民法院提起上诉，二审法院判决驳回上诉，维持原判。

该案中，南昌市西湖区公安消防大队让与案件有直接利害关系的液化气公司的工作人员参与案件的调查过程，严重违反了行政程序中的基本的正当程序规则，这个错误比较明显，法官审理起来也得心应手。但是，对于消防大队只对液化管道进行鉴定，而对与案件有重要关系的液化气瓶不进行任何检查且没有任何解释的行为，人民法院没有将其作为可以撤销原《火灾原因认定书》的理由，这是不正确的。当事人举证证明液化气瓶余存气体很少，管道液化气表在前一夜多走了 18 立方米，这一违反常理的情形应当引起消防机构足够的重视。在火灾认定中，只有消防机构拥有火灾物证鉴定的启动权，当事人无权对有争议的证据自行委托鉴定。因此，消防机构在选择需鉴定的物证时，应当更加注意、谨慎，积极地履行义务，而不是抱以不负责任的态度，对与案件结果有密切影响的证据不问不理。因此，即便西湖区公安消防大队在收集证据中没有违反法定程序，它所作出的《火灾原因认定书》依然是错误的，不具有客观公正性，人民法院应当判决撤销。因为消防大队在履行火灾调查过程中没有尽到应有的义务，火灾认定行为存在瑕疵。

4.2.3 对询问笔录的审查

火灾事故调查人员应当根据调查需要，对发现、扑救火灾人员，熟悉起火场所、部位和生产工艺人员，火灾肇事嫌疑人和被侵害人等知情人员进行询问。对火灾肇事嫌疑人可以依法传唤。必要时，可以要求被询问人到火灾现场进行指认。[①] 对知情人进行询问是寻找火灾发生原因的一条捷径，有时一份有用的询问笔录会省去消防机构在调查中很多不必要的麻烦。人民法院在审查知情人的询问笔录时，首先应当判断证据是否具有法定形式，是否有火灾事故调查人员和被询问人签名或者捺指印。如果被询问人拒绝签名和捺指印，笔录中是否有相关的注明。其次，应当审查询问笔录的真实性。区分消防机构的询问对象是当事人还是普通知情人，从而判断询问笔录的证明力大小。火灾事故调查中的当事人，是指与火灾发生、蔓延和损失有直接利害关系的人。当事人的供述很可能会隐藏起火的真实情况，从而推卸自己对火灾发生应承担的责任，因此其证明力远低于普通知情人言词证据的证明力。最后，人民法院还应当审查消防机构是否是通过利诱、欺诈、胁迫、暴力等手段获得的询问笔录。因为目前《火灾事故调查规定》规定，仅对火灾肇事嫌疑人可以依法传唤，其他知情人即便不配合协助进行火灾调查，消防机构也没有办法。但有知情人的供述是非常重要的，尤其是火势较大，烧毁严重的情况，起火点、起火部位都难以判断，只有知情人的供述能为消防机构寻找火灾发生原因提供有价值的线索。因此，在实践中有的消防机构为了获得火灾原因发生的有利信息，不得不采取强制性手段。国外法律规定了行政调查中当事人有协助调查的义务，并规定了相应的法律措施，但我国法律没有类似的规

---

① 《火灾事故调查规定》第19条。

定。因此，现阶段为了保护知情人的权利不被消防机构非法侵害，在司法审查中，应当审查消防机构获得知情人供述的手段。采取不正当手段获得的证据，应当从定案的证据中排除出去。

4.2.4　对火灾物证鉴定的审查

消防部门依靠火灾现场勘查、调查询问及主观分析推论认定火灾原因，相对缺乏科学依据和有说服力的证据。而火灾物证鉴定则是利用科学的手段，为火灾原因的认定提供技术支持和科学依据。因此，火灾鉴定是火灾事故调查中的一项重要手段，它往往决定着火灾发生原因，从而影响到火灾事故责任的分配，当事人在后续民事诉讼中的胜败地位。但当事人因为没有足够的专业知识，无法对鉴定结论进行有效的质询，难以发现其可能存在的问题。而法官对火灾专业问题也知之甚少，很难辨别鉴定结论究竟是否真实客观。因此，司法实践中凡涉及火灾鉴定行为的诉讼，人民法院通常会作出支持被告的裁判。例如，案例 8 的无锡市绿宝石电动自行车厂不服余干县公安消防大队公安消防行政确认案，被告认为火灾原因是电动自行车充电时自行车内连接导线短路造成的，无锡市绿宝石电动自行车厂应当负主要责任；而原告认为被告作出火灾原因判断所依据的鉴定结论有问题，遂以火灾原因认定证据不足，南昌大学材料科学与工程学院并非专门的鉴定检测机构，其鉴定检测人员不具备相应的鉴定检测资质，这仅是一份测试分析报告为由起诉被告。一审、二审法院在判决中对决定案件胜负的这份鉴定结论的公正性并没有详细阐释，仅一言带过：“上诉人以调查人员、鉴定机构不合格和执法程序违法为由请求撤销被上诉人的具体行政行为，无事实依据，本院不予支持。”这直接导致了原告的败诉。

（1）火灾物证鉴定现状。鉴定结论是否就一定真实、客观，人民法院面对消防机构提供的鉴定结论是否只能束手无策，无法进行细致的审查？近几年，从我国众多学者所发表的有关司法鉴定制度的论文和专著来看，司法鉴定制度每个环节都存在问题。就司法鉴定的实际情况来看，其基本表象可以用“混乱”两字概括。① 例如，鉴定机构的设置、鉴定人的资格认定、鉴定程序的启动权等问题，还有主体混乱、程序不透明，等等。也许法官正是考虑到了这些问题，在审查鉴定结论的时候，一直处于保守的姿态，不愿意将自己置于“剪不断，理还乱”的两难境地。

我国目前火灾物证鉴定和鉴定技术研究所主要集中在东北（沈阳）、华北（天津）、华东（上海）和西南（四川）四地。公安部消防局天津火灾原因技术鉴定中心和公安部消防局沈阳火灾物证鉴定中心是我国成立比较早、比较有权威的两家。② 随着火灾发生数量的增加，以及火灾鉴定工作的需求，国内又设立了公安部消防局上海火灾物证鉴定中心、公安部消防局四川火灾物证鉴定中心、北京火灾痕迹物证技术鉴定中心③、广东省公安厅火灾物证鉴定技术重点实验室和南昌大学火灾物证司法鉴定中心。由于送检工作周期长、费用高，很容易延误火灾调查工作的进展，因此实践中对一些简单的火灾物证鉴定工作，省内设立的火灾物证鉴定研究所即可胜任，无须花大量的人力、财力将物证送到外省公安部批准的

① 何家弘：《我国司法鉴定制度改革的基本思路》，载《人民检察》2007 年第 5 期，第 35 页。

② 公安部消防局天津火灾原因技术鉴定中心成立于 1994 年 5 月 19 日，是一个集火场勘查、火灾原因鉴定和有关科研项目研究的综合性科研机构，是我国唯一的综合性火灾原因鉴定机构。主要鉴定的火灾包括易燃液体放火火灾、电气火灾、自燃火灾、化工火灾、机动车火灾等。公安部消防局沈阳火灾物证鉴定中心成立于 1993 年 10 月，是公安部消防局授权的全国性火灾物证鉴定的专业机构。主要从事火灾基础理论、成因规律分析、火灾调查及火灾痕迹物证鉴定技术的研究。

③ 该中心于 2002 年成立，这在国内省市地区尚属首家。预计今后，每年将有 2000 多起因电气、自燃等原因引起的火灾在该中心进行鉴定。http://news.sohu.com/00/39/news202093900.shtml，2010 年 2 月 28 日，下午 1 点 32 分。

火灾鉴定机构进行鉴定。目前，针对火灾鉴定研究所的资质问题，法律没有明确的规定。

火灾物证鉴定的启动权在公安消防机构，只有公安消防机构有权委托依法设立的鉴定机构进行物证鉴定，并与鉴定机构约定鉴定期限和鉴定检材的保管期限。因此，在火灾物证鉴定中不可能出现多头鉴定的局面。火灾鉴定面临的最大问题就是具有高度的垄断化，相关法律规定不明确，这对司法审查提出了很高的要求。

（2）火灾物证鉴定审查要素和标准。由于火灾物证鉴定的特殊性，笔者以为，对火灾鉴定行为的司法审查可以从以下几个方面着手：

第一，火灾物证鉴定主体。火灾物证鉴定机构和鉴定人都必须具有法律规定的资质和资格。法官可以结合案件的具体争议，对消防机构委托的火灾鉴定研究中心的资质进行判断，是否是公安部批准的，是否是省公安厅批准的，是否有相关的鉴定经验和鉴定设备，审查鉴定人是否具备法律规定的资质，如所受的教育水平、从事鉴定的年限、鉴定经验、专业技术职称和科研成果等方面。任何鉴定活动都不可避免地会受到鉴定人的业务能力和经验等因素的影响，因而有必要对鉴定主体进行严格的审查，对鉴定人员不具备鉴定资格的，应将其作出的鉴定结论排除在定案证据之外。

第二，鉴定结论的内容。最高人民法院《关于行政诉讼证据若干问题的规定》第32条仅对人民法院委托或者指定的鉴定部门出具的鉴定书的内容作出了要求。根据该条规定，火灾鉴定书应当具备以下七项内容：①鉴定内容。在鉴定内容一栏应当写明鉴定事项的案由。②鉴定时提交的材料。包括消防机构在火灾勘验现场获得的送检检材、样本、样品等。鉴定书中应当明确记载相关材料的名称、数量、种类、形状、时间、来源、提取方法、包装情况。③鉴定的依据和使用的科学技术手段。④鉴定的过程，包括检验和鉴别的步骤、方案、流程、逻辑推导等。有多个鉴定人进行讨论的，应当写明整个讨论的过程，不同意见以及最后结论产生的过程。⑤明确的鉴定结论。鉴定结论书的结论不能含糊不清、模棱两可。⑥鉴定部门和鉴定人鉴定资格的说明。⑦鉴定人及鉴定机构的签名盖章。

其中，鉴定结论所依据材料的真实性和全面性是鉴定结论正确的基础和前提。如果消防机构提供的鉴定材料不充分或者不可靠，直接影响鉴定结论的正确性。因此，人民法院首先应当审查消防机构向鉴定部门提交的相关材料的真实性，判断鉴定意见依据是否充分。其次，在确定鉴定结论所依据的材料充分、可靠以后，再对鉴定结论和相关材料之间的逻辑关系、是否符合科学原理进行审查。只有符合科学原理的鉴定结论才可能是正确的，不符合科学原理的鉴定结论必然是错误的。最后，对火灾鉴定书的完整性、结论是否明确进行审查。对不明确的部分应当排除在定案依据之外。由于火灾鉴定涉及大量的化学、物理原理，让一个专业知识的门外汉对结论进行审查判断，自然如坠云雾，不知从何下手，但如果让火灾鉴定人出庭作证对其所依据的理论用通俗易懂的语言进行解释，并对其推理过程进行阐述，法官或许可以从其叙述的语言、神情、逻辑性、可靠性以及鉴定人的可信度等方面，对其鉴定手段是否正确、推导出来的结论是否符合科学原理作出判断。

但问题在于，由于我国证据法的落后，司法实践中鉴定人几乎都不出庭接受询问，这剥夺了当事人在专门问题上的诉讼权利，同时会导致人民法院对鉴定结论无法进行有效审查，限制了人民法院在专门问题上的审判权。[①] 我国在行政诉讼制度中应当引进英美法系国家的专家证人。[②] 英美法系的法律不区分鉴定人和证人，其把鉴定人规定为一种特殊的证人——专家证人，而鉴定结论则是一种特殊的证言。[③] 专家证人与普通证人的一大区别在于，普通证人出庭只能陈述自己了解的事实，不能根据这些事实发表意见。但是，专家证人不受意见规则的限制。[④]

其实，在我国行政诉讼中鉴定人出庭接受询问，并不缺乏法律依据。根据最高人民法院《关于行政诉讼证据若干问题的规定》第 47 条"当事人要求鉴定人出庭接受询问的，鉴定人应当出庭"的规定，原告或者第三人要求鉴定人出庭接受询问，鉴定人无正当事由拒绝出庭的，原告或者第三人提出异议的理由，被告无法做到足以使法官确信异议的理由不能成立的，一般可以将鉴定结论排除在定案依据之外。根据最高人民法院《关于执行〈中华人民共和

① 实践中，主要采取以下两种方式对鉴定结论进行质证：一种是庭审质证中双方当事人对鉴定结论没有异议，可以直接认可鉴定结论。如有异议，根据当事人提出的理由，决定补充鉴定或者重新鉴定。另一种是法庭在庭审前证据交换过程中，询问当事人对鉴定结论是否有异议，如果没有则直接认可鉴定结论。如果有异议，让双方当事人在规定时间内向法庭提交书面意见，法庭将当事人的意见交给鉴定机构，鉴定机构根据他们提出的意见作出调整或书面说明，形成最后的鉴定结论。蔡小雪：《行政诉讼证据规则及运用》，人民法院出版社 2006 年版，第 167 页。

② 李炎辉：《试论在我国诉讼中引入专家证言的必要性》，载曹建明主编：《诉讼证据制度研究》，人民法院出版社 2001 年版，第 91 页。

③ ［美］彼得 · G. 伦斯特洛姆编：《美国法律词典》，贺卫方译，中国政法大学出版社 1998 年版，第 249 页。

④ 《美国联邦证据规则》第 702 条规定："如果科学、技术或者其他专业知识有助于事实审理或者理解证据或者裁决争议事实，则凭借知识、技能、经验、训练或教育而够格为专家的证人，可以意见或其他形式就此作证。"参见何家弘、张卫平主编：《外国证据法选择》（下卷），人民法院出版社 2000 年版，第 724 页。

国行政诉讼法〉若干问题的解释》第97条“人民法院审理行政案件，除依照行政诉讼法和本解释外，可以参照民事诉讼的有关规定”的规定，《民事诉讼法》第125条的规定在行政诉讼中应当被参照。但是，由于实践中鉴定人出庭的配套法律措施不完善，如鉴定人出庭的传唤程序、鉴定人出庭的费用负担、鉴定人拒绝出庭的法律责任都没有具体规定，而且由于我国目前对证人、鉴定人出庭作证的保护措施不到位，鉴定人担心出庭作证会受到打击报复，不愿意出庭。因此，人民法院对鉴定结论内容的审理目前只能进行形式审查，如审查鉴定依据是否完备、充足，审查鉴定结论是否内容完整、明确。如果鉴定结论缺少上述其中任何一部分，这类鉴定结论就不具有证明效力，人民法院可以要求鉴定部门或者鉴定人予以说明、补充鉴定或重新鉴定。但是，随着专家证人制度的推广，人民法院可以逐渐提高对火灾鉴定行为的审查标准。

第三，鉴定程序。人民法院应当审理火灾鉴定的程序是否满足程序正当的要求。例如，火灾鉴定结论是否有鉴证机构、鉴证人的签名盖章；鉴定机构和鉴定人是否与案件有利害关系，鉴定人是否进行了回避，以及是否存在其他影响鉴定意见正确性的情形等有关程序正义的内容。

（3）另一种解决思路。西方对许多专业问题的审查由行政裁判所而不是法院来负责，[①] 西方行政裁判所的经验是否能够被借

① 目前，英国约有2000多个以委员会、局、署和所的形式出现的行政裁判机构，分别审批有关交通运输、商标、著作权、专利、所得税、土地税、土地专用、社会福利、医疗卫生和劳工事项等方面的诉讼案件。不仅那些主要由普通法院对行政行为的合法性进行审查的英美法系国家，重视行政裁判所的设立；而且在德、法等国家，即便已存在独立的行政法院，还是设立了众多的特别行政法院，主管各专业行政领域的行政争议。例如，在法国，除了存在中央和地方行政法院之外，还存在900所，400类的特别行政法院。德国、奥地利等国家均存在数量众多的特别行政法院。参见杨建顺：《日本行政法通论》，中国法制出版社1998年版，第776页。

鉴，建立火灾事故调查专家委员会制度，以此来解决目前火灾物证鉴定中“剪不断，理还乱”的问题。行政裁判所是由国家在法院之外建立的具有较强独立性的行政裁判机构，它的组成人员包括法律专家、技术专家和行政事务方面的专家。由于行政裁判机构同时具有法律与行业两方面的专业知识，因此，它能够更加有效地发挥监督行政权、救济行政相对方权利的功效。而且由于行政裁判程序相对较为简便，有助于高效率地化解行政争议。[①]

2003 年，上海市已经成立了火灾事故调查专家委员会，由高校、消防、法院、刑侦、电气、化工、汽车等行业的专家们组成，在一些争议较大的火灾事故调查案件中以第三方的形式出具专家意见，一方面帮助公安消防部门准确认定火灾原因提供依据，另一方面在受理来信来访后结合专家意见向当事人进行解释、答复。2005 年，重庆市火灾事故调查专家咨询组在市公安局消防局成立，重庆市火灾事故调查专家咨询组由该市部分大专院校、科研单位的 12 名知名行业专家组成。重庆市火灾事故调查工作基础薄弱，人员数量、技术装备、调查质量等滞后于实际需要，导致对火灾原因认定、财产损失核定和责任认定缺乏公信力，并引发纠纷、争议，制约了消防工作的全面发展。专家咨询组的出现将改变这一不利局面。[②] 这些例子预示，有着浓厚行政裁判所性质的火灾调查中立机构正在实践中逐渐萌芽、成长起来。当然，对火灾事故调查专家委员会制度的可行性和合理性，还有待于进一步的分析论证。

4.3　对不确定法律概念的审查

判断一个行政行为的条件是否符合，不仅要审查它的事实根

---

① 罗豪才：《现代行政法制的发展趋势》，载《国家行政学院学报》2001 年第 5 期，第 38 页。

② 叶文霞：《论火灾物证鉴定制度》，中国政法大学硕士毕业论文，2004 年 3 月，第 26 页。

据，还要判断行为是否符合法律依据。“行政机关的每一个决定都由其所适用的法引起的，而每一个行政法都包含着不确定因素。”①

现代行政国家的背景使得行政逐渐朝向专业化发展，行政机关所持有的专业知识对专业领域具有的政策形成功能，使得行政机关发挥着对各种法律规定的解释功能。② 尤其是对行政法中不确定法律概念的解释，这些解释实际上发挥着解释、补充甚至替代法律规范展开的作用，司法审查中法律适用的争议多发生于此。火灾事故认定是一项专业性很强的工作，由于立法无法穷尽火灾认定中的各种复杂情况，更不可能用精准的语言概括每种认定行为的裁量空间，因此火灾事故认定中经常会遇到消防机构对《火灾事故调查规定》中不确定法律概念进行解释的情形。人民法院应当如何审查消防机构的这类行为呢？

4.3.1 人民法院的态度：尊重，抑或不尊重

在案例9中国农业银行三亚分行与三亚市公安消防局火灾事故责任认定纠纷上诉案中，海南省高级人民法院在判决书中写道：“在未设置完好有效的消防设施和通过消防验收的情况下，上诉人农业银行明知在申请人民法院公告清场后仍有外来人员非法进入大楼的四层至八层而没有采取有效的制止措施，显然是消防意识不强的表现。至于该不积极作为的行为应否承担火灾事故的间接责任，《消防法》和《火灾事故调查规定》均没有明确的规定，被上诉人消防局亦未能提供其他规范性文件依据，故依据《火灾事故责任书》认定上诉人农业银行负间接责任没有法律根据。因此，根据《行政诉讼法》第54条第2项之规定，被诉的《火灾事故责任书》

① Kenneth Culp Davis and Richard J. Pierce, Jr., *Administrative Law Treatise*, VOL. I, 3rd edition, (Little, Brown and Company 1994) p. 107.

② 胡敏洁：《专业领域中行政解释的司法审查——以工商行政为例》，载《法学家》2009年第6期，第126页。

应予撤销。”

该案的法官仅仅因为现行法律没有关于责任分配的明确规定，就认为消防大队作出的农业银行承担火灾间接责任的认定错误，显然是荒唐的。如果硬要为这位法官的判决找点理由，那么他所依据的也许是《关于审理行政案件适用法律规范问题的座谈会纪要》。[①]该纪要规定“国务院部门对具体应用法律、法规或规章作出的解释，县级以上人民政府及其主管部门制定发布的具有普遍约束力的决定、命令或其他规范性文件，不是正式的法律渊源，对人民法院不具有法律规范意义上的约束力”。该纪要意在赋予法院对行政机关作出的相关规定的审查权。依照该规定，法院可以否定消防机构在具体案件中对法条应用作出的解释。

由于行政裁量权就像斧子，当正确使用时是一件工具，不正确使用就有可能变成伤害或谋杀的武器。[②] 法律概念的不确定性随时可能蜕变为行政裁量实践的“特洛伊木马”，导致公众无法认同的实践误差。[③] 因此，法官对行政机关作出的法律解释，应当保持警惕，尽可能还原立法者的本意。但是，法律永远落后于行政，单纯依靠成文法规范自身的修正来实现其内容的更新是困难的，充分吸收行政机关在行政活动中形成的，不成文法源所蕴含的原则和规则是应对行政裁量日益扩展的必然选择，因此行政机关需要对不确定法律概念进行解释。这种解释不一定由固定的形式表现出来，可以是行政活动中直接作出的某种行为。行政机关在执行法令过程中的

---

① 《最高人民法院印发〈关于审理行政案件适用法律规范问题的座谈会纪要〉的通知》，法［2004］96 号。

② 转引自杨伟东：《行政裁量问题探讨》，载罗豪才主编：《行政法论丛》（第 3 卷），法律出版社 2000 年版，第 349 页。

③ 余凌云：《对不确定的法律概念予以确定化的途径——以警察盘查权的启动条件为例》，载《法商研究》2009 年第 2 期，第 65 页。

日常经验使得行政机关较为熟悉环境，行政解释也更富有说服力。[①] 因此，法官对不确定法律概念的审查，又应当保持一定的自我克制，避免深入政策结构之中去审查其妥当性。政策问题与法律问题的区分，决定了司法审查的强度是宽松还是严格，实际审查的力度也会因裁量类型的不同而发生差异。

结合本案来看，1999 年颁布的《火灾事故调查规定》（已失效）将火灾事故责任划分为下列四类：一是直接责任，二是间接责任，三是直接领导责任，四是领导责任。但是，对于这四类责任的具体划分，法律并没有做进一步的说明。法官对直接责任认定的审查比较容易，一般会尊重消防机构的意见。[②] 但是，对间接责任的认定会与消防机构产生争议。或许正是为了避免实践中的这些争议，2009 年颁布的《火灾事故调查规定》取消了消防机构火灾事故责任认定的职能，原先四类责任分配的规定也一并被删除。笔者认为，尽管该条款已被删除，但这则条文映射实践中的问题依然具有探讨价值。删除责任的划分实际上是消防部门回避问题的表现。因为，《火灾原因认定书》作出后，消防机构会依据案件的具体情况作出行政处罚，但是没有火灾责任认定，怎么对当事人进行处罚

---

① 这一观点，来自美国法的判例“谢弗林案”〔Chevron U. S. A, Inc. v. Natural Resources Defense Council ,Inc,467U. S. 837(1984)〕。关于该案，美国法上的讨论非常多，这一案件在美国最高法院判决书中的引用次数比“布朗案”和“马德里诉麦迪逊案”还要高。在我国，也有学者对这一案例及其确立的原则进行论述。参见高秦伟：《政策形成与司法审查——美国谢弗林案之启示》，载《浙江学刊》2006 年第 6 期。李洪雷：《规制国家的行政解释》，载《规制研究》第 1 辑，上海人民出版社、格致出版社 2008 年版。在一些译文中也有相关的介绍，如［美］凯斯·R. 孙斯坦：《烟草还是药？——作为普通法法院的行政机关》，宋华琳译，载《法大评论》第 2 卷，中国政法大学出版社 2003 年版。

② 案例 10. 薛学宝不服平潭县公安消防大队火灾事故责任认定和行政处罚决定案。

呢？后续的民事赔偿案件又应当怎么审判呢？实质上，责任认定环节在消防机构的办案中还是会有，只不过不向当事人公开，认定标准间接体现在行政处罚书之中，变得更加隐晦与灵活。消防机构在行政处罚前无须先对当事人的责任标准进行分类，法院只有按照《行政诉讼法》第 54 条的规定对消防机构的行政处罚进行审查。消防机构在责任认定环节的自由裁量权无疑被扩大了，司法审查更加难以对其进行控制，这不利于对相对人权利的保障。另外，火灾责任认定中很多专业问题还没有充分的暴露出来，很难作出统一的规定。无论责任认定标准如何规定，都无法包含每个案件的具体情况，要落实法律上的标准，更多的是依赖于火灾调查人员的内心确信。

令人不解的是，在与其相似的交通事故责任认定上，公安部的规定却十分详细。[①] 出现这种差异，或许是因为交警在交通事故责任认定上已经积累了丰富的经验，责任划分较明确，法院对交通事故这类案件的处理经验也很丰富，在对法律规定的解释上，不容易出现争议。其实无论是火灾事故认定还是交通事故认定，这类案件关系到公共利益，且属于行政专长，法院在审理中应当保持克制。与法院相比，消防机构每年会处理大量的火灾调查案件，且每起案件都会遇到火灾责任认定问题。对责任大小如何认定属于行政专长，在实践中已形成了一系列不成文的准则，只不过这类准则依附

① 2009 年 1 月 1 日开始施行的《道路交通事故处理程序规定》（公安部令第 104 号）第 46 条规定，公安机关交通管理部门应当根据当事人的行为对发生道路交通事故所起的作用以及过错的严重程度，确定当事人的责任。(1) 因一方当事人的过错导致道路交通事故的，承担全部责任；(2) 因两方或者两方以上当事人的过错发生道路交通事故的，根据其行为对事故发生的作用以及过错的严重程度，分别承担主要责任、同等责任和次要责任；(3) 各方均无导致道路交通事故的过错，属于交通意外事故的，各方均无责任。一方当事人故意造成道路交通事故的，他方无责任。省级公安机关可以根据有关法律、法规制定具体的道路交通事故责任确定细则或者标准。

于火灾调查人员的内心确信，是在大量调查经验基础上建立起来的一种衡平感，并没有对相对人，乃至法院公开，但这并不能排除这类认定准则的合法性、合理性。[①] 因此，消防机构对不确定法律概念作出的解释应得到法官的充分尊重。在尊重的前提下，重点审查“解释”的说理理由是否充分。由于这类案件中效果裁量空间较小，不像行政处罚有时幅度跨度非常大，因此除非出现明显的不合理，法院一般应当认可消防机构的判断。

4.3.2 对不确定法律概念的解决路径

对不确定法律概念的司法审查，美国、德国、我国台湾地区研究比较多。国内没有相关题材的专著，但是近些年随着实践的推动，很多学者开始关心这个问题，把它作为行政自由裁量的司法审查或行政解释这类论题的素材进行研究。[②] 这些研究无法像美国的“谢弗朗”案件，为不确定法律概念的审查总结出一条司法实践中

---

① 在调查采访中，某消防大队火灾调查科科长一再强调，在火灾调查中调查员的经验是最重要的。对火灾原因、责任的判断，都依赖于调查员丰富的调查经验。这种经验很少形成书面的形式，但是目前消防总队要求各大队结合本辖区的具体情况，尽量完善调查细则和处罚裁量标准。

② 如《行政法规范解释与司法审查》，参见高秦伟：《行政法规范解释论》，中国人民大学出版社2008年版，第175～229页。《法院对法律问题的审查强度》，参见杨伟东：《行政行为的司法审查强度研究——行政审判权纵向范围分析》，人民法院出版社2003年版，第66～97页。《对不确定法律概念的解释》，参见徐晨：《权利竞争：控制行政裁量权的制度选择》，中国人民大学出版社2007年版，第187～191页。主要论文有：余凌云：《对不确定的法律概念予以确定化的途径——以警察盘查权的启动条件为例》，载《法商研究》2009年第2期；胡敏洁：《专业领域中行政解释的司法审查——以工商行政为例》，载《法学家》2009年第6期，第126页。

的原则。[1] 但却积极地为不确定法律概念寻找可能的解决出路，如加强立法解释、规范裁量基准、完善司法审查，但正如一位学者分析的，不确定法律概念本身就很难提炼成一个系统、周延的理论表述，任何规则都无法彻底的消除裁量，任何监督都无法实质约束裁量。裁量最终还是必须要依赖执法者的自我约束、自觉自律，还必须诉诸一种文化、一个系统的集体作用。[2]

因此，笔者认为，面对《火灾事故调查规定》中不确定的法律概念，可以由各省市通过立法或者解释技术来建立相对清晰的内涵结构，以获得相对的确定性。另外，可以通过求助于案例解读技术，发挥先例的指导作用，进一步推进确定性程度，把裁量误差进一步校正到可以接受的合理范围之内。[3] 最后，也是最重要的，就是要加强对火灾调查人员的培训，提高其业务水平，对实践中已经出现的问题及时进行归纳、总结，完善裁量基准。司法审查作为最后一道防线，它的作用毕竟是有限的，不确定法律概念带来的问题还是应当依赖于行政程序的不断完善和行政机关的自我控制。

4.3.3　小结

通过上述分析，笔者主要想表达的是，人民法院对火灾调查行

---

① Chevron U. S. A v. National Resources Defense Council, 467 U. S. 837 (1984). 6 – 0 decision; opinion by J. Stevens; Marshall, Rehnquist and O' Connor not participating. 该案确立了著名的谢弗朗原则或称司法尊重原则。法院对行政法规范解释的审查应当经过以下步骤：(1) 国会争议中的问题是否有特定的意图？(2) 如果没有，是否存在明确的授权，让行政机关来阐明该问题？(3) 如果没有，是否有某种暗示性的权力来弥补漏洞？Starr "*Judicial Review in the post – Chevron Era*", 3 Yale J. on Reg. pp. 283, 287 – 288.

② 余凌云：《对不确定的法律概念予以确定化的途径——以警察盘查权的启动条件为例》，载《法商研究》2009 年第 2 期，第 65 页。

③ 余凌云：《对不确定的法律概念予以确定化的途径——以警察盘查权的启动条件为例》，载《法商研究》2009 年第 2 期，第 65 页。

为的司法审查是有限的，人民法院不可能具有火灾事故调查的专门设备和专业人员，法官也不可能仅凭自由心证的判断，就撤销专业性很强的火灾事故认定行为。对火灾认定这类案件，人民法院主要是对程序性问题进行审查，而审查标准主要适用合法性标准。仅当火灾认定行为严重违反常理，且相对人能够提供该行为显失公正的证据时，人民法院才可以提高审查标准，按照合理性审查标准进行审查。如果火灾认定行为确有明显错误，可以作出撤销判决并责令重新作出认定。正如最高人民法院行政庭的王振宇法官在清华大学法学院的一次演讲之所言："法官如果严格以合理性原则去审查行政裁量行为，任何行为只要稍有瑕疵就予以撤销，是不现实的。另外，司法可能过深地进入了行政领域，有代替行政权的嫌疑。基于这个考虑，只要裁量行为没有明显的不合理，就不认为它是违法。也就是说，行政机关执法应当追求百分之百的合理性，但如果它们实际上只达到六十分'及格线'，就可以通过司法审查。"① 由于人民法院无法对火灾认定行为的实质合法性作出裁判，且对消防机构的认定行为只能达到"及格线"标准的司法审查，因此司法救济的实际意义在某种程度上无法充分体现，只能通过内化于行政行为过程的方式进行解决，提高火灾调查人员的素质，增强消防机构说明理由的义务，规范火灾调查的调查程序、方式，完善火灾调查的裁量基准，才能尽可能地弥补司法审查的有限性。

4.4 对火灾认定不作为的司法审查

4.4.1 一则案例引发的思考

在司法实践中，当事人起诉消防机构行政不作为的案件并不少见。下文将结合对一则典型案例的分析，探讨人民法院在审查火灾

① 由最高人民法院行政庭王振宇法官于2008年11月29号在清华大学法学院的演讲《行政裁量与司法审查》整理所得。

认定不作为过程中应当注意的问题。

案例 11 蒋恩泉与广饶县公安消防大队消防行政赔偿上诉案。该案经过了四轮民事诉讼，四轮行政诉讼（包括行政赔偿诉讼），可谓一波三折。基本案情如下：2000 年 12 月 16 日晚，广饶县机电公司出租商品房发生火灾，火灾涉及原告蒋恩泉经营的恩泉摩托车销售中心。被告广饶县公安消防大队接到报警后，赶赴现场将火扑灭，后经过对现场勘查、调查，核定了火灾损失，认定火灾原因不明，未作出《火灾事故责任认定书》，只作出了《12 · 16 火灾报告》认定起火部位在原告经营的恩泉摩托车销售中心。2001 年 5 月原告相邻的承包户陈小芳起诉要求原告赔偿经济损失，并出示了被告向其出具的《12 · 16 火灾报告》。该案民事诉讼二审期间，原告先后向广饶县人民法院、东营市中级人民法院提起了行政诉讼。一审、二审法院均判决被告行为属迟延履行法定职责，并令其尽快履行法定职责，作出了（2001）广行初字第 32 号行政判决书和（2002）东中行终字第 3 号行政判决书。但由于各种原因，被告广饶县公安消防大队一直没作出火灾责任认定。东营市中级人民法院（2001）东民终字 262 号民事判决书认定，广饶县公安消防大队经过火灾调查之后制作的《12 · 16 火灾报告》确定了起火部位在上诉人蒋恩泉的摩托车店内，而上诉人提供不出有力证据证明其对此次火灾没有责任，应当对因火灾造成的被上诉人的损失承担赔偿责任。判决蒋恩泉赔偿陈小芳经济损失 149765.63 元。2002 年 12 月，广饶县人民法院以同一理由判决蒋恩泉赔偿东营市金昌酒水有限公司火灾经济损失 13000 元，后双方调解结案。蒋恩泉认为被告一直未作出《火灾事故责任认定书》，其迟延履行职责的违法行为侵害了自己的合法权益。《火灾报告》作为行政机关的内部文件，本不应向社会公开，而被告将其公开，致使《火灾报告》变成民事诉讼中的重要证据导致原告承担损害赔偿责任。因此，在提出行政诉讼后，又提出了行政赔偿诉讼。行政赔偿诉讼一审法院认为，虽然被告迟延履行法定职责的行为违反了《中华人民共和国消防法》

和《火灾事故调查规定》的相关规定，具有违法性，但（2001）东民终字第262号民事判决书、（2003）东民一终字第169号民事调解书均在（2002）东中行终字第3号行政判决书作出后才生效，因此，（2002）东中行终字第3号行政判决书认定的被告迟延履行法定职责的行为并没有侵害原告蒋恩泉的合法权益。且自被判决履行法定职责后，被告至今仍在继续履行其法定职责，只是由于客观原因至今未作出《火灾事故责任认定书》，因此被告的具体行政行为尚未完成，也就不可能对原告的合法权益造成侵害。由此，驳回原告的诉讼请求。

蒋恩泉不服一审判决，继续上诉，在上诉答辩中被告称，火灾事故责任认定是被上诉人的法定职责，（2002）东行终字第3号行政判决作出后，被上诉人一直在履行职责，不存在迟延履行职责的问题。至于《火灾事故责任认定书》一直没有出具的问题，是因“12·16”火灾原因不明，无法确定火灾责任主体，依据《火灾事故调查规定》第29条的规定，目前尚不具备出具的条件。行政赔偿诉讼二审法院认为，（2002）东中行终字第3号行政判决认定了被上诉人曾迟延履行职责的行为违法，虽然至今被上诉人仍未作出《火灾事故责任认定书》，但被上诉人在该判决生效后，继续履行其法定职责，上诉人主张的损失与被上诉人的行为之间无必然的因果关系。故上诉人请求被上诉人赔偿其经济损失的诉讼请求不予支持。

本案看似错综复杂，其实关键问题在于对广饶县公安消防大队一直未作出火灾事故责任认定的性质怎么判断。它是行政不作为的表现，还是一种未完成行为。如果认定它为不作为，那么相对人是否可以依据《国家赔偿法》的要求，提出行政赔偿诉讼并获得相应赔偿。

对第一个问题，案中（2001）广行初字第32号行政判决书和（2002）东中行终字第3号行政判决书一致认为，广饶县公安消防大队一直未作出火灾原因认定和火灾责任认定的行为属于迟延履行职责，具有违法性。依据《行政诉讼法》第 54 条第 3 款的规定，判决消防机构尽快履行法定职责。笔者对判决书的结论持赞同态度，但是这个看似简单的判决结果，蕴含着法官对火灾认定不作为的诠释、对消防机构自由裁量的审查，远不是那么轻巧的事。尤其是这个案子发生在 2009 年《火灾事故调查规定》颁布之前，当时适用的 1999 年发布的《火灾事故调查规定》（已失效），并没有明确地规定消防机构进行火灾原因认定的期限，只是在第 15 条、第 23 条提到“火灾事故调查人员应当及时开展调查询问工作”、“及时制作现场勘查笔录、现场图、现场照片等客观反映火灾现场情况的记录”。何谓“及时”，对这一不确定法律概念法规没有作出任何解释。由于立法的空白，消防机构对火灾原因认定以及火灾责任认定期限的选择，具有很大的自由裁量空间。人民法院对这类案件的审查，技术性难度较大，需要综合考虑惯用时间、事件本身的难易程度、有无法定阻却法定事由等确定一个合理时间，并以该合理时间为基准确定消防机构是否有不作为行为。人民法院审查的强度，不仅体现出人民法院对消防机构火灾认定权尊重的程度，也体现出司法权与行政权的竞争。

对于第二个问题，案例中行政赔偿诉讼一审、二审法院均判原告蒋恩泉败诉。判决理由从逻辑上看存在破绽，但是结果是正确的。人民法院的判决内含两个推断：一是该案只有待消防大队作出火灾责任认定，才能判断当事人是否负担赔偿责任，现在认定过程还在继续，因此无法证明当事人必然会蒙受损失。二是一旦火灾责任认定作出，蒋恩泉就可以依据该认定排除自己的不利负担。但实际上民事诉讼的法官不管是否有火灾责任认定书，按照举证责任分配，起火点在蒋恩泉家，蒋恩泉却没有证据证明自己对火灾发生不负责任，必然会败诉。所以，败诉的直接原因就是消防大队在没有任何理由的情况下，拖延作出火灾原因认定（火灾发生后一年多），导致蒋恩泉在民事诉讼中拿不出有力的抗辩证据，但是如果消防大队作出了火灾责任认定，那么会有三种情况：第一，认定蒋恩泉承担责任，那么行政赔偿诉讼中判他败诉正确。第二，认定他不承担责任，那么蒋恩泉可以以获得足以推翻原判决的新证据为由，提出民事再审，通过民事诉讼解决纠纷，也就不需要国家赔偿。第三，消防大队充分履行职责之后，无法查明火灾原因、分配火灾责任，那么民事诉讼判决无误，行政赔偿诉讼判决也无误。

下文，笔者将结合行政不作为的相关理论和火灾认定行为的特点，通过分析火灾认定不作为的审查要件和火灾认定不作为的司法救济，对上述案例中的两个问题作进一步的阐述。

4.4.2 火灾认定不作为的审查要件

（1）对成熟理论模型的借鉴。行政法学界长期以来判断作为与不作为的标准就是看行政主体是否在法定期限内履行作为义务，只要行政主体不履行或逾期不履行作为义务，行政不作为即告成立。[①] 这一将行政不作为的标准客观化的做法，一般情况下有利于对行政不作为的判断，但是也很容易导致人们产生这样的认识，即只要行政主体在法定期限内哪怕只是形式上的履行法定职责，就不构成行政不作为。因此，有学者又提出了形式作为而实质不作为行

---

① 有学者认为，“行政不作为是指行政主体依相对人的合法申请，应当履行也有可能履行相应的法定职责，但却不履行或者拖延履行的行为形式。”罗豪才主编：《中国司法审查制度》，北京大学出版社 1993 年版，第 168 页。有学者认为，行政不作为是指“行政主体负有某种作为的法定义务且具有作为之可能性，而在程序上逾期有所不为的行为，其实质是行政主体消极放弃行政权利的一种违法行政行为”。周佑勇：《行政不作为判解》，武汉大学出版社 2000 年版，第 16 页。有的学者认为“行政不作为是超过法定期间或合理期间而不实施一定法定职责的行为。在没有法定期间的情况下，应当根据多方面的因素，包括惯用时间、事件本身的难易程度、有无法定阻却法定事由等确定一个合理时间，并以该合理时间为基准确定是否有不作为情形存在”。姜明安主编：《行政法与行政诉讼法》（第二版），北京大学出版社、高等教育出版社 2005 年版，第 475 页。

政行为的概念，即行政机关虽然在程序上已经作为，但是其手段、措施等均有违常理，从而没有达到行政相对人所诉求的目的，也应当视为不作为。①

还有一种学说认为，要判断是否没有履行法定职责，仅仅谈“作为义务”是不够的，因为作为的方式有许多种，且常常都是法律允许，也是合理的。仅仅谈“法定期限”也是不够的，因为即使在法定期限内作为，也不见得就是合法，其作为方式也可能是明显不同。因此，该学者认为有必要用在日本、德国应用较多的行政裁量收缩论，来补充甚至取代不作为的理论。② 这一观点实际上区分了典型的不作为和形式作为实质不作为两种情况，且把实质不作为认为是行政作为违法。该观点希望通过细化行政裁量收缩的要件（被害法益的重大性、危险的迫切性、危险发生的预见可能性，损害结果回避的可能性、规制权限发动的期待可能性），控制行政裁量的不当收缩。③ 这一说法将行政机关是否作出行政行为，怎样作出行政行为分成决定裁量和效果裁量两部分进行要件的探讨。上文中的收缩要件主要针对决定裁量而言，效果裁量的构成要件依据具

① 黄学贤：《形式作为而实质不作为行政行为探讨——行政不作为的新视角》，载《中国法学》2009 年第 5 期，第 42 页。

② 王贵松博士认为，传统行政不作为理论的缺陷在于它没有看到甚至否定了行政裁量的价值，笼统地谈作为义务和法定期限，同时它也没有看到在某种条件下只有一种选择的情形，从而放纵了行政主体所应尽的职责。王贵松：《行政裁量收缩论的形成与展开——以危险防止型行政为中心》，载《法学家》2008 年第 4 期。

③ 行政裁量可以分为决定裁量和选择裁量。在决定裁量上，行政裁量不当收缩是行政不作为违法的判断标准。在选择裁量上，行政裁量收缩则是行政作为违法的判断标准。重大法益遭受迫切而具体的危险，而行政主体能够预见到危险，又拥有职权和义务能采取措施回避危险的出现，这时行政裁量必须收缩。王贵松：《行政裁量权收缩之要件分析——以危险防止型行政为中心》，载《法学评论》2009 年第 3 期，第 27 页。

体案例的不同情况，非常复杂。但是，该观点认为，应当由被害法益的重大程度去判断决定裁量的收缩空间，由危险的迫切性去决定行政机构是否介入，既不合理，在实践中也难以操作，且行政机关选择是否介入，实质已经触及行政政策问题，司法机关对行政政策形成问题应当尽可能避免插手。

实践中，我国人民法院大致将行政不作为分为两种，即完全不作为和不完全作为，后一种的内涵与上述学者提出的形式作为而实质不作为是一样的。不完全作为也好，形式作为而实质不作为也好，最大的特点就在于，行政主体在实质上并没有达成法定的目标，且这种未达成是行政主体具有达成的可能性，但是由于行政机关主观上的原因造成未达成法定目标的结果。①

（2）火灾认定不作为的特点和认定。笔者认为，上述将行政不作为细分的研究方式，并不适用于火灾调查案件。火灾原因认定不作为的表现只有一种类型，那就是不履行或者逾期履行火灾认定的职责。如果在火灾调查中，是由于消防机构主观的原因，采取了不当的调查措施，导致《火灾原因认定书》内容有误，那只能通过对消防机构火灾认定的自由裁量权进行审查，以行政作为违法为由，撤销原《火灾原因认定书》，并判决消防机构重新作出火灾认定。概言之，这种行为不宜被认定为行政不作为，而应以行政作为违法来处理。

原因在于，首先，火灾原因认定不依当事人的申请而发生，火灾发生后，消防机构有义务封锁火灾现场进行火灾原因调查。只要消防机构在合法的期限内，作出了《火灾原因认定书》，并送达当事人，那么消防机构即完成了火灾原因调查的任务。《火灾原因认定书》的作出，是火灾调查职责履行完毕的表现，它不以是否达到当事人所诉求的目的为标准，也不以一定能查出火灾发生原因为

---

① 黄学贤：《形式作为而实质不作为行政行为探讨——行政不作为的新视角》，载《中国法学》2009年第5期，第47页。

标准。因此，无法从“达成法定目标”的客观结果角度去判断火灾认定行为是否实质不作为。

其次，很难从行政过程中是否积极履行法定职责，采取合理手段、措施的角度去认定实质不作为。在其他行政行为中，如公安局出警，如果公安局已经得知群体性斗殴的规模和态势，但是派出的警力明显不足以遏制打架事件，导致多人受伤，那么可以认定公安局没有积极履行法定的职责，仍然是不履行的表现。① 由此可见，认定形式作为而实质不作为行政行为的关键是对何谓积极履行法定职责，从常理出发能够达成共识，人民法院在对这一标准的认定上不会比普通人显得更加精明。可是，在火灾原因认定中，什么叫不积极履行法定职责，火灾原因认定与普通行政行为不同，它是一项技术性、专业性很强的工作，它依赖于火灾调查人员长期的经验积累，不同的人对同一起火灾事故调查的结果可能会有差异，而且火灾认定是一个动态的过程，内含多种行政调查方式、多种调查程序。从形式不作为角度看，每一种调查方式期限的选择都有较大的自由裁量空间。何谓逾期不履行，司法实践中都难以把握，② 更不

① 例如，在丁卫义诉临海市公安局不作为行政赔偿案件中，浙江省台州市中级人民法院认为，临海市公安局接到报警后立即出警是积极主动的作为，但是出动的警力有十四五人之多，且双方在警察到场时并没有开始打架，警方应当有足够的警力采取预防和制止措施，但却没有积极预防，导致打架事件发生，造成多人受伤。其中，造成一人被打断三根肋骨的后果。浙江省台州市中级人民法院在判决书中写道：“不是说公安机关没有履行职责，只是不积极履行，但仍然属于不履行职责的范围。被上诉人不履行法定职责的行为成立，其行为违反了《中华人民共和国警察法》有关警察任务和职责的规定。被上诉人认为其工作人员积极制止打架事件，依据不足，其辩解理由本院不予采纳。”（2002）台行终字第 242 号。

② 例如，在建筑、设备被烧毁严重的情况下，判断起火点或者起火部位往往主要依赖于对当事人的询问。但是，现实中很少有当事人愿意协助配合火灾调查。笔者了解到，消防机构为了获得火灾发生原因的线索只能一次次地去找当事人，直到他愿意说为止。这个过程所耗费的时间是很难把握的。

用说对消防机构实质不作为进行审查。

最后，从司法实践出发，目前依据我国《行政诉讼法》和最高人民法院《关于执行〈中华人民共和国行政诉讼法〉若干问题的解释》的相关规定，对于行政不作为的司法判决类型主要是履行判决和确认判决两种。司法实践中，只有当行政机关对当事人作出拒绝履行行政义务的决定时，法官才可能适用撤销判决，而这类被撤销的案件也属于典型的不作为。如果存在火灾认定形式作为而实质不作为的情形，那么，人民法院应当如何裁判呢？判决在一定期限内履行，显然不合理，因为消防机构已经在合理期限内作出了《火灾原因认定书》；判决确认被诉行为违法也不正确，因为一般行政行为在确认违法后可以通过提起行政赔偿诉讼的方式获得赔偿，以尽可能填补相对人因行政不作为违法而遭受的损失。但是，火灾原因认定不作为的效果对当事人是间接的，当事人的实质损害只有通过后续的民事诉讼才能够体现。然而，首先，后续的民事诉讼不是必然的。其次，即便存在由火灾原因认定引发的民事诉讼，正如本节开头案例中所体现的，当事人也无法获得赔偿。因此，在火灾认定领域的不作为应当只有一种类型，那就是在客观条件具备的情况下，消防机构逾期履行法定职责。

4.4.3 对火灾认定不作为要件的司法审查

（1）逾期履行。也许正是为了避免本节案例中遇到的纠纷，2009年颁布的《火灾事故调查规定》对火灾原因不明和火灾认定期限都有了新的要求。火灾原因认定以作出《火灾原因认定书》为消防机构履行职责的标准，但是不允许消防机构再作出火灾原因不明的认定。在火灾发生原因确实难以查明的情况下，应当认定起火时间、起火点或者起火部位，以及有证据能够排除的起火原因。2012年公安部对这一条款做了进一步修改，提高了火灾认定的履行标准，规定在查明困难的情况下，还应当认定有证据不能排除的起火原因。

与此同时，2009 年 4 月 30 日通过的《火灾事故调查规定》明确规定了火灾事故认定期限。原则上，人民法院在审查初次火灾认定“逾期”时，应当严格按照上述规定从火灾发生之日起开始计算，30 天后算作逾期。

对于初次火灾认定后无法调查清楚的案件，经上一级公安机关消防机构批准，可以延长 30 日。“可以”这个词表明上一级消防机构有三种选择，不同意延长、同意延长 30 天、同意延长超过 30 天或少于 30 天，延长期限的上限没有限定，但一般情况下延长期限为 30 天，除非遇到非常复杂的案件。这实际上把期限选择的自由裁量权从基层消防机构转交到了上一级消防机构的手中。这样的规定符合火灾调查的实际情况，因为实践中经常遇到火势很大，建筑、设备烧毁严重，[①] 甚至连起火部位都难以判断的情况，这时就需要细致地勘查现场，广泛地询问当事人，如有必要还需要进行火灾模拟试验。由于火灾调查包含多种行政调查方式，对每一种调查方式，消防机构都有一个期限选择的裁量空间，而这些期限的选择需要综合考虑个案中的因素，如案件本身的难易程度，火调人员的经验，是否有法定的阻却事由等很难有一个定值。与法院相比，公安消防机构对火灾原因认定期限的规定更加专业、合理。

原则上，对初次火灾认定案件，法院应严格按照火灾发生之日起 30 日内作出《火灾事故认定书》的标准进行审理。对延期审理的案件，法院应依据上一级公安消防机构对延长期限作出的有关要求进行审理。但是，遇到延期超过 30 天的案件时，法官依然可以通过审查消防机构提交的证据，对案情的复杂性，消防机构调查中遇到的实际困难，参考以往惯例，对延长期限的合理性进行判断。在延长期限较长的情况下，消防机构应当就延长的原因对当事人作出适当的书面说明。这一说明理由的过程，将成为诉讼中消防机构

---

① 例如，央视大楼火灾案，在媒体强烈关注下，整个火灾调查工作从 2009 年 2 月 9 日到 2009 年 12 月 20 日，历时 10 个多月。

获得法院支持的重要证据。而对案件情况复杂，调查时间需要延长的情形，说明理由应当成为消防机构的一项法定义务，以立法的形式确立下来。

（2）具备可行性。判断消防机构是否不作为还有一个较弱的构成要件，那就是在客观条件具备的情况下。有学者也担忧可行性要件的规定可能会提高对行政不作为的认定难度。这个要件从表面上看确实对当事人不太有利，但是却体现了人民法院对行政政策的尊重。有限的资源究竟怎么分配，对哪些问题（案件）应该优先得到行政资源的支持，哪些可以暂缓，这是行政机关的一种政策，尽管这种政策可能不表现为一种成文的规范性文件形式，但行政机关有权力按照现阶段各项行政任务的轻重缓急来决定。如果行政机关能够证明其不作为的确是因为资源缺乏的缘故，那么，法院就应当对这一认定加以尊重。因此，在资源不足的情况下，消防机构可以根据事态的紧急程度、受影响权益的重要性、作出适当的决定、火灾调查工作人员的数目、行政任务的繁重程度、行政经费的充足程度等作出判断。

美国的经验表明，对于纯粹是资源欠缺情境下产生的行政机关不作为或迟延作为，在立法上采取明确限定最后实施期限的应对措施，收效甚微。行政机关仍然还会一而再，再而三地违反上述法定期。例如，在美国，因为资源紧缺，环境保护机关对于清洁空气法（the Clean Air Act）中规定的大量有关时限的要求，大概只遵守了不到20%。而美国另一个案件 Environmental Defense. Ctr v. Babbitt 就更说明问题。因为资源实在匮乏，尽管地区法院责令被告限期履行法定职责，但是，事实上却仍然得不到执行。原告又因为诉权始终得不到满足，一而再，再而三地起诉。最后，官司打到巡回法院，巡回法院认为，那些当事人已经起诉的案件，就先调动资源处理，而不顾及其他的案件，这样的资源再分配不适宜。巡回法院采取更加务实的态度，允许被告在合法获得有关拨款之后的合理时间内作出答复，从而平息这场争论。

目前全国从事火灾事故调查的专职人员不足百人，专兼职人员不足 800 人，由他们承担每年发生的几十万起火灾的调查工作。如果对每起火灾都要调查，平均每人每天承办 1. 1 起火灾事故，而且当前公安消防机构由于受现役体制的影响，多数火调人员年龄在 20 多岁，而火灾事故调查工作不仅需要理论，更需要丰富的火场经验。在全国范围内火灾事故调查高级工程师很少，以山东为例，只有 1 名。[①] 在笔者调查采访中了解到，人力资源不足是目前火灾调查中面临的一大难题。鉴于此种情况，笔者认为，应当将可行性作为火灾认定不作为的构成要件。法院应当审查消防机构是否在资源严重不足的情况下，被迫延迟履行法定职责。资源不足主要体现在火灾调查工作人员的数目、行政任务的繁重程度、行政经费的充足程度等。消防机构应当主动出具证据证明其在火灾原因认定中面临资源不足的困难，法官通过对这些证据进行审查，来认定是否构成可行性要件的缺失。

5　结论

火灾调查的司法审查问题实质是解决在专业领域行政权与司法权的关系问题。从横向关系上看，表现为火灾调查的可诉性问题；从纵向关系上看，牵涉火灾调查司法审查的要素和标准。

火灾调查可诉性问题，依据《火灾事故调查规定》的相关规定，结合司法实践中的案例，可以分为火灾原因可诉性和火灾核定可诉性两部分。火灾原因认定应当属于行政确认。从时间维度看，它虽然不是行政机关的最终决定，但是作为公安消防机构行政处罚，以及后续民事诉讼判决的直接依据，影响到当事人权利义务的具体分配。推迟对这种实体决定的司法审查，将对当事人造成其他司法程序无法弥补的实际困难，对当事人的合法权益产生实质影

---

① 郭铁男：《2004 年火灾形势与当前和今后一个时期火灾趋势及防治对策》，载《消防科学与技术》2005 年第 3 期，第 38 页。

响。因此，火灾原因认定符合行政诉讼成熟标准，属于行政诉讼受案范围。火灾损失统计是公安消防机构依据受灾单位或个人的申报，以及价格鉴定机构的鉴定结论作出的。火灾损失核定的内容与火灾实际损失内容不同，其范围小于实际损失核定，不能作为当事人要求火灾损害赔偿的依据。公安消防机构进行的火灾损失核定工作是火灾统计、分析和火灾等级划分的一个重要参数。它的作用是为国家消防宏观指导、决策提供依据，以便于国家掌握火灾情况，分析火灾规律，为政府消防决策服务。从性质上看，它不是针对特定当事人所作的单方行为，而是宏观的国家统计行为。因此，它不具有可诉性。

在司法实践中，火灾调查司法审查中的问题多集中于事实认定不清、程序违法、消防机构不作为、对不确定法律概念的解释不当这几类。由于火灾调查属于行政调查的一种，它包含多种行政行为，每种行为都有自己相应的程序，都有可能对当事人的实际权利义务产生影响，因此它是一个动态的、复杂的行政过程。对它的审查实际上是对一连串具体行政调查方式的审查。在司法审查中，必须结合具体案件的情况选择合适的审查标准。由于火灾认定包括获取火灾发生、发展的证据和对证据的科学分析两部分内容，火灾认定的关键在于对相关火灾科学原理的运用和火调人员丰富的工作经验，因此法院对火灾调查行为的司法审查是十分有限的，法院不可能具有火灾事故调查的专门设备和专业人员，法官也不可能仅凭自由心证的判断，就撤销专业性很强的火灾事故认定行为。对火灾认定这类案件，法院主要是对程序性问题进行审查，审查标准主要适用合法性标准，仅当火灾认定行为严重违反常理，且相对人能够提供该行为显失公正的证据时，法院才可以提高审查标准，按照合理性审查标准进行审查。如果火灾认定行为确有明显错误，可以作出撤销判决并责令重新作出。

火灾调查是一类技术性、专业性很强的行政行为，现代社会行政行为的专业性使法官的发言权在一定程度上受到了限制，法官如果严格以合理性原则去审查这类行政裁量行为，任何行为只要稍有瑕疵就予以撤销是不现实的。另外，司法权可能一不留神过深地进入了行政领域，有代替行政权作出行政决策的嫌疑。因此，司法救济的实际意义在行政机关擅长的专业领域很难充分得到体现。对这类行为的监督、约束还是要通过内化于行政行为过程的方式，提高火灾调查人员的素质，增强消防机构在作出火灾认定时的说理义务，规范火灾调查的程序、方式，完善火灾调查的裁量基准等。只有这样，才能尽可能地弥补司法审查的有限性。这条结论应当可以被推广到更为广泛的领域，而不仅仅适用于对火灾调查的司法审查。

质检行政调查

应　俊*

1　引言

行政调查是行政机关了解信息、获取证据的重要手段，它为最终行政决定的作出提供依据。作为最终行政行为作出前的必经程序，它具有重要的法律意义。一方面，行政调查的质量直接决定了最终行政行为的合法性和正确性。不对事实情况进行深入的调查，就无法获得足够的信息，直接影响最终行政决定的正确性和合法性。另一方面，行政调查过程本身涉及公益与私权的冲突，行政调查权在行使过程中直接影响相对人的隐私权、营业自由、财产权等基本权利，实践中，相对人与调查人员的冲突屡见不鲜，如何在保障行政调查权有效运行的同时，保障行政调查中相对人的合法权利，这就需要对行政调查进行必要的法律规制，构建高效、合法的行政调查制度。而事实上，虽然目前行政调查广泛适用于我国的警察、工商、质检、税务等各个行政领域，但没有统一的法律程序规定，有关规定只散见于各个领域的部门法规和规范性文件中，大部分规定比较笼统，没有形成完善的法律规制体系，实践中行政机关拥有较大的自由裁量权。

产品质量、技术安全直接关系着公众生命与健康，“毒奶粉”、“苏丹红”等事件引起人们对于产品质量的普遍关注与担忧。保障

* 清华大学法学硕士。

产品质量安全必须依靠有效的政府监管，有效、合法的政府监管的前提是获取准确有用的相关信息。生产者、销售者可以主动提供相关信息，但是这些信息并不一定可靠，需要行政机关的调查核实，一些违法行为的证据更需要行政机关通过认真调查获取。因此，行政调查是质检部门获得产品质量信息的最主要途径，因而也是产品质量监管中具有决定性意义的关键环节。

实践中，质量监督的相对人类型复杂，既有大企业、小企业，也有隐蔽流动的手工小作坊，尤其是食品加工领域。这些情况对质检执法人员开展执法工作和进行调查取证提出了严峻的考验。实践中，行政调查面临诸多难题，行政相对人与执法人员之间的冲突也时有发生。对于公开的行政调查，行政相对人往往有反感、抗拒心理，不予配合，通常以各种理由拖延、阻挠调查，隐匿证据，甚至出现暴力抗法等恶性违法事件。为了获得执法制裁的证据，执法人员往往需要进行多次调查，而多次调查又会面临更严重的证据隐匿、相对人不配合的问题，使得调查难度更加大。而立法对于质检调查取证并没有规定强制执行权，取证方法单一、取证手段科技含量不高、地方保护等问题，使得质检调查取证顺利、全面、彻底的难度很大。这些在实践中面临的困难亟待解决，以保证质检行政调查权的良好运行，从而保障规范的技术和产品质量，维护消费者的切身利益。

目前国内学界对行政调查的研究刚刚起步，大部分对于行政调查的专门研究都是从比较宽泛的原则和意义上进行研究，对于行政调查在实践中的具体运作着墨甚少。具体行政领域的行政调查的研究视角略有涉及，如“警察（公安）行政调查”、“税务行政调查”、“福利行政调查”、“户籍行政调查”、“综合执法行政调查”，等等。其中，又以警察行政调查的分析研究为主。与本文的研究领域相近的是，有一篇周佑勇教授的论文《作为过程的行政调查——以食品卫生领域为观察》，探讨了研究范式从静态行为类型论到动态行政过程论的转变，并以食品卫生领域为对象，简要地探讨了一般调查和特定调查。笔者认为，各种专业行政领域的行政调查具体样态、运作环境、保障手段不同，选择单个领域的行政调查进行研究，有利于简化问题，同时为将来共同性规则的研究提供基础，因此加强对于具体行政领域的行政调查的研究具有重要意义。

本文选择质检行政调查作为研究对象，不仅因为产品质量、技术安全与公众生活息息相关，涉及极其重大的公共利益，更重要的原因是实践中与警察行政有力的强制保障手段相比，质检调查的间接强制保障手段经常使质监部门面对“不配合”的相对人，时常束手无策，因此在这个领域，公益与私权的冲突也就特别突出。本文不探讨行政调查的一般理论问题，而着眼于实践中质检领域的行政调查，研究实践中质检领域行政调查运行的现行规范基础、实践中的运作状况和遇到的问题及解决方案。

我国产品质量生产领域的监督管理主要由国家质检总局领导地方的质量技术监督局实行，主要的执法方式包括三类：国家产品质量监督抽查、地方产品质量监督检查、产品质量个案执法，三种方式均涉及行政调查。[①]

国家产品质量监督抽查是由国家质检总局统一组织开展的全国性的产品质量监督抽查，包括定期抽查和不定期专项抽查两种。地方产品质量监督检查是由县级以上地方质量技术监督部门针对本地需监控的重要产品组织开展的质量监督检查，包括定期与不定期两种，一般由该省级质监部门统一协调开展。产品质量个案执法，是指地方各级质量技术监督行政部门及其专职稽查执法机构依据法定程序，根据举报、投诉、有关部门的移交等，对涉嫌产品质量的违法行为进行调查取证和实施行政处罚。其目标主要是确定涉嫌产品质量的违法行为是否存在，进而依法作出行政处罚或不予行政处罚决定，从而达到制止和制裁违法行为的目的。

---

① 易苍松编著：《质量技术监督执法实用手册》，中国标准出版社2006年版，第68~72页。

从这三类执法方式的特点来看，前两者的方法和程序相似，可以归为一类，称作质检监督检查；产品质量个案执法调查可另列一类，称作质检个案调查。周佑勇教授将前者称为一般调查，后者称为特定调查。台湾学者洪文玲称，前者为“监督检查”（定期检查和抽查），后者为“取得制裁依据的调查”。作这样的分类也有实践的依据，国家质检总局2004年3月作出了如下规定：质量技术监督部门所实施的根据实际情况或群众举报而对企业某种产品质量进行监督抽查和以监督抽查为主要方式的产品质量监督检查是两种不同的监督方式，两者的程序与要求均不相同。对前者的执法检查依照《技术监督行政案件办理程序的规定》执行，对后者的产品质量监督抽查则依照《产品质量监督抽查管理办法》执行。因此，以监督抽查为主要方式的产品质量监督检查和产品质量个案执法是两种不同的执法方式，相应涉及的行政调查的运行方式、特点也不相同。因此，本文的具体内容拟集中讨论质检行政调查领域的两个主要类型——质检监督检查和质检个案调查的现行规范基础、实践中的运用状况和遇到的问题及解决方案等。

论文的主要研究对象是质检行政领域涉及的行政调查的主要两类制度中的行政调查，即质量监督检查中的行政调查与个案执法中的行政调查，有的学者提到的许可审查中的行政调查不纳入考察范围。文章的主体内容将对质检行政调查运行的规范基础、实践中的问题以及解决方案进行探讨，分为以下五个部分。第一部分是质检行政调查运行的规范基础，通过对质检领域所有与行政调查相关的法律、法规和规范性文件的梳理，勾勒出质检行政调查运行的现行规范基础，为下文的实践问题的分析和理论的探讨奠定基础。接下来探讨质检行政调查中最普遍的两种调查形态——质检监督检查与质检个案调查，分析每个调查形态在实践中的具体运作方式和问题。第二部分是质检监督检查，分为启动、抽样、检验、异议处理、监督抽查结果处理、企业的权利和义务六个部分，将分析每个环节在实践操作中的运行状况和遇到的问题。第三部分是质检个案调查，包括按照立案、调查取证、证据审理与补充调查、调查终结四个部分，将分别对各部分在实践中的运行状况和问题进行分析。第四部分是若干共性问题的探讨，在前文监督检查和个案调查的个性问题探讨的基础上，探讨一些共性重要的问题，通过对问题的深入阐述分析、两种调查形态的制度规定及实践的比较、国外相关制度理论的比较借鉴，尝试提出相应的解决方案。第五部分是结论。

本文采取的主要研究方法包括规范分析方法、案例分析方法和实证研究方法、比较分析方法。规范分析的方法在第一部分质检行政调查的规范运行基础上使用，用于对规范的梳理，有助于我们更好地理解质检行政调查的现行规范基础，并在此基础上探讨问题。案例分析方法和实证研究方法用于文章第二部分和第三部分，运用实践部门真实案例、对执法人员的访谈以及论述实践状况的书籍及文章，对质检监督检查和质检个案调查在实践中的运行状况以及问题进行阐述和分析。在第四部分的若干共性问题的探讨中，运用比较分析的方法，比较国外相关制度，汲取有益经验。

2 质检行政调查运行的规范基础

本部分主要采用规范分析的方法，对质检领域所有与行政调查相关的法律、法规和规范性文件进行梳理，勾勒出质检行政调查运行的现行规范基础，为下文实践问题的分析和理论探讨奠定基础。

本文从国家质量监督检验检疫总局官方网站以及其主办的中国质量网上公布的700多部法律、法规、政策文件中筛选出包含质检调查规定的12个文件，即《产品质量法》（2000年）、《食品安全法》（2009年）、《乳品质量安全监督管理条例》（2008年）、《工业产品生产许可证管理条例》（2005年）、《产品质量监督抽查管理办法》（2011年）、《产品质量申诉处理办法》（1998年）、《蚕丝质量监督管理办法》（2003年）、《毛绒纤维质量监督管理办法》

(2003 年)、《麻类纤维质量监督管理办法》(2005 年)、《食品生产加工企业质量安全监督管理实施细则(试行)》(2005 年)、《餐饮服务食品安全监督抽检工作规范》(2010 年)、《生产安全事故报告和调查处理条例》(2007 年)。除此以外,为了能更好地了解实践中质检行政调查的运行情况,还需要地方实践的情况,因此将河北省一个地级市质量技术监督局的执法手册作为地方实践的标准,其中包含了许多河北省技术监督局和地级质量技术监督局内部规定的调查程序和规则。通过表格方式梳理规范,按照实践中的执法制度类别,即国家产品质量监督抽查、地方质量监督检查、质检个案调查三类,梳理与行政调查相关的规定,整理出主要的流程和每个流程阶段的规定。由于前两类执法方式相近,归为一大类,统称为质检监督检查。

下文将在具体的法规统计基础上整理出质检监督检查与质检个案调查两大类型的主要流程相关的规定,以期对质检行政调查运行的规范基础作出简要勾勒。

质检监督检查运行规范,按照启动、抽样、检验、异议处理和监督抽查结果处理五个流程阶段总结了主要规定,对于每个流程中相对人权利义务规定单列一格作出说明。由于国家监督抽查和地方监督抽查的主管机关是国家质检总局和地方质检部门,在范围和频率等方面相互间仍有一些协调的规定,与本文关注的主题相关,为了更好地体现制度运作的规范基础,在启动环节中保留小类的分别,地方监督抽查除了启动条件以外,在抽样、检验等阶段都参照《产品质量国家监督抽查管理办法》的有关规定进行,所以,后面阶段的规范梳理,不再作国家监督抽查和地方监督抽查区分。

质检个案调查运行规范,根据调查的不同特点和流程分为现场处罚调查、立案查处调查和安全事故调查三种类型,对不同类型中的流程运行规范进行梳理和总结,对于每个类型、流程中相对人的权利义务的规定单列一格作出说明。

表1　质检监督调查运行规范

<table>
<tr><th>流程</th><th colspan="2">质检监督调查运行规范</th></tr>
<tr><td rowspan="2">启动</td><td>国家监督抽查</td><td>地方监督检查</td></tr>
<tr><td>·权限机关
国家质检总局
·时间
定期国家监督抽查每季度组织开展一次；不定期国家监督专项抽查依据产品质量状况组织开展
·确定抽查方案
国家质检总局依据《国家监督抽查重点产品目录》和产品质量状况，制订国家监督抽查计划，并向省级质监部门及检验机构下达国家监督抽查任务。省级质监部门制订具体的抽查方案，经由国家质检总局批准后，再向法定承检机构开具抽查任务书、通知书以及反馈单，《国家监督抽查通知书》是进入企业进行监督抽查的必需凭证
·禁止事先泄露和通知
国家监督抽查所确定的产品及企业名单必须严格保密</td><td>·权限机关
县级以上地方质监部门
·不得重复抽查
地方不能重复抽查国家监督抽查的产品和上级监督抽查的产品
·时间及方式
地方质监部门可以定期或不定期地在辖区内组织监督抽查，主要方式包括巡查、监督抽查、加严检验、回访、执法检查等</td></tr>
</table>

续表

抽样	·抽样人员组成 由两名或两名以上抽样人员参加，由质监部门执法人员和承检机构人员组成 ·严禁事先通知和接触 ·出示《通知书》和工作证 国家监督抽查中，抽样人员应当在抽样前出示《产品质量国家监督抽查通知书》和有效身份证件 ·介绍抽样规则 抽样前应先向企业简要介绍抽查性质、抽样方法、检验依据以及判定规则等 ·不得收取检验费用和过量索取样品 ·不得妨碍企业正常经营或收受企业财物 ·样品的抽取 样品应随机从市场中或企业成品仓库的待销产品中抽取，抽取的样品应当是用于销售的，并非试制、处理的或者按有效合同约定而特别加工生产的，并且是近期经过企业检验合格的产品，产品抽样基数应符合抽查方案要求 ·抽取样品的确认 如从市场中抽取的产品，检验机构应在抽样后书面通知产品生产企业，由生产企业作出样品真伪的确认，如企业未在接到通知后按期确认的，视为确认该产品是由该企业生产的 ·封样 为保证样品真实性，抽样人员应当对样品进行封样并做好防拆封措施 ·抽样单 抽样人员应在抽样结束后按要求详细填写抽样单，对企业特别陈述的情况应记录在备注栏中，并必须由抽样人员及企业有关人员签字、加盖抽查企业公章。抽样单应按要求分别留存企业、检验机构、质监部门 ·监督检查记录 ·拒绝抽样的处理 对于劝说无效的企业，按照《产品质量监督抽查办法》以拒绝产品质量国家监督抽查（拒检）查处，视为产品不合格，施行相应的行政处罚及刑事处罚。企业转产、停产等导致无法抽样的，企业须出具书面证明材料，抽样人员应予以查证 ·抽样结果的报送和企业协助 企业无正当理由未在规定时间内协助寄送样品的，按照拒绝检查处理 ·样品的保存与退还 样品保存达到规定期限后应退还被抽查企业，无法退还的应说明情况
	相对人权利 ·拒绝接受抽查的权利 被抽查企业对于抽样人员不符合法定人数要求或证件、材料不符合以及抽样人员事先通知等情况可以拒绝接受抽查 ·投诉 对于检验、核查人员的刁难行为，企业有权向主管部门投诉，有关部门必须及时调查处理

续表

检验	·检验机构 必须由依法设置或授权的质量检验机构承检，禁止对检验任务进行分包 ·检验期限 按照各类产品的具体情况，在抽取样品后各自的法定期限内作出检验结论 ·检验程序 检验机构应当严格按照有关样品的接收、检验、保存等检验程序规定执行检验程序，并如实无误填写检验原始记录 ·《通知单》及检验报告的寄送 检验结束后及时将检验结果通知单及检验报告寄送有关企业，检验报告内容应符合规定，其中的抽查项目和依据应当与抽查方案一致，并且应当在国家监督抽查结果上报之前寄出
异议的处理	·异议处理机关 质量技术监督部门及承检机构处理企业提出的异议 ·复验 企业提出书面异议报告后，检验机构经质监部门同意进行复验，并在 10 日之内作出书面答复，同时将复验结果抄送质监部门，如复验结果推翻抽查结果，原检验机构应承担复验费用
	相对人权利 ·提出异议 消费者、生产者对收到的检验结果有异议的，可以自收到之日起 15 日内向实施监督抽查质监部门或其上级质监部门申请复检。国家质量监督抽查中被抽查企业如有异议，须在收到结果通知单起的 15 日内向国家质检总局提出书面报告
监督抽查结果的处理	·国家监督抽查公告 国务院和省级质监部门定期发布监督抽查的产品质量状况公告。国家质检总局发布产品质量国家监督抽查通报和国家监督抽查公告，对于质量问题严重不合格产品和拒检企业进行公开曝光 ·整改及处罚 监督抽查不合格的产品生产及销售企业必须按要求限期整改，由各级质监部门负责督促和检查。地方监督检查中，企业逾期不改正的，由省级以上质监部门予以公告，公告后仍不能按期整改、复查合格的，可以责令停业、限期整顿，整顿期满后仍不能复查合格的，吊销营业执照

表 2　质检个案调查运行规范

类型	质检个案调查运行规范
现场处罚调查	·受理条件 情节简单，事实清楚，依法应当给予行政处罚（对公民处 50 元以下、对组织处 1000 元以下的罚款或警告）的违法行为，行政执法人员可以在违法行为现场施行行政处罚 ·人员要求 应有两名以上行政执法人员参加 ·出示身份证件 ·说明来意 实施现场检查或调查前，应当向行政相对人说明检查或调查的事项、范围、依据等 ·确定被调查人身份 确认被调查的组织机构的名称、营业执照、编号、单位性质等，确认被调查人的姓名、职务、主管事项等 ·现场检查或调查 现场检查或调查时，应查明以下内容：违法行为实施时间、地点；违法行为实施过程；标的物数量；进货（成本）价格、销售价格；违法行为后果以及其他需查事项 ·告知 行政执法人员应当在作出行政处罚决定之前，告知相对人依法享有的权利以及处罚的事实、理由及依据 ·听取陈述和申辩 行政执法人员应当充分听取并复核行政相对人提出的事实、理由和证据，理由成立的应当采纳。行政相对人提出申辩的，行政执法人员不得因此而加重处罚 ·出具现场处罚决定书 ·损害赔偿责任 行政执法人员在施行现场处罚过程中损害行政相对人合法权益，行政执法机关应当承担相应的赔偿责任
	相对人权利 ·救济 行政相对人可以依法对现场处罚决定提起行政复议和行政诉讼

续表

类型		质检个案调查运行规范
立案查处调查	立案	·调查权的启动 (1) 用户、消费者申诉 质监部门应在接到申诉之日起7日内作出处理 (2) 举报 公民、法人、其他组织可以向产品质监部门举报产品质量违法行为，经质检部门初步核查后立案 (3) 监督管理中发现、有关部门移送、同级或上级部门交办 ·案件受理规定 举报、投诉、移送案件受理时要按统一的记录格式记录以下内容：案由；受理时间；案件来源；举报、投诉事项；处理结果；承办人 ·申请立案 承办人员经案前初查认为需要立案的，应当填写并提交《立案审批表》 ·立案审查 案件承办单位主管领导在接到立案申请后，需要审查以下内容：是否有明确无误的行政相对人；是否有违反质监法规的事实；是否依法应当或可以给予行政处罚；是否属于本局管辖 ·案件承办人 案件受理后应确定两名以上承办人员，与案件有直接利害关系的办案人员、主管领导应当回避
	调查取证	·调查人员与证件出示 调查人员不得少于两人，调查取证前应向调查相对人出示有效工作证件 ·证据 经承办人员全面调查，查证属实的证据能够作为认定事实的依据，证据种类涵盖常见的七大类证据种类 ·调查手段 (1) 询问调查 质检部门调查人员有权向企业负责人及其他有关人员调查了解与涉嫌违法的生产销售活动有关的情况，并可以下达通知书要求行政相对人去指定场所接受询问调查 (2) 现场勘验检查 质监部门调查人员有权对涉嫌违法的生产、销售场所进行现场检查，包括现场勘验检查，应当通知当事人的负责人到场，拒不到场又无正当理由的记入调查笔录，不影响现场检查的进行。需要检验的，应当由法定检验机构人员进行。《现场检查笔录》应当由被调查当事人签署意见并签名

续表

<table>
<tr><th>类型</th><th colspan="2">质检个案调查运行规范</th></tr>
<tr><td rowspan="2">立案查处调查</td><td>调查取证</td><td>现场检查或调查要确认被调查的组织机构的名称、营业执照、编号、单位性质等，确认被调查人的姓名、职务、主管事项等。应查明以下内容：违法行为实施时间、地点；违法行为实施过程；标的物数量；进货（成本）价格、销售价格；违法行为后果以及其他需查事项
（3）查阅、复制
质监部门调查人员有权查阅复制与案件相关的当事人的账簿、发票、合同及其他有关资料
（4）抽样取证
抽样检验是获取证据的重要手段，抽样时要严格按标准或规定的抽样方法进行，否则其检验结果不得作为判定依据。备份样品应当同时抽取。抽取样品时应当开具上级统一制发的抽样单，各项内容必须填写齐全，抽样单应当由被抽样企业负责人签署意见并签名。在封样标记上双方应当签字或押印。抽取样品应送交有资格的法定检验机构承检
（5）登记保存、封存
为防止当事人销毁或转移证据，对于可能灭失或者以后难以取得的证据可以经主管领导批准依法先行登记保存，但必须在7日内作出处理决定。此种情况下也可以依据质量、计量、标准化等质检法规采取封存措施。采取登记保存或者封存的，应当在该物上作出登记保存或封存的标记，并填写通知书，列明清单，由行政相对人确认并签名
（6）查封、扣押
对于有根据认为有严重质量问题，危害人体健康或人身财产安全，可以依照《产品质量法》对该项产品及原材料、生产工具等进行查封和扣押
· 阻挠调查
政府工作人员通风报信、包庇、放纵违法活动或者阻挠干预质检部门查处，造成严重后果的，依法给予行政处分，如构成犯罪则依法追究其刑事责任</td></tr>
<tr><td>调查终结</td><td>· 提交审理
办案人员应当在结束案件调查后将调查结果以及有关证据材料提交质监部门审理
· 审查处理
行政机关负责人应对提交的调查结果及证据材料进行审理，依法作出处理</td></tr>
</table>

续表

类型	质检个案调查运行规范
立案查处调查	相对人权利义务 ·协助调查义务 当事人及有关人员有协助调查义务，如实提供了解的情况 ·隐匿、转移、变卖、损毁查封、扣押物品 没收违法所得并处以罚款 ·阻挠调查 未使用暴力、威胁方法的，依照《治安管理处罚法》处理，使用暴力、威胁方法的，依法追究刑事责任

3 质检监督检查

质检监督检查制度是政府监控产品质量的有效途径。监督检查按照事先确定的抽查计划和抽查方案进行，对企业的产品进行质量检查。如果发现质量不符合标准的，就要责令企业整改并依法给予行政处罚。该制度不仅能够及时发现并处理不合格产品，还能够起到威慑作用，督促企业确保和提高产品质量，同时为政府制定相关政策提供可靠的信息。

监督抽查是质检监督检查的主要方式，监督抽查的质量和效率决定了能否获取有效信息进而合理地发挥质检监督检查制度的功效。这就要求监督抽查各个环节科学规范地运行，包括科学启动、规范抽查、严格检验、公平的异议处理制度和公正的抽查结果公布。作为一项运行了 20 多年的制度，[1] 在不断被规范化的同时，一些问题也在实践中表现得愈来愈突出，亟待重视和解决。

---

① 陈弘士：《走出监督抽查的误区》，载《辽宁经济》2006 年第 6 期，第 44 页。

3.1　启动

3.1.1　不定期监督检查的启动

国家监督抽查的启动一般是比较严格的。国家质检总局需要依据《重点产品目录》以及一段时期的产品质量状况，并在征求有关部门意见的基础上制订抽查计划，然后向省级质检部门及其法定检验机构下达任务，再由省级质监部门根据抽查计划和本地区的实际情况制订具体的抽查方案，经由国家质检总局批准，才可以向下级质监部门下达任务并正式开始施行，同时向法定承检机构开具任务书、通知书以及反馈单。《国家监督抽查通知书》是进入企业进行监督抽查必须持有和出示的重要证明材料，必须与每家抽查企业相对应，抽查通知书上必须包含被抽查企业名称、质检机构、抽样人员、被抽查产品、有效期等内容。如果没有抽查通知书，企业有权依据《产品质量监督抽查管理办法》第 19 条拒绝抽查。

相比而言，地方监督检查的启动显得较为灵活。县级以上地方质监部门也可以根据需要不定期地在辖区内组织监督抽查。例如，在食品生产加工领域，有日常的巡查，巡查中将记录产品质量情况，发现问题的，及时按照相关规定处理；同时，还有针对可能存在质量问题或者已经出现质量问题的食品进行专项监督检查或加严检验。

从上述论述可以发现，无论是不定期的国家监督抽查，还是地方监督检查，确定的对象均是有关国计民生的重点产品行业以及市场反映可能存在质量问题的产品。因此，启动具有专项针对性，而并非一般随意的抽查。但是，在时间上并没有固定的规律，对于企业来说不可预测，具有突击性、临时性，尤其是地方监督检查。对于容易出质量问题又关乎国计民生的重点行业，如食品生产加工行业，监督抽查的频率较高、强度较大，这是及时检查产品质量，获取即时质量信息的必要手段，也是维护公众安全的必然要求。

不可否认的，实践中频繁的监督抽查造成了企业的负担，也在一定程度上影响到企业的正常生产经营。正缘于此，《产品质量法》第15条规定避免重复抽查，地方质监部门不能重复抽查国家监督抽查的产品和上级监督抽查的产品。《产品质量监督抽查管理办法》也规定，经国家监督抽查的同种产品6个月内不允许重复抽查。①

事实上，实践中依然存在一些重复抽查的问题，不仅影响了质量监督抽查工作的效率，也增加了企业不必要的负担。例如，某市质量技术监督局开展“放心眼镜”活动，针对眼镜质量进行专项监督抽查活动，由于眼镜质量既涉及镜片的质量，也涉及配置眼镜的焦度计等计量器具的质量，分别属于质监部门内部质量监督部门和计量监督部门管理，于是就出现两个部门去商店、企业重复抽查的现象。② 虽然抽查的对象不同，但是由于两个部门没有综合协调，造成了企业不必要的负担。多头监管问题还存在于质监部门与工商行政部门等其他部门的关系上，由于职能分工不清，或者分工虽清但缺乏必要的综合协调，造成了重复抽查，影响了企业的正常经营生产，也浪费了行政资源。

3.1.2 定期监督抽查的问题

定期监督抽查，一般简称为定检，是国家监督抽查和地方监督检查中都存在的一种重要监督抽查方式。国家监督抽查经费是由国家财政解决的，但是地方的定期监督抽查需要向企业收费，这是定检的与众不同之处，也是定检许多问题产生的根源。根据《产品质量法》第66条的规定，监督抽查中是不能向企业收取检验费用

---

① 国家质检总局：《产品质量监督抽查管理办法解答》，载《电器工业》2004年第3期，第20页。

② 陈弘士：《质量技术监督需要“一体化”》，载《企业标准化》2000年第3期，第39页。

的，各地收费的依据都是地方法规，如《河北省产品质量监督条例》第 17 条就是定检收费的依据。[①]

由于定检能够收费，而且涉及的种类多、行业广、量大，因此成为质监部门所属的质量检验机构[②]最为重要的收入来源。根据某省质监部门内部统计，每年定检的计划和实施批次是其他监督抽查的 30 多倍，[③] 由此可见定检在监督抽查中的重要地位。

如此频繁的定检背后却是制度的异变，经济利益被摆到了第一位，制度本身的功效被忽视。每年的定检计划中，从机器零件到普通日用品几乎无所不包，然而实践中，定检并没有为政府提供可靠、有效的数据，也并未促进产品质量的提高，更多地成为检验机构的收费工具，引起了许多矛盾。[④]

实践中，一些检验机构为了经济利益，超出依法认定能力的“超能力检验”，问题十分严重。没用专业设备就出检测报告，还有借定检刁难企业，强行实施一系列的有偿服务收取费用，出具残缺不全、数据可疑的定检报告。一些企业气愤地表示，如果不交钱就会被检验机构认定为“不合格”，只要交了钱，“不合格”也能变成“合格”。[⑤] 这些给企业造成了巨大的经济负担，恶化了企业与行政执法机关的关系，也使定检制度本身失去意义。

---

① 2010 年 7 月 31 日，《河北日报》公布省人大常委会修改地方法规的公告，其中一项是《河北省产品质量监督条例》第 17 条被取消，定检收费失去依据。但是，目前实践中还没有相应的调整方案。

② 质量检验机构是各级质量技术监督部门下属的直属事业单位。

③ 陈弘士：《正确处理监督检查中的几个关系》，载《企业标准化》2003 年第 4 期，第 26 页。

④ 陈弘士：《正确处理监督检查中的几个关系》，载《企业标准化》2003 年第 4 期，第 26 页。

⑤ 陈弘士：《定检问题为何难解决》，载《寻找木桶效应的那块短板——陈弘士质量技术监督工作沉思录》，中国计量出版社 2006 年版，第 36 页。

这些问题，一方面是由于质监部门对于所属的质量检验机构管理弱化造成的，更根本的原因是定检收费制度。因此，许多人呼吁要取消定检收费制度、改革定检制度。也有人认为，需要对质量检验机构进行产权制改革，使其脱离质量技术监督部门、褪除行政色彩，使其在监测市场竞争中建立机构信誉。①

3.1.3 事先泄露通知问题

定期监督抽查并不存在事先泄露通知问题，该问题主要存在于不定期的监督抽查中。根据《产品质量监督抽查管理办法》规定，国家监督抽查所确定的产品及企业名单必须严格保密，禁止事先泄露和通知，对于获得事先通知的，企业可以拒绝抽查。地方监督抽查虽没有具体的法律规定，但是参照上述办法同样应当严格保密，这是监督抽查的突击性所必需的，也是保证结果真实性和执法有效性的需要。

实践中，一般不存在事先通知的问题，但是事先泄露的问题时有发生，在地方有一定势力的企业都可能事先获得消息，甚至在严格的国家质量监督抽查当中可能出现为了保护地方利益而事先泄露的问题。执法大检查中经常出现大案小办、小案没了的情况。这一问题很难预防和控制，实践部门的做法主要是迅速出击，打时间战，使企业即使获得消息也来不及反应准备。也有人提出，可以通过组织异地交叉执法，从而提高监督抽查的有效性。②

---

① 陈弘士：《定检问题为何难解决》，载《寻找木桶效应的那块短板——陈弘士质量技术监督工作沉思录》，中国计量出版社2006年版，第36页。

② 陈弘士：《确立新思路解决老问题》，载《企业标准化》2002年第10期，第40页。

3.2　抽样

3.2.1　抽样人员问题

抽样，是指样品的抽取，到企业抽样时抽样人员依法应当由质监部门执法人员和承检机构人员组成。实践中，有质量检验机构人员直接到企业抽样的情况。有一则行政诉讼案例，即因主体资格问题被认定为程序不合法。[①] 在该案中，在一次眼镜打假监督检查中，两名抽样人员进入企业，未出示工作证件就从成品仓库中进行抽样，在质量监督抽样单及封样签封上加盖的都是检验机构的印章，尽管诉讼中省技术监督局辩称，抽样实际上是眼镜质检站和省技术监督局工作人员共同进行的，依然因此被人民法院认定为程序不合法。由此可见，没有质监部门执法人员参与的抽样是不符合抽样的主体资格要求的，因为质量检验机构只是承检单位，并不是国家行政机关，不能履行行政执法职能。

实践中，质监部门执法人员和检验机构人员共同进入企业抽样是通常做法，但是由于检验机构人员同时参与抽样和检验产生了一些腐败问题。检验数据是质监部门对企业产品质量进行监督管理的最重要依据，检验数据是判定产品质量合格与否的最关键指标，这个数据必须是严格按照抽样检验的标准、程序操作得出，任何一个程序或者技术环节的偏差都会直接影响最终的检验结果，因此事实上，在监督抽查过程中，检验机构人员执掌着企业质量的“生杀大权”，检验机构和企业串通作弊，导致数据失真的现象屡见不鲜。

“抽检分离”制度应运而生，目的是避免检验人员与企业的直

---

① 《某视觉光学技术有限公司不服某省技术监督局行政处罚决定诉讼案》，国家质量技术监督局政策法规宣传教育司编：《质量技术监督执法实用大全》，中国标准出版社2000年版，第625～627页。

接接触，以尽量减少对于公正检验的干扰，保证检验数据的真实可靠。这项制度自2001年国家质检总局在一次专项检查中使用后，在部分地区、部分领域的质检监督抽查中得到实践并取得了一定效果。[①] 实践中主要操作办法有两种：一种是在抽样阶段排除检验机构人员的参加，直接由质检部门执法人员进行抽样，这要求执法人员有较高的专业技术素质；[②] 另一种是检验机构内部的抽检分离，即把到企业抽取样品的工作和具体检验工作分开，抽样人员不参与检验工作。[③] 2010年新出台的《餐饮服务食品安全监督抽检工作规范》第11条明确规定了该领域的监督抽查实行抽检分离，质监部门负责抽样，检验机构负责检验，质监部门可以根据需要要求检验机构的协助抽样。这一规定，明确了抽检分离的原则，即由质监部门负责抽样，检验机构主要负责检验，同时赋予质监部门一定的自主权，即可以根据需要要求检验机构协助，但是检验机构人员只能协助，在抽样过程中必须由质监部门执法人员主导、监督完成。

在质量监督抽查相关的法律、法规中，没有明确规定回避制度，只是在有关个案执法的案件承办人规定中规定了回避制度，作为一项一般执法制度的要求，实践中质量监督抽查是否实行回避制度，执法人员的回答是肯定的，要求参照个案执法规定，有关问题在质检个案调查中再作详细讨论。

3.2.2 “拒检”的问题

拒检是质监部门在监督抽查中经常会遇到的难题。形式多种多

---

① 陈弘士：《正确处理监督检查中的几个关系》，载《企业标准化》2003年第4期，第26页。

② 易苍松编著：《质量技术监督执法实用手册》，中国标准出版社2006年版，第180页。

③ 池州市质量技术监督局：《市质检所实行内部“抽检分离”机制》，http://www.czqi.gov.cn/xxlr1.asp? ID=1504，2009年3月9日。

样，有些企业以各种理由进行“软性拒检”，如生产经营状况困难、企业负责人不在场，这种“软性拒检”有时很难认定为“拒检”；在一些生产经营者比较集中的地区，多家企业共同拒检，或者一家拒检、多家拒检的现象；还有的企业凭借过硬的“关系网”、“保护伞”以特殊身份自居，拒绝接受检查；还有一部分企业要无赖或者依仗黑社会背景长期拒检。[①] 这些情况在实践中经常遇到，又很难处理。按照《产品质量监督抽查管理办法》的规定，拒绝接受检查的行为被认定为拒检后将视为产品不合格，与不合格产品企业一同被曝光。但是，作为一种间接强制，对于一些小企业、“无赖”企业威慑力不足，拒检现象依然普遍存在。

拒检现象严重地影响了质量监督抽查工作的开展，事实上造成了对质监部门监督抽查权的限制，造成了巨大的执法成本，必须予以解决。各种拒检形式背后是多种多样的拒检原因，主要原因包含几个方面：第一，逃避检查是生产经营者普遍的心态，众多政府部门频繁的检查也是造成企业厌烦、逃避、不予配合的重要原因。第二，凭借“关系网”、“保护伞”不接受检查。第三，认定困难，处罚制裁困难。拒检的标准法定表述是“拒绝接受检查”，较为笼统，缺乏具体标准。在实践中，主要是执法人员记录有关情况向所属的质监部门汇报，经讨论审查才能作出“拒检”认定。由于缺乏具体的标准，也是考虑到证据的需要（应对可能发生的行政复议和行政诉讼），实践中一般只对有暴力、威胁、多次拒绝检查等恶劣情节的行为才认定为拒检。对于拒检的主要处理是与不合格企业一起在质量监督检验报告中公布，同时必须接受复查。《产品质量法》第56条针对拒检规定给予警告、责令改正，拒不改正的可以责令整顿。但是，许多实践执法人员认为，这样的处罚对一些企

① 白旭、白宇晨：《拒检的几种形式与解决对策》，载《消费导刊》2008年8月刊，第234页。

业仍缺乏威慑力，处罚制裁手段不足是企业拒检现象的重要原因。①

如何解决拒检问题，实践中主要依靠工作方法的改善来预防和应对现场拒检问题。主要的对策有以下几点：② 第一，提前了解目标企业情况，周密制订监督抽查计划与方案，准备好应对措施。第二，提升执法人员形象、规范执法，要求抽样执法人员穿着制服，同时严格按照抽样的程序要求规范执法。第三，充分尊重受检企业，听取其意见和要求，做好沟通，打消其疑虑，对于确实有经营困难的企业，及时向上级部门汇报申请免检。第四，要向受检企业说明拒检的法律后果，选择相近的适当事例，耐心劝说加以引导，消除其逃避的不良心态。第五，让受检企业的负责人全程参与抽样，消除其猜疑心理。第六，争取其他部门的配合。在受检企业抵触情绪严重的情况下，请当地工商局、派出所或者关系企业领导进行劝导；对部分蛮横的拒检企业申请当地公安、工商部门的协助，联合执法，采取强制措施或制裁，这种联合执法的方式在实践中运用较为常见。③

3.2.3 抽样程序问题

抽样程序遵循行政行为的一般程序要求。第一，"出示证件"，即出示产品质量抽查通知书和有效身份证件，然后"说明来意"，即向企业简要介绍抽查性质、抽样方法、检验依据以及判定规则等。第二，确认受检企业身份。除了确认，更主要是核实企业营业执照、法定资质等相关信息，如发现证照过期或者无证无照即可直

① 刑一平：《拒检企业难制裁，移交案件几空白——浅谈当前基层质监执法过程中出现的问题》，载《监督与选择》2007 年 7 月刊，第 40 页。

② 白旭、白宇晨：《拒检的几种形式与解决对策》，载《消费导刊》2008 年 8 月刊，第 234 页。

③ 在对执法人员的访谈中，这一点得到充分证明。

接判定违法，无须再进行抽查检验。第三，应当通知受检企业的有关负责人到场。第四，抽取样品。在有关见证人在场的情况下，当场清点现场待抽样品，确定随机抽样的具体方法，按抽样方法抽取样品并进行封样，同时必须抽取备份以备复检。第五，封样与保存。抽取的样品应当装在适当的容器或包装袋中，严格密封后贴上封条，并附上抽样标签，封条和标签上注明产品的编号、批次、抽样日期，标签上应盖有被抽样单位的确认盖章或当事人签名。第六，制作抽样凭证，即填写抽样单，做好监督检查记录。由抽样人员及企业有关人员签字并加盖质监执法机构公章和抽查企业公章，抽样单应按要求分别留存企业、检验机构、质监部门。第七，抽样确认。如从市场中抽取的产品，检验机构应在抽样后书面通知产品生产企业，由生产企业作出样品真伪的确认，如企业未在接到通知后按期确认的，视为确认该产品是由该企业生产的。

实践部门执法人员表示，过去执法比较随意，只要抽取符合标准的样品即可，现在的执法程序要求严格，如果没有依照法定程序要求，企业就会投诉或者提起行政诉讼，因此这些基本的程序要求在实践中得到了比较好的执行。

但是，实践中在执行这些程序时也遇到一些问题。例如，企业有关负责人到场问题。监督抽查往往是突击性、临时性的，经常遇到企业负责人不在场的情况，有时候为了逃避检查，有一些企业会谎称企业负责人不在场，在这种情况下如何进行样品抽取呢？

下面是一则生产不合格月饼引起的行政诉讼案，反映了实践中的上述情况。[①] 某市质监局对月饼生产进行质量监督检查，某酒楼不服处理结果提出行政诉讼，称质监部门监督抽查时该酒楼的法定代表人、经理等负责人都不在场，在场的酒店工作人员均不了解情

---

① 《生产不合格月饼行政诉讼案》，国家质量技术监督局政策法规宣传教育司编：《质量技术监督执法实用大全》，中国标准出版社 2000 年版，第 605 ~ 608 页。

况，因此程序不合法。此案最终以原告撤诉告终。实践部门的观点和做法是，抽样前应通知负责人到场，负责人无法到场的，有企业工作人员在场证明实施抽样过程即可，检查记录和抽样单上记录相关说明即可，企业负责人不在场不直接影响抽样程序的合法性。还有一种意见，是抽样时抽样物品持有人或者见证人有一方在场即可，持有人指保管人，见证人指在现场与本案无关的人员。[①]

但是，按照相关法规规定，抽样单、封样条都必须要加盖抽查企业公章，以示企业确认抽取的样品。如果仅有普通工作人员，负责人不在场的情况下，实际难以完成法定的抽样程序，这也是企业负责人采用“躲”招的原因，这确实给质监执法人员的工作提出了挑战。实践中，对于谎称企业负责人不在场的情况，质监执法工作人员主要采取说服的办法，告知不配合的后果可能被认定为拒检，一旦认定为拒检，将和不合格企业一起公布，视为产品不合格。对于企业负责人确实不在的情况，在企业工作人员在场的情况下进行抽样，并在抽样单中说明特殊情况。

3.2.4 抽样技术问题

抽样针对的是数量较大的成批产品进行的，因为不可能对每件产品进行检验，因此采用随机抽样的方法来检验整批产品的质量。抽样是一项技术性很强的复杂工作，抽样的科学性直接影响检验数据的有效性。

抽样必须根据抽样产品的具体地点来确定具体的抽样方法。抽样地点在实践中主要有两种：第一种是到生产企业抽样的，应当在企业的成品仓库中抽取，抽取的样品应当是用于销售的，并非试制、处理的或者按有效合同约定而特别加工生产的，并且是近期经过企业检验合格的产品。第二种是从市场上抽取的，主要是从销售

① 唐拥军、张兴国编著：《质量技术监督行政案件办理程序与措施》，江苏科技出版社2007年版，第193页。

柜台和销售仓库中抽取。

抽样必须遵循随机原则，保证所有物品抽取机会均等，增强样品的总体代表性，消除抽查者的人为偏向和意图。国家对不同数量的不同产品制订有不同的随机抽样方案要求和抽样数量规定。对于国家没有具体规定的某类产品，执法实践中依据的标准主要是《产品质量监督计数抽样程序及抽样标表（适用于每百单位产品不合格数为质量标准）》（GB/T 14162— 1993），适用于定期和不定期的质量监督抽查。此外，还参考《产品质量监督小总体计数一次抽样检验程序及抽样方案》（GB/T 15482 – 1995）等。[①] 执法人员必须在现场清点待抽样产品的数量、查清批次的基础上确定抽样方法，然后进行抽样。样品的抽取大致可分为三个阶段，首先从每个抽样点抽取一定数量的初次样品，然后将这些初次样品进行混合，最后是缩分，从混合样品中分出规定数量的送检样品。[②]

从成批产品中随机抽样有时很难做到，简单随机抽样仅适用于简单可以编号的产品，即先给产品编号，然后用随机数表法或者抽签法来抽取，对于产品无法编号时需要运用系统抽样的方法，即采用一定间隔进行抽取的方法。[③] 需要注意的是，当同一产品在不同班组、不同设备、不同环境条件下生产，其产品质量可能有很大差异，此时为了保证抽取的样品的代表性，采取分层随机抽样，即将不同条件下生产的产品组成质量均匀的一层，在各层内分别抽取一定数量的样品，合成样本，实践中的判定依据主要是批次。[④] 产品

---

① 易苍松编著：《质量技术监督执法实用手册》，中国标准出版社 2006 年版，第 181 页。

② 易苍松编著：《质量技术监督执法实用手册》，中国标准出版社 2006 年版，第 182 页。

③ 唐拥军、张兴国编著：《质量技术监督行政案件办理程序与措施》，江苏科技出版社 2007 年版，第 192 页。

④ 唐拥军、张兴国编著：《质量技术监督行政案件办理程序与措施》，江苏科技出版社 2007 年版，第 192 页。

的批次情况具有特别重要的意义，这是证明抽取的样品代表性、关联性的关键性证据，因此抽样时必须要查明产品批次，并在现场笔录、抽样单中记录库存产品的生产日期和产品批号。

不遵循随机原则和抽样标准的抽样检验结果是不能作为有效的行政处罚依据的，以下几则案例充分说明了这一点。

在A案中，某市技术监督局执法人员在日常检查中对某商场中C厂生产的珍珠糊两盒和D厂生产的维邦糊两盒进行抽样送检，检验报告显示不合格，因此对经销单位进行处罚。① 行政复议机构认为，执法人员抽取的样品缺乏代表性，仅从商场所剩的两盒珍珠糊产品、两盒维邦糊产品进行抽样检验，并据此判定该批次产品均不合格，属于证据不足。

在B案中，在一次对调味品的质量检查中，某县质监局对某厂生产的酱油、食醋样品在现场检查前和现场检查后进行了抽样检验，检验结果均为不合格，因此进行了行政处罚。行政复议机关认为，县质监局对当场封存的该批酱油、食醋没有进行抽样检验，不能仅依据现场检查前和现场检查后的检验结果得出被封存产品不合格的结论，因此证据不足。②

在C案中，某县质监局在对某销售公司的啤酒进行现场检查中，对一批4200箱的啤酒（2700箱已出售）进行抽样，仅抽取了一箱进行检验，得出了该批啤酒不合格的结论。行政复议机关认

---

① 《处罚不合格食品引发行政纠纷案》，国家质量技术监督局政策法规宣传教育司编：《质量技术监督执法实用大全》，中国标准出版社2000年版，第598~600页。

② 《处罚掺假调味品事实不清引发行政纠纷案》，国家质量技术监督局政策法规宣传教育司编：《质量技术监督执法实用大全》，中国标准出版社2000年版，第600~601页。

为，该抽样程序出现了明显错误，因此检验结果无效。① 因为按照 GB4927－91 规定，要判定同一批啤酒（1458 箱以上）是否有质量问题，应从该批次中抽取 13 箱、每箱抽取 1 瓶，即共 13 瓶作为样品进行检验。

3.3　检验

3.3.1　样品送检中的问题

质监执法人员抽样后应在规定时间内送法定检验机构检验。应当履行委托手续，制作《监督检验委托书》，明确填写检验适用的标准。实践中，经常出现的情况是没有履行执法监督检验委托手续直接送检验机构检验，没有明确检验适用的标准，交由检验机构去选取检验标准。② 行政相对人虽然不能据此提起诉讼或复议，但是却可能影响后续案件处理的准确性。例如，在上文中提到的隐形眼镜处罚案③中，由于省技术监督局没有明确正确的检验标准，检验机构没有按正确的检验方法进行全检，导致检验数据错误。在另一起加油站处罚案件④中，委托单位将县技术监督局填写为省技术监督局，并且委托时填写的检验标准是已经废止两年的旧标准，导致所作检验报告无效。

---

① 《抽样检验程序错误引发销售不合格啤酒行政纠纷案》，国家质量技术监督局政策法规宣传教育司编：《质量技术监督执法实用大全》，中国标准出版社 2000 年版，第 601～602 页。

② 易苍松编著：《质量技术监督执法实用手册》，中国标准出版社 2006 年版，第 184 页。

③ 《某视觉光学技术有限公司不服某省技术监督局行政处罚决定诉讼案》，载国家质量技术监督局政策法规宣传教育司编：《质量技术监督执法实用大全》，中国标准出版社 2000 年版，第 625～627 页。

④ 陈卫、汤强编著：《质量技术监督行政案件的查处》，江苏科技出版社 2007 年版，第 205～210 页。

3.3.2 检验权力的控制

检验主要是由法定检验机构完成的。技术机构在监督抽查中主要承担的任务应当是纯粹技术性的检验任务，即使有到企业抽取样品的行为，也应当是辅助检验的技术性活动，不应当享有监督检查的行政权力。然而，在实践中这些法定技术检验机构却凭借监督检验的权力，要挟企业、搞经济创收，不知不觉中使监督检查的权力异化为自身的权力，这种权力异化现象已经在实践中存在多年，至今仍未能彻底解决。[①] 这样的现象屡见不鲜。

超出检验能力出检验报告，在一起加油站处罚案件[②]中，人民法院经向省级质监部门专业技术人员的咨询后认为，地区质检所仅用3天即检验完毕至少需要1周完成的柴油全项检验，并且其中的部分检验项目超出其仪器的检测能力，因此该检验数据是不准确的，不能作为处罚的依据。

滥用权力要挟企业，一些检验机构和检验人员为了经济收益，可以不负责任地涂改检验数据，并将这样的检验报告提交给质监部门，使不合格企业逃避了处罚，合格的企业无辜受处罚。有些质量过硬的企业敢于提出复检，一般企业往往惊慌失措，更有企业坦言，“检验机构惹不起”，一个地区专项的法定检验机构只有一个，即使这次复检成功，以后要打交道的还是同一个机构，“关系搞僵”的后果自然是企业承受，因此大多数企业只能忍气吞声，“破财消火”满足检验机构的各种要求。[③] 借助“行政权力”给企业施

① 陈弘士：《刍议监督检查权力的异化》，载《新质量》2003年第3期，第36页。

② 陈卫、汤强编著：《质量技术监督行政案件的查处》，江苏科技出版社2007年版，第205~210页。

③ 陈弘士：《刍议监督检查权力的异化》，载《新质量》2003年第3期，第36页。

加压力，迫使企业接受各种有偿服务，出现事故问题就推脱责任，这已经成为质检机构的生存之道。①

检验机构同时承担监督性检验和委托性检验，造成“身份暧昧”。监督性检验，是指质检机构受质监部门委托承担监督抽查的检验任务。委托性检验，是指质检机构接受企业、个人或社会其他组织的委托收取相关费用进行的检验。社会检验机构和法定质检机构都能够接受委托性检验任务，但是监督检验依法只能由法定质检机构承担。当法定质检机构对同一企业承担监督性检验和委托性检验的情况下，就会产生身份上的混乱，前者要对政府负责，后者要对企业负责，当检验数据不一致时，究竟能否出具可靠真实的检验报告，值得怀疑。《产品质量监督抽查管理办法》规定了检验机构不能在承担国家监督检验任务期间接受被抽查企业的委托检验，但是地方检查中没有相关规定。实践中，还经常发生一些承担企业委托检验的法定质检机构否认监督检验结果的事件，甚至还出现过承担委托检验的质检机构与企业一起拒绝抽样检查的冲突事件。②

检验权力膨胀的后果是十分严重的。首先，它损害了监督检查的有效性和严肃性，真实可靠的检验数据是监督检查权力正确行使的基础。如果不合格企业能够浑水摸鱼，监督检查的功能就大打折扣，事实上浪费了监督检查的行政资源。其次，不能够提供准确的数据和行业情况，可能导致政府决策的失误。再次，严重误导坑害消费者。最后，严重危害质监部门与企业的关系，企业把这笔账算在质监部门头上。③

---

① 陈弘士：《正确处理监督检查中的几个关系》，载《企业标准化》2003 年第 4 期，第 26 页。

② 陈弘士：《正确处理监督检查中的几个关系》，载《企业标准化》2003 年第 4 期，第 26 页。

③ 陈弘士：《刍议监督检查权力的异化》，载《新质量》2003 年第 3 期，第 36 页。

检验权力为何膨胀，根本原因是体制原因。其一，依法设置、授权的法定质量检验检测机构一般是各级质监部门的直属事业单位，虽然有部分财政拨款，但是难以仅凭此维持机构运转，需要“创收”，这是允许能够承担政府的监督性检验任务和社会的各种委托性检验的重要原因，而一般发达国家的法定检验机构仅允许承担监督性检验任务。[①] 正是因此，造就了其“身份的暧昧”，通过委托性检验与企业建立的“暧昧关系”必然影响监督性检验中检验结果的客观性和公正性；由于经费的紧缺迫使其不择手段搞“创收”，迫使企业强制接受有偿的各类“委托检验”正是其创收的重要方式。其二，质监部门疏于管理，默许法定技术检验机构带着“行政色彩”扩张权力，导致问题形成。长期以来，质监部门把技术机构视作质监系统的重要技术支撑，默许其为解决生存问题凭借“行政色彩”扩张，疏于管理，出现严重问题时充当“消防员”的角色，没有在制度上加以预防和约束，导致检验权力不断扩张，逐渐成了“惯例”。[②] 虽然《产品质量监督抽查管理办法》规定了一些惩罚措施，但是最严厉的措施，如取消检验资格在实践中很少被运用，发生问题时一般只是“责令改正、限期整改”。

虽然对于这个问题实践部门已有深刻认识，加强管理、规范检验机构行为是当前的主要办法。国务院针对该问题已有明确态度，即要逐步使这些技术机构逐渐与质监部门脱钩，使其进入检测市场，依法独立地为质监部门、企事业单位提供客观公正的检验服务。[③]

---

① 陈弘士：《正确处理监督检查中的几个关系》，载《企业标准化》2003年第4期，第26页。

② 陈弘士：《刍议监督检查权力的异化》，载《新质量》2003年第3期，第36页。

③ 陈弘士：《刍议监督检查权力的异化》，载《新质量》2003年第3期，第36页。

3.3.3　通知检验结果

检验机构在检验结束后向质监部门出具检验报告，质监部门根据检验报告制作《质量技术监督产品质量检查结果告知书》（以下简称《结果告知书》），随同检验报告及时送达企业，并告知企业复检的权利。

执法机关必须在异议期间、复议期间和诉讼时效内保存以备复检的封样样品，同时在《结果告知书》中明确告知企业复检的权利，否则相当于客观上剥夺了被检企业的复检权，导致程序上的瑕疵，见加油站处罚案①、饲料检验程序错误案②、掺假调味品案③。这样的低级错误，在实践中已经比较少见，这与执法程序的规范化、执法文书的统一化的印制管理密切相关。

3.4　异议的提出和处理

按照《产品质量法》的相关规定，受检企业可以在接到《结果告知书》后15日内向发出告知书的质监部门申请复检。国家监督抽查的申请复检门槛相对较高，受检企业需要在收到《结果告知书》的15日内向国家质检总局提出书面申请报告，国家质检总局可以委托省级质检部门、检验机构处理异议。质监部门需要对受检企业针对检验结果提出的异议进行答复或复验。

在实践中，往往会遇到的情况是当事人在收到《结果告知书》

---

① 陈卫、汤强编著：《质量技术监督行政案件的查处》，江苏科技出版社2007年版，第205~210页。

② 《饲料检验程序错误引发行政纠纷案》，载国家质量技术监督局政策法规宣传教育司编：《质量技术监督执法实用大全》，中国标准出版社2000年版，第602~603页。

③ 《处罚掺假调味品事实不清引发行政纠纷案》，载国家质量技术监督局政策法规宣传教育司编：《质量技术监督执法实用大全》，中国标准出版社2000年版，第600~601页。

后15日内没有提出复检申请，但是在之后提起的行政复议或行政诉讼中对检验报告提出了异议，导致质监执法部门措手不及。许多实践部门的执法人员认为，受检企业既然没有在规定期限内对检验结果提出异议，即认可接受了该检验结果或者放弃了复检权，不应当允许在行政复议和诉讼中再对检验报告提出异议。[①] 国家质检总局对《产品质量监督抽查管理办法》的解答中也认为，没有在规定期间内提出异议视为对检验结果的承认。[②] 但是，根据最高人民法院的观点，行政相对人可以在诉讼中提出行政程序中没有提出的新主张，[③] 这种新主张应当包括质检监督抽查中对检验报告的异议。实践中，企业可能因为忽视权利或者一时无法提供相关证据材料或者故意在诉讼阶段提出使行政机关难堪而没有在规定时间内行使申请复检的权利，如果检验报告确实存在问题，将导致行政处罚被撤销或者变更。因此，这就要求行政执法机关在实践中对检验机构提交的检验报告进行认真审核，及时纠正和发现问题。

3.5 监督检查结果处理

质监部门汇总监督检查结果后，将产品不合格企业、拒检企业列入“黑名单”，进行通报批评，对问题严重的要以产品质量监督检查公告的方式向社会曝光。监督抽查结果的处理似乎已经超出了本文所关注调查过程的范围。之所以将其纳入本文写作，主要是因为公告曝光制度的特殊性。这是质量监督领域特有的制度，一旦监督抽查的结果出现错误，公告曝光对于企业质量信誉的影响甚大，

① 陈卫、汤强编著：《质量技术监督行政案件的查处》，江苏科技出版社2007年版，第246~247页。

② 国家质检总局：《产品质量监督抽查管理办法解答》，载《电器工业》2004年第3期。

③ 2002年10月起施行的最高人民法院《关于行政诉讼证据若干问题的规定》第2条及其释义。

难以挽回，考虑到调查救济，因此作特别讨论。

事实上，实践中在地方监督抽查中已经出现过针对公告的行政诉讼。上文提到的不合格月饼处罚案中[①]，提起行政诉讼的酒楼，即是针对质监局将其列入不合格企业名单在当地报纸上予以公布的行为提起诉讼。在该案的诉讼开始阶段，质监部门人员就提出，在新闻媒介上公布月饼质量不合格企业不属于行政处罚，不属于行政诉讼受案范围，该案最终以撤诉告终。这个问题的答案应当是很确定的，因为即使公告曝光不属于严格意义上的行政处罚，也显然属于行政诉讼法规定的侵犯相对人权益的具体行政行为，因此属于行政诉讼受案范围，能够提起行政诉讼，相应的受检企业也可以对此提起行政复议。由于公告曝光方式的特殊性，如果确实发生错误，消除影响的方式也只能是通过再公告的方式。

3.6　企业在监督检查中的权利与义务

被抽查企业在监督检查中的权利，主要包括知情权、拒绝权、申诉举报权。[②]

知情权的内容包含以下几方面：第一，抽样人员的身份和任务。受检企业可以要求查看抽样人员的身份工作证件和抽样通知书。第二，抽查性质、抽样方法、检验依据以及判定规则等。第三，样品抽样情况，企业有权查验确认抽样的数量、封样情况、是否为已检验合格产品等。第四，检验结果，未收到检验结果通知的可以索取。第五，如受处罚，有权知道处罚的依据及结论。

拒绝权，是指拒绝接受抽查的权利，按照《产品质量监督抽

---

① 《生产不合格月饼行政诉讼案》，载国家质量技术监督局政策法规宣传教育司编：《质量技术监督执法实用大全》，中国标准出版社 2000 年版，第 605 ~ 608 页。

② 国家质检总局产品质量监督司：《质量国家监督抽查工作实施指南》，中国计量出版社 2002 年版。

查管理办法》第19条的规定，被抽查企业对于抽样人员不符合法定人数要求或证件、材料不符合以及抽样人员事先通知等情况可以拒绝接受抽查。

申诉举报权包含申诉权和举报权两方面内容。举报权，是指当抽查执法人员有营私舞弊等不公正行为时，受检企业有权向质监部门举报。申诉权，是指企业对检验结果有异议的，可以提出异议报告并申请复检，对处罚结果有异议的，可以向上级质监部门提起行政复议。

被抽查企业在监督检查中的义务主要包括接受依法检查义务、免费提供样品义务、接受处罚义务。接受依法检查义务，主要是指积极配合协助抽查工作，如实提供有关资料。免费提供样品义务，是指无偿提供被抽查样品的义务，样品在按规定保留到期后应当退还企业。接受处罚义务，是指抽查不合格企业要接受通报批评、公开曝光并按期整改、及时申请复查。

4 质检个案调查

质检个案调查相对于质检监督检查是一种特定调查，因为它往往是在发现违法行为时有针对性的调查，监督检查则是基于质量监督需要按照事先确定计划的一般调查，对象并不确定。在质检个案调查中包含现场处罚调查、立案查处调查以及安全事故调查。现场处罚调查针对的是违法事实简单、处罚额较小的简单违法行为，主要进行简单的现场调查，只需要查清基本违法事实，填写罚单，在实践中的问题并不突出，因此下文不再专列章节。相比而言，立案查处调查程序相对复杂，包含案前初查、调查取证、证据审理及补充调查等多个环节，涉及调查询问、现场勘验检查、抽样取证、鉴定检验鉴定、登记保存、查封扣押等多种调查手段，在实践中运用较多，具有典型性，可探讨性较强，在下文中将重点予以论述。

4.1 立案

4.1.1 受理

立案是正式调查取证启动的前提，在个案执法中它的主要任务是要迅速确认线索，促使质监执法部门迅速组织力量开展调查取证、及时查处违法行为，避免延误查案时机。受理是实施立案的启动程序，是指质监执法部门对有关涉嫌违法行为的线索材料予以接受、进行登记的程序。实践中启动受理程序的条件主要有三种：第一种是质监执法部门在监督管理中，通过定期、不定期的监督检查发现的涉嫌违法行为，移交案件承办机构——稽查执法部门处理，以及从案件审理中发现新的案源。第二种是消费者申诉、公民及组织举报、媒体曝光涉嫌质量违法行为。第三种是有关部门移送、同级或上级部门交办的。

实践中，质监部门设有专门的受理机构，对于案源信息用专门的表格进行登记，记录受理时间、案件来源、涉嫌违法企业及其产品的名称、案由等。对于不属于质监部门管辖范围的，应当及时说明原因和理由并告知其向其他部门举报。只要属于质监部门的管辖范围，无须对案由是否成立作出实质判断，即行受理。目前，实践中的做法是接到举报必须受理、必须作出回应，依照《产品质量申诉管理办法》的要求，必须在 7 个工作日内告知举报人是否处理或移送处理情况。

4.1.2 案前初查问题

案件受理登记后，需要进行初步的核查，对相关的线索资料进行分析，根据需要进行案前初查。该程序类似于公安机关的预审程序，避免行政执法程序的随意启动，保护行政相对人的合法权益。

案前初查是核实线索的真实性、可靠性的重要手段，也是有把握地展开正式调查取证的基础。申诉、举报的线索大部分需要进行案前初查，以便确定是否有违法事实发生以及违法行为的性质、地点等。在这个阶段，对于调查的人员、手段、程序没有法定要求，实践中也并不严格，主要采取的方式包括以下几种：其一，进行外围调查，从多方面了解情况和收集相关资料。其二，暗访、暗查，由执法人员以暗访、暗查的方式对涉嫌违法行为的场所进行调查。其三，暗中监控，对涉嫌违法的人员以及涉案场所进行暗中监视。其四，直接调查，直接调查询问涉案人员。其五，突击检查，对于有一定把握的违法场所进行临时检查、突击检查。

案前初查阶段需要注意的是尽量避免“打草惊蛇”，主要目标是确定是否有违法事实的发生及违法对象与地点。至于违法行为的具体状况则由正式的调查取证阶段来完成。但从实践中常用的调查方式和手段看，几乎涵盖了正式调查取证阶段调查询问、现场勘验检查、抽样取证、鉴定检验鉴定等调查手段，在发现违法事实、情况紧急时，也可以采取查封、扣押等强制措施。在这种情况下，不禁产生疑问，立案程序和案前初查的本来目的是核实线索、避免行政执法程序的随意启动，如果案前初查与正式调查取证能够采取的调查手段一致，并无限制，如何保护行政相对人的合法权益，立案程序的意义又体现在哪里呢？对于这个疑问，质监执法人员表示，一方面，先立案再调查取证是程序的一般要求，在立即采取检查、查封、扣押等措施的情况下，仍需要补办立案手续并说明特殊情况。另一方面，这种做法适应灵活实践的要求，目前的质检违法案件很大一部分发生在小企业、个体户、手工作坊等，一些制造伪劣产品的“窝点”隐蔽性很强，当事人的警惕性也很高，如果不及时采取措施取得证据，稍有延误，再次调查时很可能“人走楼空”、逃匿无踪，因此根据需要立即采取措施是必要的。[①]

但是，实践中的问题是，执法人员不履行立案手续直接进行调

① 来源于执法访谈。

查取证、案件执行完毕才到法制部门补办手续成为常态。[①] 这使立案程序流于形式，对于程序的忽视在一些情况下必然损及相对人合法权益的保护。因此，笔者认为，虑及立案程序的功能，从相对人权利保护的角度，对于案前初查的手段应有一定的限制，以一般调查手段为原则，以特殊调查手段为例外，特殊调查手段主要是指突击检查、查封、扣押措施等涉及严重影响生产经营的措施，对于这些措施的使用应当有严格的规定。同时，加强对程序的重视，必须要求在及时补办立案审批程序的同时，说明具体的情况。

4.1.3 立案审查问题

执法人员根据线索核查情况，认为确有违法行为需要追究法律责任，又不适用现场处罚程序处理的，需要立案的，填写立案审批表申请立案。立案审批表中必须包含案由、案件来源、案情摘要、承办机构意见等内容，案由需要写明行政相对人、涉嫌违法行为性质。案情摘要需要写明初步认定的违法人、违法时间、地点、事实、情节以及违反的具体法律法规条款等。承办机构意见并非初查执法人员的意见，一般是稽查部门负责人签署的机构意见。另外，实践中由于各种阻力，存在明知存在违法事实却拖延不予立案的情形。[②]

按照相关法规规定，由质监部门负责人、主管局长进行立案审查，包括是否有明确无误的行政相对人、是否有违反质监法规的事实、是否依法应当或可以给予行政处罚、是否属于本局管辖。实践中则一般由质监部门的法制机构来承担审批工作。实践中的问题是法制部门往往只进行形式上的“登记入册”，而不作内容的审查，

---

① 易苍松编著：《质量技术监督执法实用手册》，中国标准出版社 2006 年版，第 154 页。

② 易苍松编著：《质量技术监督执法实用手册》，中国标准出版社 2006 年版，第 150 页。

没有起到“批准立案”的实质审查功能，这也是立案程序不被重视、随意补办的重要原因。

4.1.4 办案人员回避问题

立案还必须确定两名以上办案人员，根据《技术监督行政案件办理程序的规定》适用回避制度，与案件有直接利害关系的办案人员、审理人员、主管领导应当回避。回避事由包括涉及本人及亲属利害关系、办案人员是本案鉴定人或证人等，还包括个人偏见、单方面违规接触、职能分离回避等。此处的单方面违规接触，主要是指办案人员私下会见当事人或者接受宴请的情况。如有上述情况，办案人员应当自行申请回避，案件当事人也可以提出异议、申请有关办案人员的回避，质监部门可以指令回避。实践中，当事人申请回避的需要提出证据，防止其故意拖延调查。

在质监部门作出回避决定前，是否应停止被申请回避办案人员停止参与案件的调查和审理，实践中的处理方法并不统一。有一种意见认为，除了紧急特殊情况，应当暂停相关办案人员参与案件，以保证办案结果的正当性，为了保证办案效率，虽然法无明文规定适宜在3 日内尽快作出是否回避的决定。

如果应当回避而没有回避，是否会影响之后作出的具体行政行为的有效性，回避之前所做的调查活动及取得的证据是否有效，目前我国相关法律、法规并没有对此作出明确的具体规定，实践中主要由质监部门根据案件的实际情况斟酌裁量决定。

4.2 制定调查方案

调查方案是对案件调查的总体规划，是在分析研究具体案情基础上制订的案件调查的全盘计划。制订调查方案对于全部案件事实有重要意义。对于复杂重大案件的办理，预先拟订调查方案尤为重要，即使对于一些简单案件，如查办小型制假窝点，事先确定分工、拟订针对性措施、突发情况的应对措施等也是十分必要的，否则很容易在调查取证活动中遗漏证据、“乱了阵脚”、“功亏一篑”。制订调查方案是避免工作失误、保证调查效率、规范调查的重要手段。

调查方案主要内容是确定调查的具体任务、拟采取的措施以及查办人员的分工，这些都是建立在对于案件的分析判断基础上。因此，制订调查方案的第一步是要分析预判，即在立案材料的基础上对于案件情况进行全面分析研究，初步判定涉嫌违法的案件性质、推测违法行为的大致过程，在此基础上确定调查的方向和大致范围等。第二步是拟订调查策略。具体而言，要列出需要查明的几个主要问题，并确定查明每个问题所需要的具体调查措施、策略，有些案件还需要分几个调查阶段，明确每一阶段需要解决的主要问题和措施。第三步是安排好查办人员的组织分工。要根据任务的性质、难易程度分派合适的人手，关键性问题要布“重兵”。第四步是要考虑可能出现的特殊情况、突发事件，探讨应对策略，尤其是面对可能拒检甚至暴力拒检的当事人以及性质恶劣、影响重大的案件查办，要提前和公安、工商等有关部门做好沟通、请求协助，协商如何配合协作迅速、有效地完成调查任务。

4.3 调查取证

调查取证是个案执法调查中查明事实、收集证据的关键阶段，对于最终行政决定的正确性和行政相对人的权益保障具有极其重要的意义。当前质量违法案件越来越隐蔽化、智能化，违法人反调查意识愈来愈强，要求执法调查人员特别注重调查的策略和技巧，积极主动地挖掘线索、迅速反应抓住取证机会，否则很容易造成证据灭失或转移、违法人员逃匿、违法现场消失的情况，使调查工作陷入困局。

实践中常用的调查取证手段包括调查询问、现场勘验检查、抽样取证及鉴定、检验、鉴定，还有登记保存或封存、查封、扣押三种强制措施。下文将分为三个部分对个案执法中的调查询问、现场勘验检查、强制措施进行论述，探讨实践中的运作情况、面临的问题及其应对策略。复制、视听技术应用等常规技术方法，在上述提到的调查手段中都有应用，因此下文不作专门的论述，穿插到各个部分中论述。

4.3.1 调查询问

调查询问是调查取证中最基本、最经济的调查手段，具有不可替代的重要意义，不仅是获取言词证据的重要手段，而且是核实证据、发现新线索、深入开展调查必不可少的措施。对于行政相对人来说，调查询问也是其履行如实陈述义务、行使申辩权的重要程序。

与其他调查手段相比，调查询问直接面对行政相对人或证人，能够对其心理和行为产生影响、信息互动直接快捷；另外，冲突性强、阻力大，行政相对人出于趋利避害的心理往往不愿意配合，采用沉默抗拒、避重就轻、编造谎言等方式进行“软抗”或“硬抗”，证人或相关知情人也往往因害怕打击报复、不愿惹麻烦等心理不愿主动如实提供情况。实践中，无论是行政相对人陈述，还是证人证言都存在真假混杂以及串供、翻供等问题，这就要求不能仅凭言词证据办案，而要多方收集证据，加以核实印证。另外，要求在调查询问中注意使内容细节化、具体化，并且有相关证据佐证，克服言词证据不稳定的特点。

质检领域的调查询问没有直接强制措施予以保障，对于行政相对人有间接强制措施，即行政相对人拒绝回答问题或者不如实回答需要承担不利的后果，实践中间接强制措施对于当事人的威慑力并不大，尤其是一些多次违法者，觉得所需付出的成本不大；而对于证人或知情人，则没有任何强制措施，而是自愿提供情况。

上述情况都向实践中的调查询问提出了挑战，需要执法调查人员丰富的经验、询问技巧和周密计划及策略。

另外，值得注意的是调查询问除了要遵循一般行政法原则以外，特别需要遵循的是个别调查询问原则或者分离错开原则，① 即对于涉案人员和证人的询问应当单独进行。这是由于实践中，尤其是对于证人或知情人的调查询问中，存在以开座谈会的方式多人集合询问调查的情况。这种做法可能泄露案情、调查线索等重要情况；也会造成询问对象因为害怕自己提供真实情况被其他人泄露出去引来打击报复而不敢说实话，也可能因为从众心理影响提供情况的真实性和可靠性。

（1）公开调查询问与秘密调查询问。公开调查询问与秘密调查询问是调查询问的两种主要方式，前者是指办案调查人员出示工作证件，以公开身份进行调查询问；后者也称侧面调查询问，是指办案调查人员为了防止被询问人察觉而故意隐瞒身份或委托其他人进行秘密的调查询问。

公开调查询问在实践中一般又包括个别调查询问、召开座谈会、通知询问三种方式。个别调查询问要求办案人员不少于两人。召开座谈会的方式一般适用于案件初查阶段情况不明、线索缺乏又没有其他调查途径的状况，也有为了解决专业技术问题而使用，类似于专家咨询会，但是召开座谈会的方式需要特别注意对案情的保密，涉及有价值的、具体的情况时，需要会后再单独个别进行调查询问。② 通知询问是根据有关规定下达正式的《通知书》，要求相对人到指定地点接受询问。

秘密调查询问需要经质监部门负责人批准，一般主要目的是查明案情、收集线索。了解询问对象与案件的关系、涉案产品的生产、销售地点、价格、生产经营活动的时间规律，等等。有直接和

---

① 刘鹏、李春林编著：《质量技术监督行政执法调查询问》，江苏科技出版社 2007 年版，第 61 页；唐拥军、张兴国编著：《质量技术监督行政案件办理程序与措施》，江苏科技出版社 2007 年版，第 181 页。

② 唐拥军、张兴国编著：《质量技术监督行政案件办理程序与措施》，江苏科技出版社 2007 年版，第 184 页。

间接两种方式：直接方式，是指调查人员隐瞒身份接近知情人谈话；间接方式，是指调查人员委托方便接近被询问人又可靠的人与被询问人谈话。

如果在秘密调查询问过程中发现了有证据价值的材料，是否能够收集获取，实践部门的观点是该证据材料不能当时收集，而应当通过公开形式重新收集。[①] 实践中具体操作似乎较为灵活的、典型的，如伴随秘密调查询问的“偷拍”、“偷录”手段获取证据。实践执法人员解释，一些制假售假的违法案件特别隐蔽，相对人的反调查意识也很强，如果采取公开正面的调查手段很难获得关键证据，这时需要“偷拍”、“偷录”等手段来及时固定证据。实践中普遍认为，“偷拍”等手段只要不侵害他人的合法权益，获取的材料能够作为证据使用，并不违反最高人民法院《关于行政诉讼证据若干问题的规定》第58条的规定。[②]

（2）调查询问行政相对人。

第一，调查询问准备。行政相对人主要是指案件中的企业负责人、法定代表人，是调查询问的关键重要对象。调查询问行政相对人之前的准备工作非常重要，必须全面客观地研究掌握案件的基本情况、调查进展情况、目前掌握的证据材料以及行政相对人的有关情况，特别是要研究行政相对人的心理状态，了解其对调查进展情况的知情程度，然后依据这些情况制订有针对性的询问提纲，确定提问的大致顺序和策略，明确需要深挖的重点问题。

调查询问场所的选择也十分重要，严肃、安静、保密的环境能够创造出合适的气氛，对行政相对人的心理产生影响，便于调查询问的顺利进行。实践中，对于行政相对人的调查询问一般不选择其

① 唐拥军、张兴国编著：《质量技术监督行政案件办理程序与措施》，江苏科技出版社2007年版，第184页。

② 刘鹏、李春林编著：《质量技术监督行政执法调查询问》，江苏科技出版社2007年版，第70页。

住处或单位，因为这样的环境行政相对人较为熟悉，难以产生心理压力，甚至可能加强其反调查心理。常规的询问场所主要包括专用询问室、办公室、临时场所三种，专用询问室能够提供良好的技术设备，按严格环境标准设计，对被询问人产生强大的心理震慑感，一般适用于重大复杂的案件。因受条件限制，一般询问场所是在质监执法部门的办公室，缺点是难以完全排除外在干扰、无法有效形成心理压力。临时场所，是指宾馆房间或其他部门会议室等。

第二，调查询问方法及策略。寻找突破口。实践证明，行政相对人在调查询问之初就予以配合的情况很少，往往都有一个从拒认对抗到动摇逐步供认的转化过程，这就要求调查询问人员把握行政相对人心理，寻找突破口，攻破其心理防御体系，促使其放弃对抗、如实陈述。实践中，突破口的寻找方法主要包括以下几种：一是抓住证据较充分的违法事实和情节。这类事实必须与主要违法事实密切相关，证据较充分，行政相对人很难否认或掩盖，最理想的是行政相对人没有预料到调查人员会知道的事实或情节，使其受到巨大的心理冲击，认为违法行为已经暴露从而放弃对抗和侥幸心态，如实陈述。二是抓住行政相对人陈述中的矛盾以及薄弱环节。为了逃避责任，行政相对人往往会进行虚假陈述或者避重就轻，此时调查询问人员就要仔细观察、认真分析，深究细问找出其陈述中的矛盾，将其作为突破口狠追猛打、瓦解对抗。三是从同案人中寻找突破口。一个案件往往有多个行政相对人，此时应当遵循先易后难、重点突出的原则，选择容易突破的对象，先攻破违法证据较充分、了解事实较多、与主犯有利害冲突、容易动摇、违法经验少的行政相对人，然后利用他们供认的事实突破其余的行政相对人。

说服教育及情感影响。说服教育和情感影响是调查询问中最常用的方法，两者往往相互结合使用，目的是消除行政相对人的对立情绪，转变其不良认识，配合调查询问。说服教育主要是政策教育、法制教育，调查询问人员要注意保持客观公正的态度，并通过熟练的专业及法律知识运用，强化自身的权威性与可靠性，对行政相对人动之以情、晓之以理，劝说行政相对人主动供述、争取从轻处罚。情感影响的主要方法包括：[①] 其一，调控调查询问节奏。在行政相对人过度紧张或焦虑的状态下，放缓节奏和语气，缓解其情绪；在行政相对人有意对抗、拒不供述的情况下，加大询问强度、强化严肃气氛，对其施加心理压力。其二，激励法，鼓励培养行政相对人的积极情感，给予其如实陈述后从轻处理的希望，强化陈述动机。其三，身教法，要求调查询问人员充分尊重行政相对人、态度客观公正，对于行政相对人提出的要求，只要在法律和制度允许的范围内即尽量予以满足。

使用证据。使用证据是调查询问中极其重要的方法，不但能够揭露行政相对人的虚假陈述、瓦解其心理防御，也能够起到核实证据的作用。使用证据时机和策略十分重要，若不得当反而会使行政相对人了解调查进展的底细，继而建立起具有针对性且更难以突破的防御体系。调查询问实践中使用证据的合适时机包括行政相对人出现思想动摇时、谎言被识破无法自圆其说时、就地搜出证据时等。在询问初始阶段，行政相对人对抗、防御心理较强，甚至还试探摸底，企图了解调查意图和证据底细，此时不能够盲目地出示证据，而要采用先虚后实的做法，迂回进攻，掌握调查主动权。[②] 使用证据时需要遵循的原则是要尽量隐蔽证据的底细，因为在调查阶段掌握的证据指向的事实通常并不明确，带有一定的片面性，如果没有把握好度，就会被行政相对人利用，作出更具迷惑性的虚假陈述。同时，出示证据时还要保证安全，如尽量出示复印件，防止行政相对人趁机毁灭证据，实践中的确出现过出示证据不慎，行政相

① 刘鹏、李春林编著：《质量技术监督行政执法调查询问》，江苏科技出版社2007年版，第184～191页。

② 来源于执法访谈。

对人趁机将证据撕毁、吞下的情况。① 使用证据的方法包括：② 其一，正面使用。当面出示证据，形成强大心理冲击，行政相对人无法抵赖。其二，侧面、暗示使用。旁敲侧击、揭露与证据相关的片段事实，使行政相对人认为调查人员已掌握有关证据，从而如实供述。其三，点滴使用。此法适用于行政相对人开始供述又欲言又止的情况，说出行政相对人应说而未说的关键几个词，如人名、地名、手机号码等，使行政相对人认为证据已被掌握无法隐瞒，从而如实供述。其四，连续使用。接连使用几项可靠的证据，使行政相对人无法一一抵赖，感到铁证如山、被迫作出陈述。其五，包围使用。适用于反调查经验丰富的相对人，在提出中心主要问题前，对相关事实和情节使用证据，形成包围之势，使行政相对人失去狡辩抵赖的退路，只能被迫放弃对抗。其六，演化使用。充分使用证据，根据一份证据材料显示的事实从多个角度提出多项问题。其七，补充使用。在行政相对人供述一项违法事实后立即出示原已掌握的证据，达到巩固陈述、消除对抗侥幸心理、核实证据的作用。

揭露谎言。揭露谎言、分析谎言，不但能够瓦解行政相对人的心理防御，还能够顺藤摸瓜找到问题要害、确定调查询问的重点方向。揭露谎言的主要目的是让谎言充分暴露，打消行政相对人的侥幸心理。发现谎言要认真分析行政相对人的供述，是否有前后不一致之处，与已掌握的证据是否吻合，同案相对人陈述是否一致，注意细节，仔细核查。在调查询问中使用追查盘问的技巧，详细询问追问细节，尤其是不合常理的陈述，从不同角度或夹杂在其他问题中间歇重复地询问，与已确认的事实情节联系起来询问核查。③ 补

---

① 来源于执法访谈。

② 刘鹏、李春林编著：《质量技术监督行政执法调查询问》，江苏科技出版社2007年版，第194~195页。

③ 刘鹏、李春林编著：《质量技术监督行政执法调查询问》，江苏科技出版社2007年版，第201~203页。

充、重复询问时需要有一定迷惑性，将想问的问题与其他问题混合起来重复询问，不露声色、尽量避免使行政相对人察觉到询问人员的疑点所在。发现谎言后要如同使用证据一样妥善利用，有时谎言宜立刻揭露给予其心理沉重打击，有时宜让被询问人充分尽情陈述，封堵可能的退路、分析动机再行揭露，对于有经验的行政相对人尤其如此。

第三，行政相对人不配合表现及应对策略。拒绝陈述是调查询问中较为常见的行政相对人不配合的表现，即拒绝回答问题。对于拒绝陈述，主要是通过察言观色的方法发现其拒绝陈述的原因。一般先进行政策、法制教育，使其认识到拒绝陈述是放弃申辩机会、放弃争取从轻处罚的机会，根据不同行政相对人的特点采取不同应对策略。对于由于侥幸、对抗心理拒绝陈述的行政相对人，通过语气、询问强度等对其施加心理压力、必要时出示有力证据，促使其端正态度；对于由于畏责心理过重而不敢陈述的行政相对人，宣讲政策、适当舒缓其压力；对于因询问态度或方法欠妥而产生强烈抵触心理的行政相对人，适时调整方法及询问人员。

谎供，是指行政相对人提供虚假陈述以否认、缩小、夸大违法事实，为自己或他人逃避责任。行政相对人在作出虚假陈述时往往会有一定紧张情绪导致表情或身体的外在表现。除了捕捉这些外在表现外，还可采用上文揭露谎言方法中提到的分析供词、追查盘问、调查核实等方法来验证相对人的陈述是否真实。

少供，是指调查询问中行政相对人往往会只供述承认一部分事实。具体表现为：避重就轻，只供述已暴露的问题；只承认违法事实、不供述违法产品等证据下落致使调查人无法定案；只承认违法事实、隐瞒真实动机致使调查人员无法给案件准确定性；只供认自己的违法行为事实、不供认同案犯的犯罪事实或者只供认他人的违法事实、不供认自己的违法行为。少供情况下调查人员可以充分利用已供材料，认真研究，如能发现其中弱点、找到突破口，即乘胜追击继续追问，促使行政相对人完全供述。另外，要争取从已供材料中发现新线索、获取新证据，推进调查进程。

翻供，是指实践中行政相对人推翻原来的供述，可能是推翻了原来真实的陈述，也可能是推翻了原来虚假的陈述，还可能是推翻了原来真假夹杂的陈述，作出的新陈述也可能是真假混杂的。翻供的动机多种多样，有的是蓄意翻供，作原供述时就计划好了翻供，多次违法、反调查经验丰富的行政相对人常有这种情况；有的是作出真实陈述后害怕被惩罚或受人教唆，企图逃避责任，因此重新编造理由推翻原供述；还有以胁迫、诱供等违法询问为理由翻供。[①]应对翻供需要提前预防，即在行政相对人作出供述时，深究细问并及时调查核实相关证据，固定供词，从而使行政相对人在证据面前无法轻易翻供。对于已翻供的情况，要审查核实其新供词，判断是否成立，如发现问题就要以严密的证据体系和逻辑推理动摇行政相对人翻供的信心，使其端正态度作出真实陈述。

（3）调查询问证人。

调查询问证人包括询问证人或知情人，两者的区别在于知情人的陈述不能作为证据，知情人了解案件的某些真实情况，其陈述能够为调查人员的进一步查证提供线索。与调查询问行政相对人的不同之处在于，证人、知情人是否接受调查询问是自愿的，在调查取证中起到的是辅助作用，一般不存在与调查人员的对立情况。

调查询问证人按地点可以分为走访调查询问和通知调查询问；按照是否遵循程序要求可以分为正式调查询问和非正式调查询问；按照是否公开身份可以分为公开调查询问和秘密调查询问。[②] 正式调查询问需要严格遵循行政程序的要求，调查询问笔录可以作为证据使用，而非正式调查询问是一般性的谈话，没有严格的程序要

① 刘鹏、李春林编著：《质量技术监督行政执法调查询问》，江苏科技出版社2007年版，第119页。

② 刘鹏、李春林编著：《质量技术监督行政执法调查询问》，江苏科技出版社2007年版，第149～150页。

求，目的仅仅是了解情况、发现线索，记录内容不能成为证据。如果调查人员在非正式的调查询问中发现了有价值的内容，认为有作为证言的必要，就需要转入正式调查询问，严格依照程序并制作调查笔录。

与调查询问行政相对人不同，对于证人的调查询问应当在问明证人的基本情况后，允许证人就其了解的全部情况自由陈述，即使陈述有漏洞也不要轻易打断或者提问，除非证人过于啰唆、太过偏离主题。在这一阶段，调查询问人员主要任务是认真倾听并记录有价值的信息，为下一步提问做好准备。在证人或知情人自由陈述的过程中，被询问人由于记忆等原因产生陈述障碍时，调查询问人员可以适当根据已掌握的情况帮助其继续陈述。

在证人自由陈述完毕后，调查询问人再行提问，提问内容主要包括三个方面：[①] 一是询问信息来源，是直接获知还是间接获知，问清获知信息的时间、地点、环境等。二是询问不够详尽、明确的具体细节，一方面能够使证言达到证据要求，另一方面有助核实证言、发现伪供。三是询问陈述涉及的其他事实，目的是核实证言、发现全案的新线索。

调查询问人员在询问中还应当注意保密案情，对证人也要进行必要的保密教育，对询问中涉及被询问人隐私的，也应注意保密。

证人、知情人的陈述也并不一定是真实可靠的，因此对于证人调查询问所获取的材料进行审查判断非常重要。实践中，证人、知情人可能出于错觉、误信提供错误情况，也可能因为各种利害关系故意作出虚假陈述迷惑调查人员。对陈述材料的评价主要考虑以下几个方面问题：其一，要查清被询问人与行政相对人以及案件有无利害关系，如果有利害关系则要评价是否足以影响其陈述的真实客观性。其二，评价被询问人的感知、记忆、表达能力。其三，明确

① 刘鹏、李春林编著：《质量技术监督行政执法调查询问》，江苏科技出版社 2007 年版，第 174～175 页。

信息材料来源，是案件参与者、目击者，还是知情人，对信息源不明确的，就不能证明材料的可靠性，就无法作为证据。其四，观察评价被询问人陈述时表现出来的心理状态，如有强烈的愤怒、报复、恐惧、同情等情绪可能导致陈述的被夸大或者有意隐瞒。当然，现实生活中的证人、知情人往往都与行政相对人及案件有各种各样的利害关系，如违法产品受害人、同行业竞争对手、雇员、亲朋好友，这些都会或多或少地影响证言的真实客观性。

虽然公民都有作证的义务，但是作证毕竟是自愿的，实践中证人难觅的现象普遍存在，常见的证人不配合现象包括拒证、假证、翻证，产生这些现象的原因很多。从心理角度分析，证人常见的心理包括害怕报复的畏惧心理，不愿多管闲事的自私心理，因人情、被雇佣、利诱等不愿作证或作伪证的义气心理，害怕牵连自己的畏惧心理、同情心理以及不满办案人员产生的抵触心理，这些心理因素是证人拒证、假证、翻证的重要原因。[①] 另外，严重的权利义务失衡也是重要原因，面临上述各种风险和诱惑，证人作证付出的经济代价和背负的思想负担却难以解决，证人拒证也就成了“有心无力”的无奈选择，而对此实践中调查部门主要还是采用说服教育、适当补贴的方法。

对于证人拒证、假证、翻证现象，实践中的解决手段主要是说服教育，消除其不良心理，提供安全保障和经济补贴，消除其心理顾虑。另外，对于一些关键证人的询问，经证人同意进行录音、录像，可以有效固定证据，预防翻证。但实践中的问题是证人为了自身安全考虑，一般不愿意录音、录像，而“偷录”是侵犯其合法权益的，按照行政诉讼证据的相关规定不能够作为证据使用。

---

① 刘鹏、李春林编著：《质量技术监督行政执法调查询问》，江苏科技出版社 2007 年版，第 176～178 页。

4.3.2 现场勘验检查

当事人的陈述、证人证言属于间接证据，客观物证则是具有决定性意义的直接证据，仅有言词证据、没有相应的客观物证不足以证明违法事实，但是客观物证却能够直接证明违法事实。因此，现场勘验检查是调查取证的重要手段，通过直接对涉嫌违法场所的现场检查、物品检验，能够取得直接的物证和重要线索，对于案件查办具有决定性的意义。

个案执法调查中现场检查不同于第三章讨论的监督检查，监督检查是按照一定的计划定期或不定期进行的，此处讨论的现场检查则是作为取证方式的检查，是有针对性地对涉嫌违法的有关场所及物品进行检查、检验，目的是获取涉嫌违法的相关证据，启动条件是有证据证明被检查场所涉嫌违法。实践中，涉嫌违法的一般标准是接到举报、案件移送或者监督抽查中发现违法行为。

（1）现场检查的实施。

实施现场检查前需要在对案情分析了解的基础上制订周密计划以及人员安排，到达现场后需要重点做好几方面的工作：

第一，由专人负责做好当事人的工作，不仅要控制关键负责人，更重要的是说明来意，进行说服教育，尽量消除其抵触情绪，避免其干扰阻挠检查。

第二，控制现场，做好现场保护。具体做法是划出警戒范围，室内场所要封闭通道，防止无关人员进入和财物丢失。

第三，检查寻找证据。可以说这一步是现场检查的核心环节，通过询问、仔细查看发现线索和证据。勘验检查的范围和顺序要根据掌握的情况以及现场询问的结果调整确定。一般先进行静态的检查，在改变现场的情况下记录、拍摄现场的原始状态，寻找记录可能成为证据的痕迹、物品；然后进行动态检查，对现场及物品采用各种技术方法进行勘验检测，寻找发现可能的证据、线索。①

第四，固定和提取可能的证据。抽样取证是查办质检案件最常用的证据提取和确认手段。实践中，个案执法调查中的抽样取证所使用的抽样方法和数量并不需要遵循质检监督检查中的严格抽样标准，相对灵活，达到办案的证据要求即可。② 提取和固定证据的其他方法还有制作模型法、记录法和摄像、摄影法，对于使用计算机、油库管道、加油机等设备的，还要提取复制相关数据、封存相关设备。③ 记录法主要是指做好现场检查笔录，其形式不仅包括记载，还包括绘图、照相、录像等，它不仅仅是独立的证据形式，还是证明其他实物证据与事实关联性的间接证据，有很高的证明力。因此，现场检查笔录的客观真实性非常重要，要求只能记录客观事实，不能有主观评述，只能当场记录，不能事后补记，还需要当事人的确认签字（拒绝签字的，要在笔录中注明原因），现场笔录如果不客观，则很容易引起相对人的严重对立情绪，阻挠调查。④

现场的拍摄和照相是实践中常用的证据固定手段，与笔录记载相印证，有不可替代的作用，同时它还是证明调查人员规范执法的重要证明手段。进行现场照相的主要内容有被检查单位的外景、门牌号、生产销售仓储现场的物品、人员状况、现场检查的状况（检查人员、相对人、邀请的证人均纳入照片以增强证明力）、违法产品状况（外观、标牌特写、原材料、设备工具、包装物等）、正在违法生产的状况（如现场发现正在进行违法生产必须进行照

① 唐拥军、张兴国编著：《质量技术监督行政案件办理程序与措施》，江苏科技出版社 2007 年版，第 174～175 页。

② 陈卫、汤强编著：《质量技术监督行政案件的查处》，江苏科技出版社 2007 年版，第 246 页。

③ 唐拥军、张兴国编著：《质量技术监督行政案件办理程序与措施》，江苏科技出版社 2007 年版，第 174～175 页。

④ 唐拥军、张兴国编著：《质量技术监督行政案件办理程序与措施》，江苏科技出版社 2007 年版，第 174～178 页。

相或摄像记录)。有必要的情况下可用现场摄像记录检查过程，尤其是记录一些突发事件，如相对人阻挠、纠缠甚至殴打调查人员的情况，趁乱转移或毁灭证据的情况等。[①]

(2) 实践中的主要问题及对策。

第一，发现现场难。有效进行现场检查的第一步就是发现现场，现实中制假售假等违法行为的场所已经愈来愈隐蔽，一些“制假黑窝点”、“手工黑作坊”非常难发现，“经常打一枪，换一个地方”，甚至还有在长途运输中的集装箱内进行假冒伪劣产品的生产、包装,[②] 到达目的地卸货时已经成了可以直接销售的成品了。许多制假、无证生产的黑窝点在人员混杂的城乡结合部、村子里不起眼的民房，调查执法人员接到线报、确定现场再找到现场时，现场只剩下出逃后的一片狼藉，一无所获。实践中解决这一问题的主要策略是接到举报后快速出动。

第二，查证数额难。要确定违法行为的严重程度和具体的处罚措施，必须要查清涉嫌违法的物品的数量及价格。在现场检查取证过程中，主要通过查找清点库存违法产品数量以及查阅、复制有关账簿、发票、合同来实现的。如果没有相应的物证和书证，即使行政相对人承认违法甚至如实告知违法产品的数量、价格，都不足以切实证明违法产品的数额。

实践中违法产品的生产场所和堆放仓库经常是分开的，尤其是堆放仓库往往十分隐蔽难以发现。执法人员对生产场所进行现场突击检查，即使发现查获违法产品，也仅仅是发现正在制造的产品、原料，虽能够确定案件性质，却不能够确定涉嫌违法产品的具体数额，无法进行相应的处罚。

---

① 王朝辉、万春荣:《视听技术在行政执法中的应用》，江苏科学技术出版社2007年版，第11页。

② 陈士弘:《打假十难析》，载《企业标准化》2001年第3期，第27页。

因此，在现场检查中找到相关的账簿、发票、销售合同等重要书证并进行查阅、复制非常关键。但是实践中，当调查执法人员要求当事人告知产品堆放地点以及提供有关账簿、合同、发票时，往往面临各种各样的阻挠。雇员一般对于任何问题都表示不知道，有关负责人可能闻风躲避，对于提供会计账簿、销售记录、合同、发票等谎称保存箱柜的钥匙丢失或者保管人员不在等“软性”阻挠手段，调查执法人员不能采取直接强制的措施，一般以说服教育为主要手段。还有一些制假售假企业的负责人往往把关键性的账簿、合同等藏匿到家中或其他更为“安全”的场所，还有许多违法企业对于违法产品的生产销售情况并不制作保留相应的记录，使得调查人员束手无策，这些情况给违法产品数额的查证造成了巨大阻碍。

实践中，对于这个问题没有特别好的解决方法，主要还是依靠调查执法人员丰富的经验，通过仔细的勘验检查以及对有关人员的询问调查来发现证据。

第三，排除各种干扰难。现场检查最重要的是快速、及时，才能最大限度地收集到证据。但是，实践中调查一些较大的复杂违法案件，往往会面临各种各样的说情、干涉甚至恐吓等为涉嫌违法者“保驾护航”的行为，为案件调查制造巨大障碍。例如，东北某市质监部门发现某特殊管辖区（军事管辖区、司法监狱区）有生产假冒伪劣产品的场所，为了进行现场检查，同该机关交涉过程中，消息泄露，制假人员闻风而逃；对一些“制假专业村”进行现场检查时，通常遇到当地村民的各种阻挠，延误勘验检查时机，导致检查一无所获；在一些涉及黑社会背景的企业，调查人员进入场所进行现场检查时往往面临暴力抗法的风险。①

实践中，针对该问题的主要对策是大案要案的“联合作战”，

---

① 陈士弘：《打假十难析》，载《企业标准化》2001 年第 3 期，第 27 页。

即取得公安、武警以及监察部门的协助进行现场检查。具体做法是在确定涉嫌违法场所后，由公安部门、武警部门进行现场警戒，由质监部门的调查人员进入现场检查，监察部门配合，监督查处为违法者“保驾护航”的地方官员。这种做法在实质上是借助公安部门的权力对涉嫌违法人员采取直接强制措施，保证现场检查的顺利进行，同时借助监察部门的监察权排除地方保护的干扰。这对于一些带有黑社会背景或者地方保护背景的严重质量违法案件有非常好的效果，但由于“劳师动众”、对于企业生产的干预性极强等原因，这些方法只是针对性质恶劣的“重案”使用，并非常态。

第四，影响正常生产经营。现场检查是对企业生产活动的直接有力干预，必然对当事人的正常生产经营活动带来巨大的影响，尤其是当事人可能并没有从事违法生产经营或者只是有部分、轻微的违法行为，“大张旗鼓”地现场检查给生产经营带来的影响并不具有合理性。虽然相关法律、法规规定，现场检查损害行政相对人合法权益造成损失的应当予以赔偿，但是实践中的这种损失却很难界定，有关的赔偿案件也是凤毛麟角。

实践部门对于这一点并非没有认识，相关法律、法规也要求调查人员尽量减少对正常生产经营的影响。作为原则性的规定和要求，实践中并不被调查执法人员重视。

4.3.3 强制措施

调查取证中主要使用的强制措施包括登记保存、封存、查封、扣押，都是暂时性的强制措施，对当事人的权益有较大影响。登记保存和封存是单纯的证据保全措施、取证措施；查封、扣押既有证据保全的作用，也是保证案件查处顺利进行的强制措施，能够制止违法行为，便于下一步行政处罚执行。上述强制措施的实施，均需要经过质监部门负责人的批准，填写相应的决定书和清单，当场向当事人宣布决定、实施期限及相应的权利义务，要求行政相对人签字确认。同时，需要对采取强制措施的物品进行拍照、摄像，必要时对采取强制措施的过程录像。

(1) 登记保存、封存。

登记保存是常用的证据保全措施，质监办案部门可以根据情况决定对于可能灭失的物证进行暂时的封存固定、登记造册，当事人须就地妥善保管，不得动用、毁损，期限为7日，7日之内必须作出处理决定。

封存措施是质量、计量、标准化等质检法规特有的证据保全强制措施，适用于计量、特种设备、标准化等法规明确规定的领域，启用条件与登记保存一致，也是在证据可能灭失或今后难以取得的情况下使用，就地对物证加以固定、加贴专用封条，需要填写《封存决定书》并附《封存清单》。实践执法部门的论述经常将封存与查封混淆，甚至明确指出是同一概念，[①] 这是不符合《技术监督行政案件办理程序规定》第21条的规定的。

与查封、扣押相比，登记保存或封存主要针对证据，包括随机抽取的样品、账册、合同等，涉及数量不大、时间不长，对当事人权益影响不大。

(2) 查封、扣押。

查封、扣押是针对违法产品本身，查封、扣押除了有对证据保全的作用，还有制止违法行为的作用，对于有严重质量问题的全部产品、原材料、生产工具等进行查封、扣押，防止有害产品的进一步扩散。查封就地进行，扣押则是将物品扣留转移至其他场所。与登记保存、封存相比，查封、扣押是干涉性较强的行政强制措施，期限长、涉及的物品数量大，对相对人的财产权益影响较大。

查封、扣押的前提是必须有证据证明产品有严格的质量问题，

---

① 易苍松编著：《质量技术监督执法实用手册》，中国标准出版社2006年版，第211页。在该书第166~169页，以及唐拥军、张兴国编著：《质量技术监督行政案件办理程序与措施》，江苏科技出版社2007年版，第201~202页，均将封存与查封作为同义语使用。

未经查实的举报线索不能作为证据，实践中一般必须要求有检验结论证明，同时查封、扣押有严格的程序要求，必须经过县级以上质监部门负责人批准，内部机构负责人批准无效。① 查封、扣押的期限，按照2010年的《行政强制法》的一般规定是30日，经批准可以延长30日，这比原来国家质检总局3个月的规定短得多。②

（3）实践中的问题。

第一，混用。登记保存、封存与查封、扣押启动条件以及具体实施并不相同，对于相对人的权益影响也有较大差别，实践中有错用或者滥用、混用的情况存在。查封、扣押需要有切实的证据才能直接采用，对于可能的证据只能先行采取登记保存或封存措施，待抽样取证结果出来后，才能转为查封、扣押措施，实践中，调查人员习惯直接用查封、扣押措施而导致程序上的不合法。③

例如，某县质监局去某卫生防疫站检验万分之一天平，多次被以打不开库房门、正在修理等理由拒绝。于是该县质监局执法人员对天平所在库房进行了查封。④ 这是典型的错误使用强制措施案件，虽然该卫生防疫站以各种理由拒绝检查，但是调查人员并没有

---

① 唐拥军、张兴国编著：《质量技术监督行政案件办理程序与措施》，江苏科技出版社2007年版，第206页。

② 除了少量特定法律，如《无照经营查处取缔办法》规定最长期限为30日，之前并没有关于查封、扣押期限的统一规定，《产品质量法》、《特种设备安全监察条例》等都没有规定具体期限，只有原国家质量技术监督局《关于实施〈中华人民共和国产品质量法〉若干问题的意见》（质技监局政发［2001］43号）第2条第3款作出了查封、扣押的期限为3个月的规定，以及《关于实施〈特种设备安全监察条例〉若干问题的意见》（国质检［2003］206号）作出了查封、扣押期限为15天的规定。

③ 唐拥军、张兴国编著：《质量技术监督行政案件办理程序与措施》，江苏科技出版社2007年版，第210页。

④ 《实施行政措施不当案》，国家质量技术监督局政策法规宣传教育司编：《质量技术监督执法实用大全》，中国标准出版社2000年版，第527页。

该天平计量确有问题的证据，此时为了防止证据灭失，可以采取的是对天平的登记保存措施，而不是查封。另外，登记保存和查封都应当是涉案标的物，此案中却对标的物所在的整个库房进行查封。此案的结果是启封后没有在该库房发现该天平，立即撤销查封，但是县质监局在行政诉讼中败诉，赔偿防疫站因查封库房而承担的经济损失。

第二，保管不当、期限过长。查封、扣押期限过长，保管不当导致产品的变质、失效是实践中经常出现的情况，如果最后调查结果是不违法，就会给当事人造成极大的损失。实践中，有些地方口头通知"不准动用"，实际扣押产品期限远远超出法律法规规定。[①] 根据法律规定，查封、扣押措施给相对人造成财产损失的，可以请求国家赔偿。随着相对人法律维权意识和能力的提高，执法人员表示过去的这些常见的不规范做法已经很少见了，因为只要被行政相对人抓住"口头通知"、"程序不规范"、"超期"等这样的"把柄"，相对人就可能不再遵守查封、扣押的规定，即使质监部门下达"处罚决定"，相对人依然可以手握证据提起行政诉讼。[②]

4.4　证据审查和补充调查

实践中，证据审查与调查收集证据是密切相关、交替进行的。具体而言，调查取证的过程就是通过初步调查了解收集零散证据，对这些证据进行审查判断、去伪存真，然后发现新的线索，收集到更多的、进一步的证据。当收集证据的工作基本结束后，要对所有证据再进行仔细的综合审查判断，确认每项证据的客观真实性、关联性，并核查证据与证据之间是否存在矛盾，是否形成了完整的证

---

① 《县标准计量局错误处罚销售蜂蜜案》，国家质量技术监督局政策法规宣传教育司编：《质量技术监督执法实用大全》，中国标准出版社2000年版，第590～591页。

② 来源于执法访谈。

据链，发现证据缺漏的，需要及时进行补充调查。

证据不足是实践中经常出现的问题，最具有代表性的就是缺乏直接证据，以下通过质监实践中的几个案例来说明证据审查中需要注意的问题。

第一，由原材料不合格直接推断产品不合格。案例A，某县技术监督局在对酱油厂的质监执法检查中，发现该厂仓库中的加工酱油使用的盐属于“三无产品”，经检验鉴定不符合国家食用盐的标准，由此判定该酱油厂的酱油产品不合格，因此根据产品质量法对该酱油厂进行行政处罚。① 该酱油厂提起了行政复议，最后判定行政处罚证据不足。此案的症结在于，食用盐属于加工酱油的原材料，虽然原材料不合格，但是不能直接推出该厂出售的酱油产品质量不合格，出售的酱油产品可能并未使用该批不合格的原材料，从证据的关联性角度出发，必须对取得酱油产品样品进行抽样检验，才能够作为行政处罚的直接证据。如果仅凭原材料的检验结果不合格，没有产品样品不合格的证据，是不能够根据产品质量法进行处罚的。

第二，当事人承认代替直接证据。类似的案件有两个，② 基本情况都是在确认产品质量有问题后，需要对违法数额事实进行调查，根据行政相对人所提供、承认的违法事实进行行政处罚，缺少直接证据加以证明。应当根据当事人的陈述，对财务账册以及进货、销售发票等票据进行查阅、核对、复制，查清违法开始的日期、数额等，取得这些直接证据证明违法事实。

---

① 《生产不合格酱油行政处罚案》，国家质量技术监督局政策法规宣传教育司编：《质量技术监督执法实用大全》，中国标准出版社2000年版，第539～540页。

② 《销售假冒洗衣粉行政处罚案》、《销售不合格无铅汽油行政处罚案》，国家质量技术监督局政策法规宣传教育司编：《质量技术监督执法实用大全》，中国标准出版社2000年版，第554～557页。

第三，移送案件证据不足问题。案例 B，某市技术监督局受理了一起公安机关移送的销售假酒案，在对当事人进行了简单调查后，根据公安机关的委托检验报告作出了处罚决定，在之后提起的行政复议中，由于检验报告未明确代表批次、批量等难以证明当事人的违法事实。① 本案的症结在于直接采用了公安部门委托检验的报告，没有重新按照规定进行抽样检验、登记保存等手续，导致证据不足。

第四，客观证据代替当事人承认。案例 C，某县技术监督局检查发现某医药公司经销的注射器涉嫌假冒，经质量鉴定不符合国家强制标准。② 销售假冒伪劣产品的认定要件之一是“明知”，即该医药公司必须知道该批产品是假冒伪劣产品，但是医药公司一再说不知情。经调查认定，该批假冒伪劣产品的包装外观与正品有显著区别，而该公司库存中有正品，另外该批假冒产品的进货渠道并不正规，进货价格较低，因此可以认定医药公司销售假冒伪劣产品是“明知行为”。这则案例的启示是在证据不足的情况下，可以通过证据的综合运用，补充不足的证据，使证据完整充分。上述案例充分说明了证据审查的重要性，在对证据审查时，需要及时发现问题，在证据不足的情况下要立即进行补充调查，获得关键证据。

4.5　调查终结

调查终结的结果有三种：第一种是查案终结，经过立案、调查取证、证据审查，案件事实查清，当事人身份查明，证据确实充

---

① 《处罚销售假红葡萄酒引发的行政纠纷案》，国家质量技术监督局政策法规宣传教育司编：《质量技术监督执法实用大全》，中国标准出版社 2000 年版，第 595 ~ 596 页。

② 《销售劣质注射器行政处罚案》，国家质量技术监督局政策法规宣传教育司编：《质量技术监督执法实用大全》，中国标准出版社 2000 年版，第 548 ~ 549 页。

分，材料和手续完备，提交案件调查报告进入处罚程序阶段。第二种是撤案终结，经过立案查证，违法事实不成立或不应追究法律责任的，提交撤案报告。第三种是中止调查，即在法定时效期间内暂时停止调查活动，实践中的调查情形包括：经长期调查没有发现证据，难以查证；当事人下落不明；当事人已被证明涉嫌犯罪。[①] 对于中止调查的前两种情况，只要在法定时效内有相关线索仍可以恢复调查。

我们关注的主要是第一种情况，即查案终结，制作并提交案件调查报告。调查报告的制作过程是对于调查情况、涉及证据进行全面核查的过程，是案件处理的重要依据。调查报告一般必须包含以下内容：案件违法事实和证据、采取的强制措施及理由、调查结论及处理意见，并附上证据材料的清单。

根据调查与审理分离的制度，调查终结后应将案卷材料和证据移交质监部门的审理机构审理。在审理过程中，充分保障行政相对人的知情权和陈述、申辩权，案件依法属于听证范围的，行政相对人享有申请听证的权利。

5 若干共性问题探讨

5.1 调查权启动规制

5.1.1 问题分析

我国的质检行政调查权依据职权启动，是保障产品质量安全、 维护公众利益的必要手段，是产品质量监管制度的重要组成部分， 在西方国家属于经济行政监督权（das Recht der

① 唐拥军、张兴国编著：《质量技术监督行政案件办理程序与措施》，江苏科技出版社2007年版，第60页。

Wirtschaftsüberwachung）的一部分。[1] 另外，作为以行政处罚为担保的间接强制调查，质检行政调查由于其一定程度的强制性和实践中被频繁使用，对于企业的实际生产经营影响甚巨，应有一定的法律规制，以防止行政机关不合理地任意启动，加重企业负担、损害企业正当利益。

实践中，质检行政调查权的启动在监督检查和个案调查的具体操作上略有不同，但存有共性问题，即启动条件不严格、程序不规范。

监督检查的启动凭据是《产品质量监督抽查通知书》，这在国家产品质量监督抽查中尤其严格，在《产品质量监督抽查管理办法》中作出了明确规定，未持有注明企业名称的《产品质量监督抽查通知书》，企业有拒绝检查权。而省级质监部门组织的产品质量监督抽查参照抽查办法的规定，在实践中也以《产品质量监督抽查通知书》为依据，但是根据《产品质量法》的规定，县级以上的质监部门都可以在其辖区内组织监督抽查，包括日常巡查、突击检查等。实践中，这类地方监督抽查具有任意性，启动条件并不规范，相关法律、法规并没有持检查通知书等书面凭据的规定，实践中全凭行政机关内部规范自我约束，难免会出现不规范现象。

各级质监部门频繁检查、随意检查，无疑会给企业造成巨大的负担，一些地方检查由于没有书面检查凭据，是否正式检查企业也无从分辨，为部分稽查人员故意刁难、吃拿卡要也提供了机会，企业亦无从申诉。

在个案调查中，根据《产品质量法》及《技术监督行政案件办理程序的规定》的相关规定，发现嫌疑或根据举报即可行使相关调查职权，因此没有启动凭据的强制规定。虽然在地方质监部门的内部执法规范中有向被调查企业“说明依据”的规定，由于这

---

① Oberrath, Öffenliches Wirtschaftsrecht, Carl Heymanns Verlag 2005, S. 178.

样的规定概括笼统，实践中执法人员一般只需口头说明“接到举报”、“突击检查”等理由并出示证件，就可以进入企业调查，并不需要书面凭据，这是否意味着个案调查启动较为任意?

程序规定中有行政机关内部立案审批的限制，即需要经过初步核查、证实确有违法嫌疑才能够予以正式立案、展开调查。但是，实践中立案审批程序并不受重视，甚至有点“形同虚设”：其一，可以随意补办，一些案件甚至在调查终结以后提交审理之前才补办，补办成为常态。其二，名为“立案审批”，实为“立案登记”，实践中立案审批通常由质监部门的法制机构完成，而并没有按照一些内部规范规定的“由主要领导和主管局长审查”，因此仅仅是履行登记的手续。如此一来，就使立案审批程序无法发挥对调查权启动的规制作用。

更值得探讨的是案前初查的问题，其本身的作用是核查、证实确有违法嫌疑，然后履行立案手续，经批准后展开正式调查。因此，案前初查的本来性质应当是一种任意调查，核实线索、避免行政执法程序的随意启动，但是实践中案前初查往往被演变为正式调查。具体而言，实践中一般是接到举报，执法稽查人员立即出动去企业进行调查，[1] 常用的调查方式和手段几乎涵盖了正式调查取证阶段调查询问、现场勘验检查、抽样取证、鉴定检验等调查手段，在发现违法事实或情况紧急时，也可以采取查封、扣押等强制措施，似乎与正式调查手段一致，并无限制。实践部门的理由是，先立案再调查取证是程序的一般要求，目前的质检违法案件很大一部分发生在小企业、个体户、手工作坊等，违法地点隐蔽性很强，当事人的警惕性也很高，如果不及时采取措施取得证据，稍有延误，再次调查时很可能“人走楼空”、逃匿无踪，因此根据需要立即采取措施是必要的做法，是适应灵活实践的要求。但是，这种常态做

① 在执法访谈中，实践执法人员表示，现在的要求是接到举报，必须出动前往调查。

法使立案程序的功能消失殆尽，也使案前初查和正式调查的这种区分失去意义，导致调查权的启动显得随意、缺乏规制。

5.1.2　德国经济监督调查权启动规制

根据行政法的合法性原则（Grundsatz der Gesetzmäßigkeit allen Verwaltungshandelns）要求，由于调查措施的干预性特征，经济监督中调查权的启动应当有明确的法律依据。但事实上在德国并非如此，法律的授权非常宽泛，都是诸如“为了履行行政机关的职能”、“为了履行监督职能”、“为了执行法律”这样宽泛的说法。学界认为，为了限制行政机关恣意启动调查权，必须对调查权的启动进行规制。[①]

有些建议认为，应当参照竞争法中调查权规定（wettbewerbsrechtliche Prüfungen），启动调查权必须存在以下前提条件，如“存在调查的事由”、“存在违法的嫌疑”等。[②] 史蒂芬（Stefan Scholl）认为，这些模糊的规定意义不大，并不能在实践中对调查权启动起到规制作用。[③]

学术界和司法实践普遍认为，为了完成经济监督的任务，行政机关有权根据其具体职能对特定的企业进行慎重的调查，法律在此处并没有进行概括性的授权，而是必须符合宪法第 2 条第 1 款（Art. 2 I GG）的实体合法和宪法第 19 条第 4 款（Art. 19 IV GG）的程序合法要求。[④] 行政调查权的启动不应当是任意的，而应当具

① Stefan Scholl, Behördliche Prüfungsbefugnisse im Recht der Wirtschaftsüberwachung, Berlin: Duncker u. Humblot, 1989, S. 57.

② Stefan Scholl, Behördliche Prüfungsbefugnisse im Recht der Wirtschaftsüberwachung, Berlin: Duncker u. Humblot, 1989, S. 58.

③ Stefan Scholl, Behördliche Prüfungsbefugnisse im Recht der Wirtschaftsüberwachung, Berlin: Duncker u. Humblot, 1989, S. 58.

④ Stefan Scholl, Behördliche Prüfungsbefugnisse im Recht der Wirtschaftsüberwachung, Berlin: Duncker u. Humblot, 1989, S. 59.

有必要性（Notwendigkeit），即违法嫌疑的存在，或者获取信息的需要（Informationsnot），这是行政机关启动调查权时必须考虑的因素，如果行政机关可以通过其他途径或者方式获得信息，就不应当启动调查。[①] 这里考虑了对于相对人法益的保护。

从上述论述可以发现，德国在经济监督中对于行政调查权启动的法律授权较为宽泛，并不具体，主要是依据行政机关的职能和具体法律的目标，不能超出职权管辖范围和授权法的具体调查目的，这一情况与我国的情况相似。德国对于调查权启动的规制，主要通过规范行政程序和行政机关的内部约束，确有调查权启动的必要性时才能启动调查。

5.1.3 解决对策

从第一部分的问题分析可以发现，在我国无论是质检监督检查，还是个案调查，在调查权启动阶段都存在启动随意、缺乏有效规制的问题，这也是造成频繁检查、企业不堪其扰、负担沉重的重要原因之一。由于我国的质检行政调查权是依职权启动的，相关法律规定并没有特别的限制，仅有“禁止重复检查”这样的原则性规定，有必要从行政相对人权利保护以及规范执法的角度进行必要规制，防止行政调查权的随意启动、不合理地加重企业负担。

德国规范行政程序、加强行政机关内部约束的思路给予我们一定的启示。

第一，规范监督检查的程序。各级质监部门的监督检查建议仿效国家产品质量监督抽查的规定，在法律规范中明确规定各级、各类监督检查必须持有相应质监部门出具的检查书面凭据，否则企业可以拒绝检查。这不仅是规范程序、保护企业权利的需要，也方便各级质监部门统筹控制监督检查的频率，防止不必要的重复抽查浪

---

① Stefan Scholl, Behördliche Prüfungsbefugnisse im Recht der Wirtschaftsüberwachung, Berlin: Duncker u. Humblot, 1989, S. 63.

费行政资源，加重企业负担。

第二，加强行政机关内部程序的约束。个案调查中，须真正发挥立案程序审批把关的作用，加强对立案程序的重视，可以明确规定由案件承办部门的主管负责人把关审批。对于立案之前的案前初查，调查手段宜有一定的限制。具体而言，宜以任意调查、外围调查为原则，主要确定是否有违法嫌疑以及地点、对象，至于涉嫌违法的进一步证据的取得，应当由正式的调查取证阶段来完成。确实发现情况紧急、不及时采取措施可能导致严重后果的，以特殊调查手段为例外，才能采取突击检查、查封、扣押措施等，此时实际上是在紧急情况下由案前初查转变为正式调查，此种情况下必须要求在及时补办立案审批程序，并在书面报告中说明具体的特殊情况。这些建议，主要目的是发挥立案程序的规制作用，以规范个案调查权的启动，避免启动过于随意。

5.2 进入检查的限制

5.2.1 问题分析

现场检查，无论对于监督抽查还是个案调查都至关重要，是质检行政调查实践中最重要的调查取证手段。现场检查是对企业生产活动的直接有力干预，必然对当事人的正常生产经营活动带来巨大的影响，尤其是当事人可能并没有从事违法生产经营或者只有部分、轻微的违法行为，“大张旗鼓”地进行现场检查给生产经营带来的影响有些不合理。按照比例原则中“尽可能最小侵害”的必要性原则，应当要求在现场检查时尽量减少对于生产经营的影响，从程序设计上加以规范，尤其是经常进行的监督检查，应按照规范的程序在成品仓库中迅速完成任务并离开，避免对于生产经营的过度影响。

现场检查必须进入现场才能实行，该场所可能是生产经营场所，也可能是个人居所，我国宪法规定的公民住宅不可侵犯，禁止非法侵入公民住宅，因此对于能够进入检查的场所有必要加以讨论。实践中，可能面临的现实问题，如知情人举报关键证据账册藏匿于违法嫌疑人家中，质监执法人员能否根据线索去其家中检查，根据《产品质量法》及相关法律的规定，质监部门可以对涉嫌违法的生产、销售活动场所实施现场检查。那么，藏匿账册的个人居所是否属于“涉嫌违法的生产、销售活动场所”需要进行解释。

5.2.2 德国对进入检查权的限制

德国对于进入检查权有更为详细的规定和讨论，不妨可作借鉴研讨。根据《德国工商业条例》第29条第2款规定（§29 Abs. 2 GewO），[①] 行政执法人员可以在正常的营业时间进入营业场所进行检查、要求提供有关材料；但是在出现紧急的威胁公共安全或公共秩序的危险时，可以在任何时间进入场所进行检查，并且该场所可以是个人居住场所。德国《宪法》第13条所规定的个人住所不可侵犯的规定在此处受到限制。从法条注释（Kommentar）看，“营业时间”、“营业场所”的限制，主要针对的是一般的工商业行政检查，后者“没有任何限制”的规定，主要是针对不立即排除危险会造成重大公共利益损害的紧急情况，如“食品安全事故”这样的重大公共安全事件。[②] 因此，对于一般的行政检查有场所和时

---

① §29 Abs. 2 GewO：Die Beauftragten sind befugt，zum Zwecke der Überwachung Grundstücke und Geschäfts – räume des Betroffenen während der üblichen Geschäftszeit zu betreten，dort Prüfungen und Besichtigungen vorzunehmen，sich die geschäftlichen Unterlagen vorlegen zu lassen und in diese Einsicht zu nehmen. Zur Verhütung dringender Gefahren für die öffentliche Sicherheit oder Ordnung können die Grundstücke und Ge – schäftsräume tagsüber auch außerhalb der in Satz 1 genannten Zeit sowie tagsüber auch dann betreten werden，wenn sie zugleich Wohnzwecken des Betroffenen dienen；das Grundrecht der Unverletzlichkeit der Wohnung（Artikel 13 des Grundgesetzes）wird insoweit eingeschränkt.

② Landmann/Rohmer，GewO，55. EL2009，Rn. 17 zu §29 GewO.

间的限制，理论上认为营业时间内，营业生产场所本身具有对外开放性，因此不涉及对于基本权利的侵犯。

5.2.3　美国对进入检查权的限制

在商业检查中，美国关于进入检查权的规定对我国也有一定的参考价值。早期的规定是依据1959年的Frank v. Maryland案的判决，[①] 行政人员可以没有法院令状进行卫生及安全检查，如果相对人拒绝配合，可予以行政处罚。该判决后被1967年的Camara v. Municipal Court案推翻，[②] 对于住宅的卫生及安全检查需要有相当理由与法院令状。在同时期的See v. City of Seattle案中，[③] 联邦最高法院认为，检查商业建筑物也需要具备相当理由与法院令状，以防止行政机关恣意进入检查。联邦最高法院后来又发展出“严密规范行业理论”（The Closely Regulated Business Doctrine），[④] 对于严密规范的行业，行政执法人员可以无令状进入检查，对拒绝检查者可以处以罚金，但不得使用实力强行进入，同时必须符合Donovan v. Dewey案[⑤]的三个条件，即有显著的政府利益、检查是贯

① 359 U.S.360（1959）．转引自王兆鹏：《临检与行政搜索》，载《月旦法学教室》2002年6月第85期，第151页。

② 387 U.S.523（1967）．转引自王兆鹏：《临检与行政搜索》，载《月旦法学教室》2002年6月第85期，第151页。

③ 387 U.S.541（1967）．转引自王兆鹏：《临检与行政搜索》，载《月旦法学教室》2002年6月第85期，第151页。

④ 王兆鹏：《临检与行政搜索》，载《月旦法学教室》2002年6月第85期，第151页。第四部分商业检查中的“美国法参考”对于该理论发展过程涉及的重要案例作了详细的介绍。严密规范行业，必须是政府对该行业有严密及详尽的立法或行政规范，而不是政府专擅恣意地将某类行业归类为严密规范或特种行业。

⑤ 452 U.S.594（1981）．转引自王兆鹏：《临检与行政搜索》，载《月旦法学教室》2002年6月第85期，第151页。

彻法令的必要方式、有明确规定限制行政执法人员的裁量权（有如同令状的替代方案，即检查标准、时间、地点、范围有详尽、明确的规范）。

上述讨论的焦点是商业建筑物是否受宪法对“住宅”的保护。法律上认为，政府未取得相对人同意或者法院之令状进入商业建筑物是否合法，取决于该场所是否有“合理隐私期待”（reasonable expectation of privacy）。[①] 具体而言，不具有“合理隐私期待”的场所，如餐厅、商场，检查人员可以无令状进入，但无令状进入有“合理隐私期待”的场所，如商场的休息室则是违法的。对于少数涉及公众重大安全利益的特殊性和危险性的行业（严密规范行业），如当铺、火药制造商等，虽然有“合理隐私期待”，可以无令状检查。

5.2.4 解决探讨

我国的规定没有时间限制，即进入场所检查不需要受“营业时间”或者“生产时间”的限制。那么，在假日工厂停工期间或者夜晚非经营期间是否允许质检机关进入检查，存有疑问。实践中，除了特殊情况外，一般不会在假日或者夜晚进入生产经营场所检查。但是，从保护相对人法益的角度，仿照德国的规定，在法律中增加“正常销售或生产时间”的限制规定有一定的意义。不应当允许行政机关在营业时间之外随时、恣意要求进入检查。

我国的规定有“生产、销售活动场所”的限制，应当认为现场检查的场所仅限于目的用于生产、销售的场所。但是，实践中的情况比较复杂，一些涉嫌违法的小作坊、小企业把生产、包装的地点设在隐蔽的民房内，堆放产品的仓库更为隐蔽，也有个人居所与厂房或销售场所连在一起。在这些复杂的情况下，一般只要不是独

---

① 王兆鹏：《临检与行政搜索》，载《月旦法学教室》2002年6月第85期，第151页。

立的、确定的个人居所，实践中都认为能够进入检查，理论上似乎有进一步探讨的余地。

5.3 相对人不配合调查问题

5.3.1 问题分析

行政调查首先是在相对人的自愿协助下进行，当相对人不予配合时，就要采取行政处罚等间接制裁手段确保其实效。[①]

实践中，相对人不配合调查、逃避调查是质检行政调查中经常遇到的问题。被调查相对人不配合的表现形式多种多样：以各种理由抗拒调查，如生产经营状况困难、企业负责人不在场等；监督检查实践中，在一些生产经营者比较集中的地区，多家企业共同拒检，或者一家拒检、多家拒检；凭借过硬的“关系网”、“保护伞”、黑社会背景等拒绝接受调查；证人、知情人出于害怕报复、义气维护等心理，不愿提供情况甚至提供虚假情况的现象也非常多。

相对人不配合调查的主要原因包括以下几个方面：

第一，逃避检查是生产经营者普遍的心态，众多政府部门频繁地进行检查也是造成企业产生厌烦、逃避情绪，不予配合的重要原因。

第二，凭借“关系网”、“保护伞”不接受、不配合调查。

第三，认定困难。这些不配合现象中除了明确的拒绝行为外，更多地表现为“软性”不配合，即以各种理由不提供真实情况、所需样品，拖延时间、百般阻挠。这些行为往往难以认定，难以进行处罚制裁。虽然《产品质量法》和《产品质量监督抽查管理办法》都规定了拒检和阻挠调查的处罚措施，但是拒检以及阻挠调

---

① ［韩］金东熙：《行政法》，赵峰译，中国人民大学出版社2008年版，第343页。

查的标准的法定表述都较为笼统，缺乏具体标准。实践中，主要是执法人员记录有关情况向所属的质监部门汇报，经讨论审查才能作出“拒检”或“阻挠调查”认定。由于缺乏具体的标准，也是考虑到证据的需要（应对可能发生的行政复议和行政诉讼），实践中一般只对有暴力、威胁、多次检查拒绝等恶劣情节的行为才作出认定。但是，调查获取证据的时机稍纵即逝，违法相对人一旦获得喘息时机，就会转移、毁灭证据或者逃匿，对于质检执法工作危害巨大。

第四，处罚措施威慑力不足。质检部门的行政调查权属于间接强制调查权（安全事故的调查权存有争议），以间接罚则保障调查权的施行，而不能采取直接的实力强制措施。而对于证人、知情人的调查询问则是一种任意调查，知情人虽然有协助义务，但是其不配合不能予以处罚。① 监督检查中对于“拒检”的主要处理措施是与不合格企业一起在质量监督检验报告中公布，这对于一些贴牌加工企业、制售假冒伪劣产品的小企业并没有太大的威慑力，尤其是一些“打一枪，换一个地方”的流动作坊。对于个案调查中“阻挠调查”的行为，由公安机关按照《治安管理处罚法》处罚，实践中也认为对于一些企业这样的处罚威慑力不足。

5.3.2 德国的解决思路

《行政处罚法》第37条规定了相对人协助调查和检查的义务，德国称为“忍受与协助义务”（Duldungspflicht und Mitwirkungspflicht），② 即相对人有忍受检查与配合协助检查的义务。台湾学者称

① 余凌云：《对警察行政调查权的法律控制》，载《台湾行政法学会学术研讨会论文集（2006）》，台湾元照出版社2006年版，第221页。

② Stefan Scholl, Behördliche Prüfungsbefugnisse im Recht der Wirtschaftsüberwachung, Berlin: Duncker u. Humblot, 1989, S. 170.

为“协力义务”（Mitwirkungspflicht），[①] 相对人无正当理由拒绝检查的，执法人员可以根据具体的法律规定处以罚款，但是不能够使用实力强制措施。

在长期的发展过程中，德国各州的工商业监督局逐渐从特别警察（Sonderpolizei）的角色转变为监督与服务并存的角色，担负监督、调解以及提供咨询的工作，致力于获得企业的信任。工商业监督局进入营业或销售场所检查时，对于检查中发现的问题并非直接进行处罚，而是与业主共同讨论对策，尝试给企业提供建议进行补救，只有当该生产销售者未依规定进行改善时，工商业监督局才使用行政上的强制措施或移送法院给予处罚。[②] 这样的做法改善了行政机关与企业的关系，也减少了相对人不配合调查的情况。

5.3.3　解决方案

（1）短期对策。

目前，我国实践中主要依靠工作方法的改善来预防和应对相对人不配合调查的问题。

第一，做好准备，确定调查策略。提前了解目标企业情况，周密制订监督抽查计划与方案，准备好应对措施。

第二，规范调查程序，文明执法。其一，提升执法人员形象、规范执法，要求调查人员穿着制服。其二，严格按照抽样的程序要求规范执法，出示证件，说明来意，出示书面调查、检查依据。其三，让受检企业的负责人全程参与抽样，消除其猜疑心理。

第三，做好劝说引导工作。要向受检企业说明拒检的法律后

---

① 关于协力义务的讨论，参见吴志光：《行政程序中当事人之协力义务》，载《月旦法学教室》2003 年 4 月第 6 期，第 20 页。

② Landmann/Rohmer, GewO, 55. EL2009, Rn. 17 zu § 139b GewO. 另参见法治斌：《行政检查之研究》，台湾地区行政院研究发展考核委员会 1996 年版，第 84 页。

果，选择情况相近的适当实例，耐心劝说加以引导，消除其逃避的不良心态。同时，要充分尊重被调查企业，听取其意见和要求，做好沟通，打消其疑虑，对于确实有经营困难的企业及时向上级部门汇报申请免检。

第四，充分运用调查技巧，增强证据收集能力。其一，仔细观察、迅速收集证据，运用证据。进入现场调查时，及时运用照相、摄像手段记录现场情况，就地收集证据或发现线索时，恰当运用证据、乘胜追击，使相对人无法自圆其说、思想动摇、认为其违法行为已经无法隐藏。此时抓住时机对相对人进行思想说服工作，争取通过调查询问获取进一步的线索。其二，揭露谎言。相对人以各种理由拒绝、阻挠调查时，根据已掌握的证据、现场情况、询问时相对人陈述中的前后矛盾等及时揭露相对人的谎言，能够给相对人的心理造成沉重打击，使其放弃阻挠。这主要依靠执法调查人员丰富的经验。

第五，争取其他部门的配合，联合执法。在受检企业抵触情绪严重的情况下，请当地工商局、派出所或者关系企业领导进行劝导。对部分蛮横的抗拒调查的企业申请当地公安、工商部门的协助，联合执法，采取强制措施。尤其是现场检查，由公安部门、武警部门进行现场警戒，由质监部门的调查人员进入现场检查，监察部门配合监督查处为违法者“保驾护航”的地方官员。这种做法在实质上是借助公安部门的权力对涉嫌违法人员采取直接强制措施，保证现场检查的顺利进行，同时借助监察部门的监察权排除地方保护的干扰。这对于一些带有黑社会背景或者地方保护背景的严重质量违法案件有非常好的效果，能够减小阻力，但是也由于“劳师动众”、需要占用大量行政资源，只是针对性质恶劣的“重案”使用，难以作为常规手段。

(2) 长期对策。

除了上述调查方法的运用外，解决相对人不配合问题的长期策略是借鉴德国的经验，营造行政机关与行政相对人之间的良好关系。具体而言，要增强质监部门的服务职能和服务意识，对于企业既要监督整治，也要服务跟进，不能一罚了之。目前，我国质监部门履行职能的主要方式是通过监督检查、运用行政处罚制裁督促企业遵守法律，扮演的是执法者的角色，重在处罚、轻视服务，导致一方面，频繁的监督检查使企业产生厌烦感，抵触和不配合现象严重；另一方面，经费、人手不足，稍有疏忽，出现质量安全事故。

执法的最终目的是保障产品质量的安全，加强服务、获取企业信任、营造与企业的良好关系，有利于减小监督检查的阻力，并更好地保障产品质量安全。例如，辽中县质监局在土锅炉整治行动中，没有只顾处罚，而是为企业提供建议消除安全隐患，积极为企业联系新型适用的安全锅炉。[①] 这样的做法，是值得推广的。

5.4 相对人救济

5.4.1 调查进行中的救济

（1）拒绝权。

调查开始或进行的过程中，相对人对于违法的调查行为能否进行抵制，我国相关法律规定了相对人的拒绝权，即拒绝接受抽查的权利，按照《产品质量监督抽查办法》第19条的规定，被抽查企业对于抽样人员不符合法定人数要求或证件、材料不符合以及抽样人员事先通知等情况可以拒绝接受抽查。国外理论上还有关于预防性不作为诉讼和撤销诉讼的讨论。[②]

（2）投诉权。

《工业产品生产许可证管理条例》第43条规定了企业对于检

---

① 陈弘士：《确立新思路解决老问题》，载《企业标准化》2002年第10期，第40页。

② 刘宗德：《日本行政调查制度之研究》，载《政法大学评论》第52期，第111~142页。另见［韩］金东熙：《行政法》，赵峰译，中国人民大学出版社2008年版，第346~347页。

验人员刁难行为的投诉权。虽然质量监督的相关其他法律没有对投诉权作出明确规定，但实践中这项投诉权得到普遍的认同，相对人对于抽查执法人员有营私舞弊等不公正行为，有权向质监部门举报。问题的关键在于，举报投诉究竟是否受到重视并发挥制约作用，这有赖于质监部门内部的行政法制建设，如规定对于投诉必须调查处理并及时回复。

（3）不配合调查处罚的救济。

行政机关因相对人拒绝或阻挠调查给予的处罚，相对人可以对此提起行政复议或行政诉讼。相对人可在复议或诉讼过程中以行政调查存在违法事由，要求撤销该处罚。

5.4.2 检查结果的救济

值得探讨的是，对检验结果提出异议、申请复验的权利。提出异议是在具体行政处罚作出之前，目前异议权只是规定在产品质量监督检查中，在个案调查中没有明确的规定。

质检行政调查的特殊之处在于其具有较强的技术性，检验结果是行政决定最为重要的基础，如果能够在行政处罚作出之前赋予相对人申请复验的权利，能够提供有效的救济机会，比行政处罚作出后再提起行政复议要求复验更有利于保护相对人权利，也有利于节约行政资源。[①] 因此，建议参照监督检查，在个案调查中也要求行政机关在行政处罚作出之前向相对人寄送检验结果，并赋予相对人在一定期间内提出异议、要求复验的权利。

5.4.3 调查终了的救济

相对人由于违法的调查行为造成身体或财产损失的，应当允许根据《国家赔偿法》请求损害赔偿。

---

① 蔡秀卿：《行政检查》，载《东吴法律学报》2006 年 12 月第 18 卷第 2 期，第 43 页。

依据违法的行政调查而作出行政决定的，是否能以行政调查违法为由请求撤销行政决定，尚无定论。关于此点，日本法上有行政决定非当然违法说和当然违法说。① 非当然违法说认为，行政调查具有独立性，因此行政调查实体上或程序上的违法并不当然导致行政决定的违法，行政决定是否违法，仍应就行政决定本身进行判断。② 当然违法说则认为，行政调查与行政决定具有一体性，行政调查结果是行政决定的基础，基础违法当然导致行政决定之违法。③

6 结论

行政调查是行政决定的基础，质检行政调查的高效运作关乎公共安全与经济效益，重要性不言而喻。这包含了两个方面的意思：其一，质检行政调查必须全面、彻底地调查取证，及时发现违法行为，消灭安全隐患，保障技术安全和产品质量，维护公众的切身利益。其二，质检行政调查必须规范运作，在调查过程中不能对企业的生产经营造成过度干扰、影响经济效益，同时要保障相对人合法的程序权利和实体权利，保障执法公正。

通过对质检行政调查现行规范基础的梳理和实践中运行状况、问题的探讨，可以认为我国的质检行政调查在上述两个方面都存在不完善之处：

第一，质检行政调查实践面临诸多影响调查有效运作的问题。主要包括：其一，检查消息事先泄露问题。其二，地方保护、“关系网”、涉黑背景阻碍调查。其三，检验权力异化，影响检验结果公正。质监部门下属的检验机构身份暧昧，既接受企业的收费委托

① 蔡秀卿：《行政检查》，载《东吴法律学报》2006年12月第18卷第2期，第43页。

② ［日］盐野宏：《行政法》，杨建顺译，法律出版社1999年版，第174页。

③ 蔡秀卿赞成此说，见蔡秀卿：《行政检查》，载《东吴法律学报》2006年12月第18卷第2期，第43页。

检验，也接受质监部门委托检验，还经常代质监部门去企业抽样，从中牟利。其四，相对人不配合问题。相对人拒绝协助调查，或以各种理由和方式阻挠拖延调查，这些行为大部分很难认定为“拒检”或阻挠调查，罚款、曝光等处罚措施亦威慑力不足。其五，调查技术不足、调查缺乏策略，导致取证不足。

第二，质检行政调查实践存在运作缺乏规制、相对人的权利保障不够完善的问题。主要包括：其一，启动随意、重复抽查、频繁检查。既影响工作效率、给企业造成沉重的负担，同时也给部分执法人员谋取不正当利益的机会。其二，不重视程序，缺乏比例原则的约束。一些质监部门内部的程序规范并不受办案人员的重视，如立案程序随意补办，案前初查与正式调查不作区分；“尽量减少对企业生产经营的干扰”等原则性规定亦缺乏约束力。其三，登记保存、查封、扣押等强制措施存在随意使用、混用、超期等问题。其四，相对人救济权利问题。企业复检及投诉权利缺乏保障、产品质量监督抽查通报及公告曝光的权利救济缺乏规定等。

本文对于上述问题都进行了一些探讨，按照质检监督检查运作、质检个案调查运作以及两者的若干共性问题的思路，对实践运作状况进行了阐述和分析，并尝试结合实践提出了一些解决建议。

行政调查权的运行应当是高效的，也应当是理性、公正的。当前，在产品质量安全形势严峻的情况下，切实解决质检行政调查实践中面临的困难、保障质检行政调查权的有效运作，是维护公众安全和良好市场环境的紧迫需求。与此同时，从依法行政的角度，规范质检行政调查权的运作、完善调查程序、增强服务职能，也是保障相对人的合法权益和保证经济效益的题中之义。从长远看，改变了“一罚了之”的管制方式，增强服务职能、营造行政机关与企业间的良好关系，有利于质检调查的高效运作，也有利于质量问题、安全隐患的及时解决。

法国法中的行政调查

Jean – Bernard Auby *

1　引言

有关行政调查的问题在法国法中并未受到关注。至于原因，与美国法中明确的定义相比，可能是值得玩味的，我们稍后会讨论。

然而，美国法行政调查概念下的相关机制及问题，或多或少地存在于法国行政法当中，所以，我们可以尝试寻找并探讨它们。

美国法中的“行政调查”究竟指的是什么，概括地说，这一概念指的是行政机关为了促使公民及私人组织向它们提供身份及行为信息所使用的方式和程序。或者说是指授予行政机关的法律手段，使它们能够获取社会信息。

一般而言，这些手段有三种。①

第一，检查，行政机关能够到具体场所收集数据和文件。

第二，要求提供表格或报告，在涉及要求个人或公司向行政机关提供自身信息的程序中。

第三，传唤或强制程序，给予特定相对人指令，要求其提供具体文件或信息。

---

* 巴黎政治经济学院（Sciences PO, France）公法教授，公法研究中心主任。本文由应俊翻译。

① 参见 Peter Strauss, Administrative Justice in the United States, Carolina Academic Press, 2002, p. 263.

2 相似的制度存在于法国法中①

(1) 在不同的领域，大量的行政机构拥有检查的权力。权力最大的领域之一是危险废物和污染活动的监控（《Inspection des installations classées》)。② 这个行政机构非常独特，由于历史原因，属于工业部门，而不属于环境部门。机构的检查官员享有广泛的权力。例如，他们能够进入企业的场所，他们可以要求提供一切有关信息，以检查环境法规的遵守情况，为此他们还可以决定进行科学检测。

一些监管市场竞争及经济活动的独立机构也享有检查权。特别是竞争委员会（“Autorité de la Concurrence”）享有广泛的此类权力。

(2) 向有义务提供信息的人要求提供文件的权力，是由立法根据公共数据的需要特别授予的。有关公共数据的一般立法，颁布于1951年6月7日，规定一份要求提供信息的调查问卷的哪些问题的回答是强制的。

(3) 许多有监管权的机构有权启动强制程序。在某些情况下，个人或企业被要求无须行政机关特别要求而主动提供信息，申报自

---

① 在其他国家，也对这一主题作比较研究将是非常有趣的。在意大利法和西班牙法中有一些相关文献：Fancesco Merloni (ed.), L' informazione delle pubbliche amministrazione, Maggilio Editore, 2002 - Ricardo Rivero Ortega, El Estado vigilante, Tecnos, 2004 - Jose Bermejo Vera, La administracion inspectora, Revista de Administracion Publica, septiembre - diciembre 1998, p. 39 - Agustin GarciaUreta, La potestad inspectora de las administraciones publicas, 2006 - Severiano Fernandez Ramos, La activitad administrativa de inspección, Editorial Comares, 2002.

② Jean - Bernard Auby, Public Environmental Law in France, in René Seerden, Michiel Hedelweg and Kurt Deketelaere (eds), Public Environmental Law in the European Union and the United States, Kluwer Law International, 2002, p. 171.

身活动的相关信息。例如，为了财政收入，人们需要主动申报收入，如果不这样做将受到惩罚。

3 法国法中是否存在关于行政调查的一般规则

此处必须说明的是，尽管法国法大部分是由法典组成的，却并没有一部行政程序法典，无法直接找到关于行政调查的规则。

与行政调查有关的一般规则最典型的例子能够在两部立法中找到，即上文提到的 1951 年 6 月 7 日的公共数据法（7 June 1951 statute on public statistics），该法在 2008 年进行了修改；[①] 还有 1978 年 1 月 6 日的数据保护、数据文件及个人自由法（the general 6 January 1978 statute on data protection, data files and individual liberties）。[②]

除了上述少量规则，那些涉及具体公共政策或具体行政部门、机构的法律中包含行政调查的规则，包括竞争、健康、食品安全、金融市场，等等。

4 哪些行政机构享有调查权

事实上，所有行政机构都享有少量的调查权。司法判例承认，所有的行政机构为了履行其职能，即使没有得到法律的明确授权，也能收集所需的信息。[③]

但是，只有部分行政机构可以强制公民提供身份及活动信息。其中，只有少量机构能够收集有关公民私生活或企业商业秘密的信

---

① Olivia Bui – Xuan, Les dernières réformes de la statistique publique: entre transparence et secret, Droit Administratif, juin 2009.

② Romain Perray, Informatique. Traitements de données à caractère personnel, Juris – Classeur Administratif, 2008 + updating 2009.

③ Conseil d' Etat, 19 décembre 1975 : case concerning a fiscal administration.

息。只有少量机构能够进入私人居所。这些权力必须有法律授权基础。

是否存在某些行政领域，行政调查权使用更频繁、更强有力，太直截了当的回答可能是不准确的，确实存在一些行政领域，行政调查权的使用频率较高。例如，财政领域、卫生领域。

对于调查职权而言，传统的行政机构和新兴的独立机构（autorités administratives indépendantes）是否存在不同？有一点可以考虑，大部分独立机构的此类职权的授予是非常严格、具体的，而传统行政机构此类职权的授予并不如此清晰。

5 行政机构行使调查权的一般程序，或者说调查权行使的程序要求

由于缺乏行政调查的一般立法，行政调查并没有一套一般程序制度。一些零散的共同规则适用于行政调查相关问题。

如上文已经提到的，假如指定公民有义务提供信息，或需收集的信息有关公民私人生活或商业秘密，或程序要求进入私人场所调查，调查程序没有明确的法律授权基础不能启动。

当公民有义务提供信息时，必须被告知有义务回答这些问题以及如不予配合将接受的惩罚。在是否需要告知提供信息的目的以及用途方面，规则并不一致。关于政府数据的其他法律，确实要求官员告知相对人数据提供的方式以及数据的用途。①

进入私人场所调查，要在司法监督下进行。这是指一般必须有法院指令。然而，在1978年6月1日的数据保护、数据文件及个人自由法中，监管机构“国家信息与自由委员会”（“Commission Nationale Informatique et Libertés”）进入私人场所调查，必须遵循法院指令中的信息，除非调查机构不赞成，那么就必须申请新的法

① Olivia Bui - Xuan, Les dernières réformes de la statistique publique: entre transparence et secret, aforementioned, n°20.

院指令。①

6　如何为行政调查相对人提供法律保护

(1) 上文陈述的大部分程序要求都是用来保护行政调查涉及的当事人的，尤其是法院指令以及准许令中的信息。

(2) 另外一种保障为事实所证明，即行政调查机构不能收集任何信息。它们只能收集确实必要的信息，如 1978 年 6 月 1 日的数据保护、数据文件及个人自由法的第 6 条规定，“2. 获取数据必须是为了具体的、明确的、合法的目的，并且其后不能对数据作出不符合上述目的的处理……3. 数据的获取和使用必须与上述目的相符相关、不能超越”。

除非法律另有规定，调查机关必须尊重私人生活及商业秘密。然而，问题是法律经常授予行政机关调查权，允许它们收集私人生活及商业秘密相关信息。

(3) 有相关信息保密制度提供法律保护。一般而言，通过调查收集的敏感信息必须处于保密状态，不能够为第三人所知。至少有一段保密时间，如 1951 年 6 月 7 日的公共数据法规定与人身或家庭生活相关的个人数据必须保密 25 年。

7　结论

尽管有许多与行政调查相关的规则，特别是关于数据文件及政府数据的立法，但是并不存在一般的行政调查制度，行政调查的概念也并未广受承认。

原因之一可能是法国行政法中缺乏对非司法性的程序法的提炼和系统化，传统的做法是直接将问题引向司法审查或者更广义的行政制约。

---

① Act 6 January 1978, art. 44 – Conseil d'Etat, 6 novembre 2009, Société à responsabilité limitée Inter Confort：行政法院引用《欧洲人权公约》第 8 条认为，调查机构必须被告知，他们可以反对调查。

英国法中的行政调查

Gordon Anthony*

1 引言

这篇论文介绍了“行政调查”在英国行政法中扮演的角色。它探讨了关于“行政调查”的概念及其具体运作的两个要点。

第一点是“行政调查”这一概念无论在英国的成文法中，还是在案例法中都不常用。[①] 然而，这或许是因为英国法与其他使用这一概念的国家所属的法系不同，其他国家有关行政调查的制度及运作机制不适用于英国法。英国法使用的“关键词”或许因此而不同，但是法律运作的机理及结果则往往是大致相同的。

第二点是关于“行政调查”这一概念存在的层面，这能够反映出英国行政法的一些特征。具体而言，尽管行政法在许多不同层面谈到行政调查，[②] 但是案例研究能为我们提供一个独特的视角，去了解现代政治体制下法律所追求的目标及其原因。举例而言，可以了解行政调查与哪些事务相关联，如监管与风险管理程序（reg-

---

* 英国贝尔法斯特女王大学法学院教授。本文由应俊翻译。

① 使用该概念的例子，见 *VIP Communications Ltd v Office of Communications* (*T – Mobile* [*UK*] *Intervening*) [2007] All ER (D) 138, para 25; and Northern Ireland Sheet Metal Works v PSNI [2005] NIQB 76, para 18。

② C Harlow and R Rawlings, *Law and Administration* (Cambridge University Press, 2009, 3rd ed) ch 1.

ulatory and risk management processes)、反恐斗争以及有需要时调查政府自身在行使公权力时的透明性与负责程度。上述每种情境在实践中都是变化多端的，法律会面临这样的挑战，即协调宽泛的价值间的关系，诸如公共安全与民主、权利、平等这样的先进法律体系保护的核心价值之间的关系。从这个角度看，有关行政调查的法律不仅仅是授权公共机关实施维护公共利益的措施，同时也是确保行政调查在实施时受到合法性要求的规制。

论文的第一部分以更微观的角度探讨行政调查。然后，论文分析了这类调查的合法性基础，包括调查的权力与职责、传唤的权力，等等。最后一部分探讨的是调查权力的规制，结论将给出更普遍的、具有价值的评论意见。

2 行政调查的范围

上文中提到的监管与风险管理制度或许能够提供最合适的切入点，来分析调查在英国法中所处的位置。在监管方面，英国早已在广泛的多个公共利益领域设置了调查委员会，最值得注意的例子就是竞争调查委员会（Competition Commission）。[①] 这个机构及其他类似机构，[②] 具有调查某类其他公共权力机关行为的法定权力，如公平交易办公室（Office of Fair Trading）以前、现在或潜在的重要问题。[③] 其相应的权力性质如下，委员会能够做任何“属于便利其履行职责”或者“附带或辅助其履行职责”的事情，但是此处必须指出的是，必须符合授权法的规定。[④] 这是一个必然而深远的规

① 1998 年竞争法案第 45 部分附表 7（Competition Act 1998, s 45 and Sch 7）。

② 例如，金融服务管理局（the Financial Services Authority），见 2008 年金融服务及市场法案（Financial Services and Markets Act 2000）。

③ http://www.competition - commission.org.uk/our_role/what_investigate/index.htm.

④ 1998 年竞争法案附表 7 第 8 条（Competition Act 1998, Sch 7, para 8）。

定，借用了司法判决的语言，为法定权力提供了一个宽泛的解释。[1]

调查在“风险”管理方面与监管中所处的地位基本相同，尽管在风险管理中，许多调查在事后而并非事前进行。例如，铁路事故调查处依据相关法律及其附属立法[2]负责调查发生在英国境内的铁路事故以及事件。调查的目的是促进以及保护公共安全，而并非追责归罪，广泛的调查权力包括进入事故发生现场进行调查。[3] 但是，为了确保调查搜集的信息用于公共安全利益的维护，立法规定，当法院认为涉及公共利益时，法院可以命令（order）铁路事故调查处公开调查信息（例如，在一个犯罪案件中）。[4] 这就提出了一系列难题，调查程序的边界以及良好行政情境下（in good faith in an administrative context）调查搜集的信息是否能用于确保刑事起诉。回答这些问题的法律原则见下文。

行政调查与犯罪之间的关系在反恐措施中变得模糊。尽管恐怖主义行动通常是通过犯罪实现的，“9·11”恐怖袭击事件后日益增长的恐怖主义威胁促使英国议会和行政部门采取了一系列严厉措施，试图在无须审判的条件下限制恐怖主义嫌疑人的个人权利。在此背景下，授予了行政拘留的权力，但在该项权力被认为违反欧洲

---

① See P Leyland and G Anthony, Textbook on Administrative Law (Oxford University Press, 2009, 6th ed), pp. 238 – 239.

② 2003 年《铁路与运输安全法案》（Railways and Transport Safety Act 2003）、2005 年《铁路（事故调查与报告）条例》[the Railways (Accident Investigation and Reporting) Regulations 2005]，以及 2005 年《铁路（事故调查与报告）条例修正案》[the Railways (Accident Investigation and Reporting) (Amendment) Regulations 2005]。同时，参见铁路安全指引（the Railway Safety Directive - Dir 2004/49/EC）。

③ 2005 年《铁路（事故调查与报告）条例》第 7 条。

④ 2005 年《铁路（事故调查与报告）条例》第 10 条第 5 项。

人权公约（ECHR）后，[①] 该措施重新以“管制令”（control orders）的形式实施，管制令根据不同的情形对隐私权和结社权进行限制（当然，这取决于限制程度，这样的限制措施的集合可以达到剥夺自由的程度）。[②] 管制令实施的依据是由政府机关秘密搜集的证据，恐怖主义嫌疑人有权对管制令提起诉讼，但他们不被允许获取这些被认为是“保密”的证据信息。此点特别揭示了协调公共安全与民主及个人权利之间的关系的困难性，法院因此认为，管制令制度的某些方面违反了《欧洲人权公约》第 6 条的规定。[③] 因此，政府正在积极考虑采用其他方式控制持续的恐怖主义威胁，同时保障人权。[④]

英国行政法涉及调查制度的其他层面主要是在公共权力的行使方面。实质上，这些调查机制用于考察政府行使权力时，是否不尽责（一个极端）或者非法（另一个极端）。这类调查机制的例子见下文，此处需要注意的只是调查机制的重点是民主所要求的尽责（accoutability）及透明（transparency）行政的要求。[⑤] 此类调查机制，在某些情况下与欧洲条约的规定（European norms）部分重合，英国以此种方式履行国际义务。[⑥]

---

① A v Home Secretary [2005] 2 AC 68. See too, A v United Kingdom (2009) 49 EHRR 29.

② 2005 年《预防恐怖主义法案》(Prevention of Terrorism Act 2005)。

③ Home Secretary v AF [2009] UKHL 28; [2009] 3 WLR 74.

④ http://www.bbc.co.uk/news/uk - 12287074.

⑤ See C Hood and D Heald, *Transparency: The Key to Better Governance* (Oxford University Press, 2006).

⑥ 例如，《欧洲人权公约》第 2 条规定的调查国家使用强制力的义务，See, inter alia, Jordan v UK (2003) 37 EHRR 2; Kelly v UK (Appl No. 30054/96, May 4, 2001); McKerr v UK (2002) 34 EHRR 20; and Shanaghan v UK (Appl No. 37715/97, May 4, 2001). See too, e.g., McShane v UK (2002) 35 EHRR 23; Finucane v UK (2003) 37 EHRR 29; and Reavey v UK, 28 Nov 2007。

3 调查的合法性基础

此主题下必须说明的第一点是英国行政法的基础原则，即公共权力机关（此处不包括中央政府部门）只能实施法律授权的行为。[①] 显而易见，这一原则要求法律以明示条款授予特定的权力，如强制个人回答问题或者提交年度申报表（如税法领域[②]）。然而，除了明示条款以外，可以确信的是一个公共权力机关也能够行使属于明示条款规定的法律制度的“合理附属”（reasonably incidental）权力，这当然显著地扩大了其职权范围。[③] 在有些情况下，如前文中提到的竞争调查委员会，立法甚至包含明示的“合理附属”条款，以明确机构的职能不应依照字面解释作过于狭窄的解读。

那么，某些调查权力是由法律授权给公共权力机关，还是以竞争法为例，从所从事的工作角度，公平交易办公室（OFT）或许是调查机构的原型。这个机构可以向竞争调查委员会提交报告，有权对下述情况进行调查，即有理由怀疑存在一个可能影响英国境内贸易的协议，将阻碍、限制或者扭曲竞争；[④] 有理由怀疑存在可能影响欧盟成员间贸易的协议，将阻碍、限制或者扭曲竞争；[⑤] 或者有理由怀疑存在违反欧盟法的滥用市场主导地位的行为。[⑥] 在实施调查时，公平交易办公室拥有广泛的职权，包括有权在没有调查令的情况下进入生产经营场所并索取生产经营的相关文件资料（此种

---

① 主管中央各部门的部长们也可以行使官方的特权（prerogative powers of the Crown）。但是，同样地在涉及地方政府时，见 BV Harris, “The ‘Third Source’ of Authority for Government Action Revisited” (2007) 123 Law Quarterly Review 225。

② 2007 年《所得税法》(Income Tax Act 2007)。

③ E. g. , Re Northern Ireland Human Rights Commission [2002] NI 236.

④ Competition Act 1998, s 25(2).

⑤ Competition Act 1998, s 25(3).

⑥ Competition Act 1998, s 25(5).

进入调查权要求必须给予生产经营者书面通知；法律也作了这样的设计，即在调查正式开始前给予生产经营者一段合理的时间，以允许生产经营者的法律顾问能够到达现场）。[①] 公平交易办公室也有权在持有调查令的情况下使用“合理的强制力”（with “reasonable force”）进入生产经营场所，但是该调查令必须由法官签发；指定公平交易办公室的具体官员；注明事由及调查的目的，以及不配合调查的行为后果。[②] 当执行调查令时，指定的官员必须依照合理性要求通知生产经营主（即在进入时生产经营主不在场的情况下），以及允许生产经营主的法律代表在执行调查令时有机会到达现场。[③] 通过这些程序，权力机构能够避免信息公开，[④] 而当事人权利的保护，则是在公平交易办公室拟作出违反竞争法的裁决时，给予程序性保障。应当将拟作出的决定书面通知当事人，这一要求的重点是，当事人能够有机会向公平交易办公室作出辩驳陈述。[⑤]

此类调查权力更具争议性的是自证其罪问题，即个人在行政程序中提供的信息，其后在刑事诉讼中被用来作为控告自身的证据。例如，按照英国以前的公司法制度，调查程序中个人给予调查人员关于公司事务的回答信息，其后可被用作证据来提起针对该个人的控告，拒绝配合调查人员则可能被认定为藐视法庭。[⑥] 影响巨大的 Saunders v UK 案的判决中，欧洲人权法院认为，这一规定侵犯了当事人沉默的权利并且违反不允许当事人自证其罪的原则，因为在这种情境下当事人被强迫提供不利于自己的证据。[⑦] 尽管 Saunders

① Competition Act 1998, s 27.

② Competition Act 1998, ss 28 – 29.

③ Competition Act 1998, s 29.

④ Competition Act 1998, s 30.

⑤ Competition Act 1998, s 31.

⑥ Companies Act 1985, ss 434 & 436.

⑦ (1996) 23 EHRR 313.

v UK 案原则的适用性取决于具体的情境，[①] 然而该原则的核心精神已经被公认为良法（good law），行政程序中获取的信息不再能够直接被作为证据。这一点可以从 1998 年竞争法的类似条款中得到验证。

该法有关现行的公平交易办公室调查的规定写道："某人在某项调查中对于问题的回答不能被用作针对该人的卡特尔诉讼中的证据，除非在下述情况下：（1）他作出了与该证据不一致的陈述；和（2）他或他的一方自己使用了与该项证据相关的证据或者提出了相关的问题。"[②]

Saunders v UK 案也与铁路事故调查委员会有关，当法庭认为这样做符合"公共利益"时，该委员会将被要求公开行政调查中搜集的信息。尽管 Saunders 原则的直接适用性取决于信息的类型以及信息获得的方式，更重要的是，在任何"公共利益"考察中必须考虑一项要素，保证对信息公开后受影响的个人的公平。显而易见，使用信息将会牺牲提供信息的个人的利益，Saunders v UK 案提供了一个强有力的判例，排除信息作为证据使用。然而，不清楚的是何时信息能够使用以保护第三方的利益。在此种情况下，没有自证其罪的问题，并且公共利益在有效的刑事正义制度中意味着应当允许使用信息。

4 控制机制

最后探讨的重点是调查权力是如何受控制的，此处将讨论三点，即行政调查权行使的程序要求；当行政调查权被违法行使或滥用时，可用的司法救济措施；国家的"自我调查"。

---

① e. g. , R v K [2010] 2 All ER 509.

② Competition Act 1998, s 30 [卡特尔诉讼由 2002 年企业法创造（the Enterprise Act 2002), s 188]。

4.1　程序要求

对此的初步观察会发现，授予公共机关的立法通常会为个人提供详细的程序保障，以保护程序权利和公平。某些程序保障已经在上文有关公平交易办公室的内容中提到过，其他立法中程序保障的性质和范围取决于调查机关的性质，如是否与刑事执行职能有重叠。然而，立法上的程序保障并非为个人提供保护的唯一来源，英国法的一个基本特征就是，普通法将增加程序性规定到成文法中并不断填补法律制度中的漏洞。[①] 这提出了有趣的宪法问题，即英国法中法律等级——法院通常会坚持的原则是，基本立法是至高无上的（primary legislation is sovereign）[②] ——此处需关注的重点是，约束调查者的准则往往是由法官或立法机关制定的。在这个层面，规范的相互作用促使法院因此作出一个可反驳的推定，即议会并不试图否认程序权利，除非法律明文规定或者必然有此含义。[③] 最近，法院也指出，必须按照《欧洲人权公约》第6条决定立法是否符合普通法和欧洲法的最基本公平要求。

一个能说明普通法和《欧洲人权公约》中的标准的重要性的案件是 *Bank Mellat v HM Treasury*。[④] 此案中，财政部获取了原告银行商务活动的信息并依据2008年反恐法作出一个指令（Direction），禁止金融行业的所有工作人员进行或参与与该银行有关联的交易或商务活动。这项指示的依据是该银行“持续地参与一系列支持和促进伊朗的核扩散敏感活动，从事核相关业务的公司通过该银行获得资金，另一家与多家涉核业务公司有联系的可疑公司通

① Lloyd v McMahon [1987] AC 625, 702, Lord Bridge.

② Furnell v Whangarei High School's Board [1973] AC 660.

③ R v Secretary of State for the Home Department, ex p Pierson [1998] AC 539, 573 -4, Lord Browne - Wilkinson; and R v K [2010] 2 All ER 509.

④ [2010] EWCA Civ 483.

过该银行开展业务”。当该银行对财政部的指示提起诉讼时，法庭考虑的核心问题是，财政部究竟在多大程度上有义务向该银行披露信息。初审法院认为，公开信息义务是为了给银行提供足够的信息，以使其能够对针对它的指控提出有效的反驳，法庭驳回了财政部提出的理由，即此案的情境并不要求有其他案件那样的公平水平（其他案件，如给组织设置限制性要求或限制其他个人权利）。[①] 事实上，法院接受了这样的意见，即公平的要求因个案情境而异，同时法院强调了《欧洲人权公约》第6条规定的基本的、不可减损的权利的存在，普通法同样予以其保护。上诉法院同意初审法院的意见，驳回了财政部的上诉。

4.2 救济措施

此处直接关注的是，当违反程序或其他重要法律规范的情况出现时，有哪些司法救济措施。在某些情况下，立法在授予一项特别权力时也会提供司法补救措施。例如，“9·11”恐怖袭击事件后的立法规定的拘留措施，该措施无须审判、对国际恐怖主义嫌疑人适用。[②] 当立法中没有规定补救措施时，救济通常通过司法审查或侵权诉讼。尽管司法审查是基于“审查，并非上诉”，这一准则限制了选择司法审查的范围，[③] 不言而喻，英国法院在评估对个人的程序公正问题时是非常严格的。[④] 这就为个人提供了公法保护，提起侵权诉讼时，除其他事项外，对公共机关的不当行为或恶意起诉行为可以提起滥用公共权力的损害赔偿请求。当此类私法请求获得

---

① As in, e. g. , Home Secretary v AF [2010] 2 AC 269.

② 根据2001年反恐怖主义、犯罪与安全法（Anti - terrorism, Crime and Security Act 2001）当时有效的规定。

③ See G Anthony, Judicial Review in Northern Ireland (Hart Publishing, Oxford, 2008), pp 3 - 4, 111 - 115, and 163 - 168.

④ Ibid, ch 7.

支持时，法律有时对于政府官员扮演的是“惩罚”者的角色。[1]

在实践中，体现救济措施的一个典型案例依然是反恐斗争领域的——*HM Treasury v Ahmed*。[2] 这是一个非常复杂的案件，涉及下级法的合法性，该法授权英国政府冻结恐怖活动嫌疑人的资产，这些恐怖活动嫌疑人是由英国政府确定的，或者他们的名字在联合国的“制裁名单”上[3]（因此，此处涉及了“全球性”行政调查[4]）。该立法面临挑战的核心问题是，缺乏对于制裁名单上人员的个人程序保护，最高法院（the Supreme Court）取消了与寻求有效司法救济的基本权利相抵触的条款。[5] 在此情况下，财政部请求法庭延缓该裁定的生效时间，以使法律能够作出适当的修改来应对现实的恐怖主义威胁。尽管法院承认有权力暂缓该裁定的生效，但仍认为，鉴于此案中救济措施的性质是如此重要，该法律与此相抵触的部分并不具有法律效力。法庭最终拒绝暂缓该裁定的生效，因为如果告诉如银行这样的第三方该立法是有效的，那么将“使法院判决的有效性变得模糊”。[6]

---

① C Harlow, “A Punitive Role for Tort Law?” in L Pearson, C Harlow and M Taggart (eds), Administrative Law in a Changing State: Essays in Honour of Mark Aronson (Hart Publishing, Oxford, 2008) p. 247.

② [2010] 2 AC 534.

③ 这一立法，以美国1946年法案为基础，是2006年反恐法（美国措施）（SI 2006/2657）和基地组织及塔利班（美国措施）法令2006（SI 2006/2952）。

④ 这一想法，参见 G Anthony, J - B Auby, J Morison, and T Zwart (eds), *Values in Global Administrative Law* (Hart Publishing, Oxford, 2011), ch 1。

⑤ 这个案子在国内法上的重要性堪比欧盟法中 seminal Kadi case, 参见 Joined Cases C 402/05P and C - 415/05P, *Kadi & Al Barakaat International Foundation v Council and Commission* [2008] 3 CMLR 41。

⑥ [2010] UKSC 2; [2010] 2 AC 534, 690, para 8. 然而, the Terrorist Asset - Freezing Act (Temporary Provisions) Act 2010 有效地否决了法院的判决，参见 the Terrorist Asset - Freezing Act 2010。

4.3 “自我调查”

国家的“自我调查”是特别的、超出法院程序并考虑公共权力运行方式的情况（尽管代表国家的人员当然也适用刑事程序）。它最初的雏形可能来自“Ombudsman 原则”，该原则与议会委员会行政办公室的工作有关。该办公室由法律设立，① 并获得授权调查对于英国中央政府部门及相关机构不当行政（Maladministration）的申诉。② 申诉通过议员提出，“任何认为因不当行政而承受了不公正的公民”均可以提出申诉。③ 不当行政并没有在立法中加以定义，但大致上包含了“偏见、忽视、疏忽、迟延、无能（incompetence）、不称职、恣意，等等”。④ 调查中专员有重要的调查权力，如查看文件和询问人员，⑤ 当政府机构并不受调查办公室决定的法定约束时，法院将审查该机构拒绝调查决定的理由。⑥ 该办公室以此方式对公共决策的制定负高度的责任，虽然某些政策领域是排除的。⑦该办公室的权力同样受规则的限制，即在申诉人有其他法律救济途径（通过法院）的情况下排除调查。⑧

---

① Parliamentary Commissioner Act 1967.

② See further Leyland and Anthony, n 10 above, ch 6.

③ s 5 (1) of the Parliamentary Commissioner Act 1967. 公民包括公司：s 6 (1)。

④ The so-called “Crossman catalogue”. On the open-ended nature of the catalogue see R v Local Commissioner for Administration, ex p Bradford MCC [1979] QB 287.

⑤ See ss 8-9 of the Parliamentary Commissioner Act 1967.

⑥ See M Elliott, ‘The government versus the ombudsman: what role for judicial review?’ (2010) 69 Cambridge Law Journal 1.

⑦ Parliamentary Commissioner Act 1967, s 5(3) and Sch 3. 这些领域包括：犯罪调查；中央政府与合同或商业交易有关的行为；行政部门或军队人员的任命、撤职及其他人事决定。

⑧ Parliamentary Commissioner Act 1967, s 5(2).

在其他情况下，可能基于更广泛的公共利益考察国家权力的行使情况，如对腐败的可靠指控或对政府权力故意滥用的指控。关于调查方式，国家有广泛的选择，这取决于所涉及的问题。在这些选择中，最常用的调查方式是询问调查（Inquiry），各类询问调查根据2005年调查法案（the Inquiries Act 2005）建立，皇家特权或部分立法权力将责任强加于某个相关的大臣。① 尽管询问调查具有政治争议性——可以考虑其独立性及政府干预的范围②——它们与透明性、尽责性的基本价值要求相关。当它们达到自己的目标时，它们将因此成为民主进程中具有标志性意义的角色。③

自我调查也可能因国际人权法而启动，如政府或其代理机构被卷入个人死亡事件。此处有确定的根据，即《欧洲人权公约》第2条规定了程序性要求，要求政府对于个人死亡事件进行独立、有效的调查，并在适当情况下对涉及的非法行为进行起诉。④ 虽然以前对于《欧洲人权公约》第2条在英国法中的适用程度存在一些不确定性——1998年人权法（the Human Rights Act 1998）并不具有溯及力，并且还存在一些未解决的问题，即那些在北爱尔兰冲突中具有争议性的死亡事件⑤——如今以下做法已经被接受，即公共机

① See Leyland and Anthony, n 8 above, ch 7.

② For some of the issues see J Beatson, 'Should Judges Conduct Public Inquiries?' (2005) 121 Law Quarterly Review 221.

③ For a seminal account see A Tomkins, *The Constitution After Scott: Government Unwrapped* (Oxford University Press, 1998).

④ 关于程序义务的性质，参见 Šilih v Slovenia (2009) 49 EHRR 996. See, too, the cases at n 22 above。

⑤ *See In Re McKerr* [2004] 1 WLR 807; R (Hurst) v HM *Coroner for Northern District London* [2007] 2 AC 189; *Jordan v Lord Chancellor* [2007] 2 WLR 754. 这些问题现在已经解决，最高法院在 *Re McCaughey's Application for Judicial Review* [2011] UKSC 20 中表示英国有遵循《欧洲人权公约》第2条的义务。

构必须关注斯特拉斯堡人权法院的法官们在案件判决中阐述的意见，并将这些意见视为《欧洲人权公约》条款所包含的内容。[1] 上议院在 Amin 案[2]中明确表示，调查的要求包括独立、有效、合理的及时（reasonably prompt），符合详细的公共审查（public scrutiny）的要求，允许死者的近亲属适当地参加。

5 结论

本文提供了有关英国法上“行政调查”的简要概述。此处不再赘述上文每一要点的内容，而是以总结的方式来重申一点，这就是英国法在许多层面运用行政调查这一概念（假如不仅仅是这个词语），并且对不同的人和利益有不同的影响。论及调查工具的使用，最重要和持续进行的显然是对于个人的监控，英国法有关国家调查本身有许多重要的法律制度规定。每当政治危机或挑战发生时，可以认为正是行政调查发挥其最大价值的时候。

---

① See, e. g. , *R* (*Al – Skeini*) *v Secretary of State for Defence* [2008] 1 AC 153. 比较 *R* (*Smith*) *v Secretary of State for Defence* [2011] 1 *AC* 1.

② *R* (*Amin*) *v Secretary of State for the Home Department* [2004] 1 AC 653.

欧盟的行政调查权力论

Charlotte Denizeau *

1　行政调查的概念——涉及行政调查的权力

1.1　欧盟的法律制度是否承认行政调查

欧盟是否存在行政调查的权力呢？概观欧盟法律制度，可以得出肯定的答案。尽管在欧盟存在这一特权，但“行政调查”这个概念并不被承认。

首先需要明确两点：

第一，“调查”在基本法律中并不存在。里斯本条约中没有这个词。

第二，这一议题从未引起任何学说的关注。截至今日，尽管有

* 作者为巴黎二大副教授（Maître de conférences Université Panthéon – Assas）。本文由法国社会高等社会研究院（École des Hautes Études en Science Social）博士生王芳蕾翻译。

个别研究关注欧盟委员会调查以及讯问的权力,[①] 但是尚未有关于欧盟行政调查权力的整体研究。唯一值得保留说明的是,J. Schwarze 关于欧盟行政法系列著作中[②],在“法治固有的行政程序原则”这一章节中有 20 多页讨论了行政调查的权力及其限度。而在简介中,该部分主要讨论了“欧盟委员会在这一领域所拥有的权限,如何规范其调查的程序以及在行政证据调查中所需要遵守的法律限制。”[③] 从这以后,就没有其他著作研究这一问题了。

1.2 哪种定义更合适

第一,行政机关所拥有的一种特殊的权力,用以强制公民或者私人组织提供资料,证明其身份或者行为。

第二,行政机关调查取证的所有法律工具。

第二种定义更符合欧盟体制内行政调查权力的现状。它更加广泛地涵盖了欧盟行政调查的所有权力。第一个定义也被第二个定义所包含。需要指出的是,欧盟的行政调查的对象不仅包括欧盟的机构、机关、组织,以及个人(自然人和法人,尤其是企业),同时

---

① 例如, S. HAUTBOURGE et S. QUESSON,《Les pouvoirs de la Commission européenne dans le cadre des enquêtes sectorielles》, *Décideurs juridique set financiers*, 15 *janvier* 2008, *PP.* 106 - 107; R. FERLA et M. THILL - TAYARA,《Enquêtes de concurrence : toujours plus de pouvoirs pour la Commission européenne》, *Option financer*, *p.* 774; B. JANSEN,《Les pouvoirs dínvestigation de la Commission des Communautés européennes en matière de concurrence》, *Rev. marché commun*, 1990, p. 696 ; L. IDOT,《L' entrée en vigueur du règlement n°1/2003 : les dispositions procédurales du《paquet modernisation》》, *Europe*, n° 5, 2004.

② J. SCHWARZE, *Droit Administratif européen*, 2ème édition complétée, 2009, p. 1277 - 1308. 需要说明的是,这些发展大多已经过时,因为其德文原版出版于 1988 年,且从未被修改。

③ *Op. cit.* p. 1277.

也包括各成员国。

在美国行政法中，行政调查的机制有调查、盘查、强制令或者各种强制措施。欧盟体制中是否也有这些机制，欧盟行政调查中是否还有其他机制？①

欧盟法中也同样存在这些调查机制，而无其他：

——调查（enquêtes）；

——情况查询（demandes de reseignements）；

——现场调查（investigations sur les lieux）；

——听证（auditions de personnes）；

——为了收集信息而采取强制措施的权力。

具体来说，本文排除了对间接行政现象的研究，即各成员国在执行欧盟法时所行使的它们自己的公共权力。各成员国为了完成欧盟的要求都会使用自己所拥有的行政调查权力；因此，这里涉及的就是国家权力，完成它们自己的责任。因此，本文只研究欧盟的直接行政行为。

同样，本研究只涉及行政调查的权力，而排除警察盘查以及刑事调查（即由欧洲法庭和欧洲刑警组织所主导的调查）。

2　行政调查的法律工具

2.1　审查——调查

2.1.1　欧盟的哪些行政机关拥有调查的权力

在欧盟体制中，某些机构、机关或者组织拥有行政调查的特权，但这一权力并未整体赋予所有的机关。

在欧盟的 7 个机构中，明确（根据条约以及衍生法律）拥有

① 但是，并不存在一种整体的行政调查权力来赋予欧盟各机构、机关及组织行使这些直接的行政职能。

调查权力的是:

(1) 委员会以及委员会所属的 OLAF (欧洲反欺诈局 Office européen de lutte anti - fraude)。

(2) La Cour des Comptes 审计法院 (在《马斯特里赫特条约》中成为一个机构)。

在欧盟的机关以及部门中:

(1) 欧洲监察员 (《里斯本条约》中未承认其为机构)。

(2) 欧洲办事处 (局), 但其不得采纳强制措施。在欧盟体制内, 执行处 (agences exécutives) 与规制处 (agences de régulation) 是不一样的。执行处是委员会根据第 58/2003 号条例 (理事会 2002 年 12 月 19 日的条例规定了与欧盟项目执行相关的处理特定工作的执行处的地位) 在委员会自己的财政与管束下建立的。根据该规章, 执行处没有调查的权力 (相反, 它们都是受 OLAF 监督与调查的组织的组成部分)。规制处是地方机构, 它们是欧洲公法的部门, 与欧盟机构不同, 各自拥有相应的司法人格。它们依欧盟衍生法而设立。欧盟法中并不存在具体条文规范其成立与职能。若有这样的条文, 则可以列出这些部门所拥有的所有权力。

它们[①]中的大部分的任务是采集、分析、传递客观、可信的信息，并将其形成网络，便于查询。其中，有些部门拥有采取强制措施的权力。

各机构、机关以及部门所拥有的调查权力的巨大差异正好解释了行政调查权力这个概念在欧盟体制中并不存在的理由。这也解释

① 约有27个，根据介入范围可以分为以下几类：关于职业竞争与增长的办事处：Agence européenne des médicaments（EMEA）créée en 1993 à Londres；Agence européenne des produits chimiques（ECHA），créée à Helsinki en 2006；Institut pour l'égalité entre les homes et les femmes créé à Vilnius en 2006；Fondation européenne pour l'amélioration des conditions de vie et de travail（Eurofound），créée à Dublin en 1975；Agence européenne pour la sécurité et la santé au travail（EU – OSHA）créée à Bilbao en 1994；Agence européenne de la sécurité aérienne（AESA），créé à Cologne en 2002；Agence européenne pour la sécurité maritime（EMSA）créée à Lisbonne en 2002；Agence ferroviaire européenne（AFE）créée à Lille – Valenciennes en 2004；Autorité de surveillance du GNSS européen（GSA），créée à Bruxelles en 2004；Agence européenne chargée de la sécurité des réseaux et de l'information（ENISA）créée à Héraklion en 2004；Office de l'harmonisation dans le marché intérieur（marques，dessins et modèles）（OHMI）créé à Alicante en 1993；Centre européen pour le développement de la formation professionnelle（Cedefop），créé à Thessalonique，en 1975）. 关于自然资源保护与管理的办事处：AEE（agence européenne pour l'environnement）créée à Copenhague，en 1990，L'agence communautaire de contrôle des pêches，Vigo，en 2005. Office communautaire des variétés végétales，créé à Angers，en 1994. 关于自由、安全与司法的办事处：Agence européenne pour la gestion de la coopération opérationnelle aux frontières extérieures（Frontex），Varsovie，2004；Agence des droits fondamentaux de l'Union européenne（FRA），Vienne，2007；Office européen de police（Europol），La Haye，1995；Collège européen de police（CEPOL），Bramshill，2005；Eurojust，La Haye，2002；Observatoire européen des drogues et des toxicomanies（OEDT），Lisbonne，1993. 关于公民权的办事处：Centre européen de prévention et de contrôle des maladies（ECDC），Stockholm，2004；Autorité européenne de sécurité des aliments（EFSA），Parme，2002.

了各自拥有调查权力的多样化。既然有权机构正当地行使了强制的权力，机关和部门就不再有这样的特权。

2.1.2 在哪些情况下，可以行使调查的权力

欧盟各行政机构、机关和部门可以开展的调查是严格遵循其职能的，开展调查的权力是分领域的。

（1）委员会执行的调查。首先，委员会监督实施 TFUE 的第 101 条与第 102（前 CE 第 81 与 82 条）条所规定的竞争规则。在该范围内，以 2002 年 12 月 16 日 2003/1 号竞争条例为基础，委员会被赋予对反竞争行为的调查权力（垄断地位的滥用与协议）。

Monti 报告（2010 年 5 月 9 日提交到欧盟委员会主席的报告，服务于欧洲经济与社会的统一市场的新战略）的起草者们主张授予委员会在统一市场规则受到侵害时，拥有与竞争领域同样的权力，在国家补贴领域的调查权力可以与反垄断与控制资本集中的权力一起行使。[①] 报告的起草者们指出，这是“为了使程序现代化并加强委员会调查的权力而修改与国家补贴相关的程序规则，从而使这些权力在兼并与协议领域得到平衡”。[②]

此外，委员会还可以在一些有限的领域内行使调查权，如民用航空安全。这些审查的部门主要针对的是核实国家监督与质量项目的有效性（2010 年 1 月 26 日 2010/72 号规则规定了委员会在航空保险方面实施调查的程序，是在 2008 年 3 月 11 日欧洲议会与理事会 300/2008 号规则关于在民航安全领域适用的公共规则的基础上制定的）。

（2）OLAF 执行的调查。OLAF（欧洲反欺诈局）所负责的行政调查以欧洲议会以及理事会 1999 年 5 月 25 日的第 1073/1999 号

---

① V. L. IDOT,《Une nouvelle stratégie pour le marché unique. Àpropos du rapport Monti》, *Europe n°8*, Août 2010, alerte 50.

② P. 111 du rapport disponible sur le site *Europa*.

规则为准则。其目的是打击欺诈、腐败以及其他所有侵害欧盟财政的非法行为。该办公室同样也调查了一些与职业活动相关的，可能构成欧洲公务员失职的重大事件。

（3）审计法院执行的调查。审计法院督责监督欧盟的预算，保障欧盟财政的良好运行。因此，它也有权审查欧盟所有的收入与支出的合法性与规范性。

（4）欧洲监察员执行的调查。欧洲监察员在接到可受理的申诉是有权进行调查。其职责在于，以和解的方式解决欧洲行政机关与公民之间的纠纷。依 TFUE 第 228 条（前 TCE 第 195 条），监察员由欧洲议会选举产生，有权受理欧盟所有公民或居住于成员国的自然人、合法设立的成员国的法人、机关以及部门的不良行政有关的申诉，但不包括欧盟法院在其司法职权范围内的行为。

（5）规制处执行的调查。它们有权执行的调查必须严格遵循各规制处的社会目的。

2.1.3　主要的程序条件有哪些

（1）委员会在打击反竞争活动领域的程序规则。委员会在打击反竞争活动领域内应遵守的程序规则与行政调查的权力是不可分割的。

因此在下文我们将整体介绍委员会在打击垄断或协议垄断地位滥用方面的调查权力，以及其相应的强制要求。

（2）委员会在民航安全领域进行调查的条件与程序规则。委员会在审查民航安全领域的程序条件，主要列于委员会第 72/2010 号规则中（2010 年 1 月 26 日规则规定了委员会在民航保险领域进行调查的程序,[①] 是对第 300/2008 号规则[②]的实施)。其调查主要是针对各成员国、机场、经营者以及选出来的部门适用航空安全方面规范的职责。

根据该规则第 1 条，这些调查必须以“透明、有效、和谐与统一的方式”进行。根据第三章“委员会开展调查应该遵守的程序”的规定，审查必须至少提前两个月通知；预设的问卷必须与调查意见同时发出。

接下来，审查应该有所准备；审查应该使用多种方式，在该规则第 9 条第 2 款中规定方式包括观察、核对、会谈、材料研究以及测试，并在系统收集信息的基础上进行。审查结束 6 个星期后，委员会向相关有权部门公布报告。而该有关部门应在 3 个月内答复并修正其缺陷，依情况可以继续审查。

(3) OLAF 内部调查的条件与程序规则。1999 年 5 月 25 日，理事会与欧洲议会第 1073/1999 号关于欧洲反欺诈局开展调查的条例非常详细地规定了 OLAF 开展调查所应遵循的程序要求。

第 5 条关于调查的启动，规定欧洲反欺诈局局长依其职权或应相关机关、机构、部门的请求而作出的决定可以启动内部调查程序。

第 6 条规定了调查执行的规则。局长有权指导整个调查过程的进行。局里的工作人员应当出示载有其身份与资历的书面授权书。调查进行中每一个参与方都必须持有局长签署的明确了调查目的的书面委托书。在现场监控与核实过程中，参与人员都采取与所涉成员国公务员所应遵守的规则与惯例相一致的态度。

---

① Commentaire in Revue française de droit aérien, 1er janvier 2010, pp. 46 – 52.

② Règlement 300/2008 du Parlement européen et du Conseil du 11 mars 2008 *relatif à l' instauration de règles communes dans le domaine de la sûreté de l' aviation civile.*

调查的时间不宜过长，应与所调查事件的复杂性与情况相符合。

各成员国在遵守本国法的前提下，应要求有关部门尽力协助反欺诈局工作人员完成调查的任务。欧盟各机构与机关也应要求自己的成员与人员尽力协助完成调查。

第 7 条规定各机构、机关与部门都应立即向反欺诈局报告一切和可能存在欺诈或腐败的情况或其他非法行为的信息。各机构、机关与部门以及各成员国在国内法允许的情况下，应向反欺诈局移交各自掌握的一切与打击欺诈、腐败以及其他损害欧盟财政的非法行为相关的信息。

最后需要指出的是，反欺诈局还设有监督委员会（comité de surveillance），由 5 名外部的独立的人员组成。监督委员会的职责是监督反欺诈局进行调查的权力并保证其独立性。

（4）审计法院调查的程序条件。从 1975 年开始，审计法院就负责审计欧盟所有的收入与支出。《马斯特里赫特条约》规定，审计法院“保障对欧盟财政的监督”。1992 年，该机构外部监控的职权得以扩大。

为了开展其监控活动，审计法院有大约 250 名监督员对欧盟各机构、各成员国以及享受欧盟财政支持的组织进行调查。

受审计法院监控的机构与机关非常多。审计法院通过核实总预算下的各个附属预算来监督所有的行政支出。它监督 6 个局（出版局、欧洲反欺诈局、欧洲人事局、个人权利管理与清算局、设于布鲁塞尔的基础建设与后勤局、设于卢森堡的基础建设与后勤局）的财政。这些部门的预算都列于委员会（附录）某一部门之下。另外，它还审查“所有未豁免审查的由欧盟以自己的基金成立的机构与部门的整体收入与支出的财政情况”（TFUE 第 287 条）。因此，审计法院可以调查很多部门：欧盟成立的卫星部门（职业培训与发展欧洲中心、欧洲培训基金会、欧洲环境部门等），由成员国管理的机构（欧洲学校 Écoles européennes、欧洲大学学院 Institut universitaire européen、欧洲联营环形托卡马克 Joint european Torus）或一些受资助的机构。

在各成员国，该监控严格配合本国监控机构而进行。

审计法院没有任何司法上的惩罚权力。任何证明非法的行为都报告给欧盟其他有权部门处理（特别是欧洲反欺诈局）。

（5）欧洲监察员调查的程序条件。只有在申诉可以被受理的情况下，欧洲监察员方可开展调查。根据 TFUE 第 228 条，如果欧洲监察员发现了不良行政的情况，应向有关机构、机关或部门提出，这些机构有 3 个月的时间来陈述意见。监察员接着向欧洲议会以及有关机构、机关或部门提交报告。调查结果将通知申诉人。申诉人有 1 个月的时间作出回应。每年监察员都会向欧洲议会提交调查结果的报告。

（6）欧洲办事处调查的程序条件。各规制处之间差异很大。大多数只有收集、整理及协调信息的权力。因此，它们没有强制的特权，也就没有任何程序来限制它们的行为。其他在技术领域具有一些特殊职能的部门，则依法被授予强制调查的特权。

2.2 强制令、强制程序

这两点集中在一节来阐述，即调查权力的延伸：从简单要求获取信息到强制提供信息。

2.2.1 在适用 TFUE 第 101 条和第 102 条（CE 前第 81 条和第 82 条）时委员会调查权力的延伸

委员会监督实施 TFUE 的第 101 条与第 102 条（前 CE 第 81 与 82 条）所规定的竞争规则。在该范围内，以 2002 年 12 月 16 日 1/2003 号关于实施条约第 81 条和第 82 条所言竞争规则的条例为基础。该条例由 2004 年 4 月 7 日委员会第 773/2004 号条例（关于委员会实施 CE 第 81 条和第 82 条的程序）所补充。

委员会有三种方式对反竞争的行为展开调查，与美国行政法类似。它有权请求提供信息（demander des renseignements）；录取口供（recueillir des déclarations）；实际检查（réaliser des inspections）。这些方式之间没有从属关系，委员会可以自由根据情况选择采取最合适的方式。程序是独立的，可以选择适用或合并适用。其选择的作出，完全根据发现并制止违反竞争规则的行为的必要。

（1）第一种方式：请求提供信息（第 1/2003 号条例第 18 条）。

为了获取必要信息（向法人或其代表人）来继续调查，委员会有两种途径。首先，可以向该企业送出一份单纯的请求。如果没有得到答复，则可以起草一份通过决定而作出的要求。条例第 18 条第 1 款规定允许委员会自由选择这两种途径，而不存在优先选择。[①]

单纯的请求是没有强制力的，也就不存在救济措施。它也没有任何形式要求，通常以附回执的挂号信方式寄出，紧急情况下可采用传真的方式。欧盟的法官也认可口头形式（TPICE，30 mars 2000，aff. T－65/96，*Kisch Glass c/ Commission*）。该请求的复件需送达该企业所在地的成员国。虽然没有强制力，但是为了规范，该请求也应该包含必要的要素。委员会必须明确其法律基础和请求的目的，以及提供虚假信息可能面临的处罚。这些要素可以帮助目标企业了解调查的依据且“清楚其合作义务并保留抗辩权利”（TPICE，8 mars 1995，T34/93，*Société générale c/ Commission*）。如果该企业不予答复，也没有惩罚措施。但其提供了虚假信息，则可以追究其责任。它可能被处以上一结算期销售收入 1% 的罚金。因此，企业可以拒绝提供信息，这样一来，委员会可以通过有强制效力的决定来强制提供信息。决定必须明确需要提供哪些信息（TPICE，12 décembre 1992，aff. T－39/90，*SEP c/ Commission*）。委

① 已经有判例认可该条款，CJCE，26 juin 1980，aff. 136/79，*National Panasonic limited C/Commission*。

员会会给出答复的期限，并指出若答复不确切或者在期限内不予答复将面临的惩罚，以及向法院提出救济的途径。

决定必须送达目标企业或其分支机构。决定的复件需寄到所在成员国。根据条例第 23 条，如果企业提供的信息不确切、不完整、错误或者在规定期限不予答复，不论是故意还是疏忽，委员会都可以从决定的途径对目标企业处以上一结算期销售收入 1% 的罚金。

根据条例第 24 条第 1 款，委员会可以对企业处以最高达上一结算期平均日销售收入 5% 的滞纳罚金，以日计算，从而达到强制"提供按第 17 条或第 18 条第 3 款所作出的决定所要求的完整、确切的信息"。该滞纳罚金有不同的法律性质，它可以累积处罚。通过决定作出的要求可以在欧盟法院寻求救济。

委员会请求信息的对象是哪些人？根据欧盟法，只有法人可以被处罚。也就是企业，而不是其代表人或者工作人员。第 1/2003 号条例第 18 条第 4 款规定，"企业的所有人或者其代表，以及法人、公司或者商行以及非法人的社团依法或者其章程授权以代表其的人应以该企业或者社团的名义提供所要求之信息"。大多数情况下，都是由负责人以企业的名义提供信息。

最后，成员国政府或者主管竞争的部门向委员会提供一切必要的信息来帮助完成条例所规定的任务（条例第 18 条第 6 款）。讯问是为了满足委员会请求的职责。所有具有行政职能的机构或部门均有此职责。若非此职责，那么信息的泄露将与国家安全的核心利益相违背。

（2）第二种方式：录取口供（条例第 19 条）。为了完成任务，委员会可以对任何同意接受讯问的自然人或法人进行讯问，从而获得与调查相关的信息。讯问的对象是掌握与调查目的相关信息的所有人，但不包括信息请求的目标企业或者目标成员国。它们可能是申诉人，或者竞争企业。讯问可以在企业所在地进行。如果这样，则委员会应该通知相关成员国主管竞争的部门。成员国公务员可以协助委员会工作人员开展讯问。

第 773/2004 号适用条例规定，委员会应当告知被讯问人该讯问的法律基础、目的以及该讯问可能被记录的方式。该讯问可以以多种方式进行，包括电话或者信件。它也可以采用多种方式以多种形式记录。被讯问人可以翻阅并确认记录。被讯问人可以在委员会规定的期限内对记录提出修改意见（第 773/2004 号条例第 3 条第 2 款）。

（3）第三种方式：实际检查（条例第 20 条）。调查的进行往往促使委员会作出信息收集之外的行为。委员会可以对企业或者企业组织进行必要的检查。正如 C. Blumann 和 L. Dubouis 所强调的，"该权力因为经常被企业质疑，所以是最受争议的权力。"①

这个检查权力是一种现场调查的方式，是为了收集必要的材料用以核实委员会已有信息的事实或者权利的实际真实情况（CJCE, 22 octobre 2002, aff. C－94/00, *Roquette Frères SA c/ DGCCCRF*）。

受委员会委托的工作人员被授予了大量的权力。通过出示书面的委托书，他们可以进入企业或者企业组织任何地方，使用任何交通工具。他们可以监控所有的账簿与专业材料。他们可以复印这些材料。他们可以在检查期间对任何商业场所或任何账簿及材料贴封条，最长可达 72 小时。他们可以要求企业代表或成员作出解释。

如果企业拒绝检查，则委员会可以作出有强制力的决定，该决定可以在欧洲法院寻求救济（程序保障参见条例第 20 条第 3 款）。这样，该法人则必须接受委员会安排的检查。

如果企业坚持拒绝检查，那么成员国应提供必要的帮助，依需要采用公共权力或者拥有相应强制力的部门来保障检查的完成。如果需要司法机关授权，则应向司法机关申请。一旦向司法机关提出申请，国内法官不能审查委员会决定的合法性，但是可以核查该决定的形式有效性以及对检查而言该强制措施不是任意或过度的。该

① C. BLUMANN et L. DUBOUIS, Droit matériel de l'Union européenne, Montchrestien, 5ème éd., 2009, n°849.

原则已被 Roquette 案确认，并编入条例第 19 条（CJCE，22 octobre 2002，aff. C－94/00，*Roquette Frères，précité*）。国内法官可以请求委员会作出具体解释，但是不能将信息备案。

条例第 21 条规定了“对其他地方的检查”。如果有合理证据怀疑部分账簿或专业材料被保存在其他地方（包括主管人员或干部的住所），委员会可以以决定的形式命令检查。欧洲人权法院以及欧洲法院针对该权力的判例各有分歧。欧洲人权法院在 1992 年 12 月 16 日的 *Niemetz* 案中认为，该权力与欧洲《人权公约》第 18 条所保护的住宅权利有冲突，这是对一个同时具有住宅和办公场所两种性质的地点的搜查。作为回应，2002 年，在 *Roquette* 案中，欧洲法院放弃了 1989 年 9 月 21 日 *Hoescht* 一案（aff. 46/87）的原则，但都认为对职业场所或商业场所的保护是有限制的。这些差异解释了为什么条例第 21 条通过增加界限与保障严格限制了这种冲突。只有在有合理证据怀疑可能发现“严重违反”TFUE 第 101 条和第 102 条行为的证据材料时，才能进行检查。

最后，条例第 22 条规定了各成员国主管竞争的部门所实施的调查。各成员国主管竞争的部门可以在委员会的请求下，开展委员会所指导或者委员会以决定形式命令的调查。

2.2.2 委员会在航空安全领域调查权力的延伸

第 72/2010 号条例第 4 条列举了委员会的权力。委员会的调查员有权依请求获得所有必要的材料以评估与共同规则的一致性。如果遇到困难，有关成员国应在法定职权范围内以一切方式予以帮助。

（1）OLAF 调查权力的延伸。委员会依 1999/352/CE 决定建立的 OLAF 拥有一些特别外延的调查权力。因为它是委员会的服务机构，因此它拥有一些相应的强制特权，列于 1999 年 5 月 25 日理事会和欧洲议会第 1073/1999 号关于 OLAF 可开展的调查的条例中。

与条约所成立的机构、机关和部门相比，反欺诈局所进行的行政调查主要涉及打击诈骗、腐败以及其他损害欧盟金融利益的非法行为。它所进行的行政调查：监控、核实行动、在 OLAF 的工作人员履行职责时授权调查。

工作人员可以对经济运营展开外部调查，也可以在机构、机关与部门内部展开内部调查。

第一，外部调查所采用的调查权力。了解 OLAF 在外部调查里的调查权力需要先回到委员会的调查权力。事实上，第 1073/1999 号条例第 3 条规定，在外部调查领域，反欺诈局的职责，如第 2185/1996 号条例（Euratom，CE）所授予委员会的一样，是可以对成员国（依现行有效的合作协议也可以对第三方国家），进行现场监控与核对（1996 年 11 月 11 日理事会第 2185/1996 号条例关于委员会展开现场监控与核对以保护欧盟的金融利益，打击欺诈与违规行为）。

由此，当有证据表明有违规行为出现时，OLAF 的监督员可以对第 2988/95 号条例第 7 条包括的适用欧盟行政处罚与管理的经济运营商进行现场监控与核查。他们有权接触一切与目标经营活动相关的信息与材料。他们可以采取与国内行政监督员同样的手段，尤其是复印所有有关材料。

现场监控与核查可以涉及账簿与技术材料，如发票、技术规范、工资单据，计算机资料，生产、包装与发货系统及方法，对商品体积、性质及相关行为的检查，取样以及样品核查，工程进度及金融投资的状况以及对投资资金的分配与使用，预算与审计材料，财政情况以及分包技术。

现场监控与核查，主要由 OLAF 准备与主持，可以与所涉成员国的有关主管部门进行有限的合作；OLAF 应该通知所涉成员国的有关主管部门该调查的对象、目标、法律基础、所需的必要援助等。为达成目的，成员国的公务员可以参与现场监控与核查。

第二，内部调查所采用的调查权力（条例第 4 条）。OLAF 有权在未预先通知的情况下立即获取欧盟所有机构、机关及部门所掌握的信息，或进入其工作场所。它有权监控其协调性，可以复制或取得欧盟机关所有的一切文件以及支持的信息。

它有权要求各机构和机关的成员、部门领导或机构、机关和部门员工的成员提供口头信息。它有权向它认为对调查有用的任何相关人员请求提供信息。

当OLAF的工作人员在工作场所进行调查或者查阅材料时，应当通知相关的机构、机关和部门。若调查显示可能涉及某成员、领导、公务员、代理人，应通知其所属机构。

第6条规定所有机构和机关的成员、公务员和代理人，包括各部门的领导、公务员和代理人均有义务配合反欺诈局工作人员并提供信息。

（2）审计法院调查权力的延伸。通知义务：所有机构对于外部监控的审计法院都有通知的义务。对收入的监控，根据查验（constatation）情况以及欧盟收入的支付情况而进行。而对支出的监控，根据契约以及付款情况而进行（TFUE 第287条第2款）。2002年金融条例（第139条第1款）规定欧洲议会、理事会以及委员会应将其一切关于援助资金、资金报告、预算批准前的1/12临时额的资金以及转账资金的决定都告知审计法院。若它们取消与金融财政有关的内部规则也应向审计法院报告。它们任命拨款审核员、内部审计员、会计、备用金管理员或进行金融类委托都应报告给审计法院。

另外，审计法院有实际调查的权力。审计法院可以进行书面监控（contrôles sur pièce）或者现场监控（TFUE 第287条第3款）。审计法院进行监控的筹备在2002年6月25日理事会第1605/2202号对欧盟总预算的金融执行条例有表述。

关于书面监控，2002年的金融条例授予了审计法院广泛的查阅权。条例规定，“金融管理的电子化不能限制审计法院查阅相关资料的权力”。根据金融条例，欧盟所有机构应向审计法院提供所有预算相关的资料与单据。①

每个机构都应向审计法院提供自由通道供其行使职能。为了方便审计法院的监控，被核查的工作人员应该“打开其收款柜，呈上现金、票据以及所有它们管理的材料凭证。”它们应该向法院出示“所有信件或者其他帮助监控全面进行的必要材料。”在后一种情况下，对信件出示的调查应由法院自己进行而非其他工作人员。

审计法院同样有权进行外部监控。审计法院的监控以欧盟理财机构已有的内部程序与工作为依据。法院并不重新开始内部监控，而是分析金融机制与结构。它是对监控行为的再监控。监察员应该保障内部监控程序与体制的畅通，然后通过对关键程序的鉴定来检测其运行。法院并不完全依赖各机构的内部监察员，它会利用所有的行政程序来保障库存的安全与支出的合理运行。

（3）监察员调查权力的延伸。欧盟所有机构、机关和部门都应向监察员提供其所要求的情报（当有对不良行政的申诉时）。它们应该允许监察员查阅相关卷宗。

关于查阅行政材料的法规也适用于此（以2001年5月30日第1049/2001号条例为基础）。若监察员要求，欧盟公务员与工作人员应提供证词。他们以他们的行政名义表达意见，受职业保密原则约束。

各成员国（与欧盟机构不同，它们不能成为不良行政的申诉对象）应向监察员提供他们所有的帮助了解情况的一切材料。如果因为保密或者国内法的禁止，可以免除各成员国的义务。

监察员不能采取制裁措施，也不能强制要求提供信息。但是，

① 第142条规定，它们应该向审计法院提供所有由欧盟预算资助的合同履行与收益的资料，所有现金与物品账目，所有账目单据与辅助材料，以及相关的管理资料，出入账资料，存货清单，各部门组织结构列表，所有审计法院认为与预算审计以及金融结算报告相关的所有记录与现场报告以及磁盘记录资料与数据。

它可以向欧洲议会报告，而欧洲议会可以采取相应手段。

如果不履行协助义务，对各成员国以及欧盟各机构可以采取哪些司法制裁?

不协助行为是对 TUE 第 10 条（也就是《里斯本条约》第 4 条第 3 款）的违反，同时还违反了诚信合作的基本原则。但是，欧洲议会并不能提起不作为诉讼（recours en manquement），因为它没有诉讼职能。相反，如果欧盟机构违反了协助义务，欧洲议会可以提起失职诉讼（recours en carence）（TFUE 第 265 条）。但是，这种方式鲜有机会被适用，强化监察员的权力才是更有效的手段。

（4）规制处调查权力的延伸。有些办事处，如欧洲航空安全办事处[①]，被授予了一些特殊职能，如发放资质证明；为完成这一职能，就授予了它们一些广泛的调查权力。与该办事处相关的第 216/2008 号条例规定，为了监督执行该条例和各成员国相关主管部门的规则，它可以开展关于标准化的调查，也可以对企业进行调查。

授权参与这些调查的公务员，依相关成员国的法律的授权进行:

第一，审查关于执行与现行条例相符的安全标准的所有材料、数据与程序。

第二，全部或部分复制这些材料、数据、程序与其他资料。

第三，要求现场口头解释。

第四，进入所有机舱、场地或相关交通途径。

办事处公务员应持有书面委任状，委任状上应记载其工作任务的对象、目的及开始日期。调查开始前的有效时间，办事处应当将

① 2008 年 2 月 20 日，理事会与欧洲议会第 216/2008 号关于民航领域的统一规则并建立一个欧洲航空安全办事处的条例（CE），同时废除理事会 91/670/CEE 指令、第 1592/2002 号条例（CE）以及 2004/36/CE 指令（Texte présentant de l' intérêt pour l' EEE）。

预备的调查以及调查人员身份通知相关成员国。成员国应服从调查并保证相关部门和人员也服从调查。

若有企业拒绝调查，相关成员国应向办事处委任的公务员提供必要的帮助以保障调查的顺利进行。

但是，大多数的办事处都没有这类特权，它们只能收集与整理信息。例如，欧洲食品安全局〔2002 年 1 月 28 日理事会与欧洲议会第 178/2002 号条例（CE）建立了食品立法的总原则和总规范，成立了欧洲食品安全局，并确立了食品安全的相关程序〕。

该机构对所有食品领域提供了科学意见以及科学技术支持，对食品以及动物饲料安全产生了直接或间接的影响。它是一个独立的信息渠道，有利于高度保障个人生命与健康。为了这个目标，它收集并分析所有数据以允许对食品以及动物饲料安全产生直接或间接影响的特性表现以及风险控制。

它的工作任务被列举出来，即向各成员国以及欧盟机构提供最好的科学意见。关于收集数据的条例第 33 条规定，有关机构研究、收集、整理、分析并总结其工作领域内涉及的科学数据与相关技术。这也包括收集下列材料：关于食品消耗以及对人体风险说明、生物危害的发生率与传播、食品以及饲料污染、残渣等。

尽管负责的是一个非常敏感的问题，这个机构与它大多数兄弟机构一样，都有没有实际调查的权力。

另外，我们可以看到类似的权力被授予了依 2007 年 2 月 15 日第 168/2007 号条例成立的欧洲基本权利局，它的职责是收集、统计、分析并公布相关的、客观的、可信的数据。它实施科学研究与调查或为其创造便利条件，但是它没有实际调查的权力。同样，欧洲环境局的使命是提供可靠、独立的环境方面的信息。

2.3　其他工具

欧盟制度中不存在其他进行调查的法律工具。

3 行政调查的基本原则

3.1 欧洲体系内，是否存在一个总的立法来规范行政调查程序

没有。不存在这样的立法。条约与衍生法律都没有这样的规定。如上所述，其规范非常分散。主要是欧洲议会和理事会通过的条例来规范其适用。

3.2 限制行政调查的司法审查方式

3.2.1 国内法院的审查

当调查需要相关成员国协助时，往往需要国内司法裁决的授权才能开展调查。因此，国内法官可以审查欧盟机构决定的适当性，但不能审查其合法性。

3.2.2 欧洲法院的审查（法院与法庭）

该审查分为合法性诉讼（contentieux de la legalité）与职务诉讼（contentieux de la responsabilité）。

第一，欧洲法院（法院与法庭）可以审查强制调查决定合法性。只有对委员会、OLAF 以及审计法院——要求提供信息或者接受调查的强制性决定——不满时才能进行合法性审查。例如，企业可以向法庭提出诉讼，并可能向欧洲法院提出申诉。企业可以抗议委员会以决定的形式作出的提供信息的请求（TPICE, 9 novembre 1994, T46/92, *The Scottish Football Association*）。

第二，当各机构、机关和部门不遵守程序规则或者形式规则时，可以针对它们的职责提起诉讼。该诉讼可以用来对罚款决定或者滞纳金决定寻求救济。有大量的案例都涉及委员会在打击反竞争活动领域的调查权。

欧盟的法官都有双重职责。一方面，对调查的权力施加限制，

保障欧盟法基本原则的适用，同时保护处于调查程序中的个人（自然人或法人）的利益。另一方面，保障法律文本中在授予调查权力时设定的程序规则的遵守。例如，欧盟法官坚决处罚 OLAF 程序缺失的行为。2008 年，在 *Franchet et Byk*① 一案中，因为违反了对欧盟统计局（Eurostat）两名工作人员的无罪推定，以贪污报刊为依据却忽略告知相关人员，一审法庭对 OLAF 和委员会进行了严厉处罚。② 起诉人控诉 OLAF 在将材料转送到法国当局以及卢森堡当局之前未尽告知义务。该行为不符合第 1999/36/CE 号决定第 4 款，该款规定，当调查“可能牵连个人时，应尽快通知有关利害人”。

此处存在一个责任承担的问题，因为该通知义务是为了确保对公务员权利的尊重，是一条与被调查人员权利相符的规则。两名申请人有权陈述意见。OLAF 因为延误通知，而未遵守作出决定的限制性规定。它也同样未通知 OLAF 内部的监察委员会。OLAF 局长有义务在将相关材料转移到国内有关部门之前通知监察委员会（该委员会的职责是监督 OLAF 的职权在完全尊重人权与基本权利的前提下行使）。

3.3　如何保护公民不受行政调查权力滥用的侵害

对调查权力的限制：③ 委员会在施行 TFUE 第 101 条和第 102 条时，所面对的法律限制不仅是条约和衍生法律，还有欧洲法院所制定的法律基本原则。总的来说，欧洲法院认为各企业有权利用抗

---

① TPICE, 8 juillet 2008, aff. T)48/05, *Franchet et Byk contre Commission.*

② V. MICHEL,《Étalage de mauvaises pratiques: des indélicatesses supposées d' Eurostat aux indélicatesses avérées de l' OLAF et de la Commission》, *Europe*, n° 10, 2008.

③ A. PLIAKOS, la protection des droits de la défence et les pouvoirs de vérification de la Commission des Communauté européenes?: une issue heureuse??, RTDE, 1995, pp. 449 – 469.

辩的权利。这些原则，可以被广泛适用于一切具有强制性质的调查程序中。

3.3.1 比例原则

1980 年 6 月 20 日，在 *National Panasonic* 一案（aff. 136/79，précité）中，欧洲法院认为比例原则从法律上限制委员会进行调查时的行为。在行政调查中，不得采取与实现调查目的不成比例的措施。但在本案中，欧洲法院并未判决存在违反比例原则的情况。

该原则是一条永恒理论。在 2010 年 12 月 15 日的〔TPICE, 15 décembre 2010, T – 427/08, *confederation européenne des associations d'horlogers – réparateurs*（*CEAHR*）*contre Commission européenne*〕案中，法官再次强调，为了在案件审查过程中保障欧盟的利益，委员会应该考虑案件情况、事实因素以及提出的控告中涉及的权利。法官说，委员会应该“权衡对统一市场运行以及其建立的概率的违背与必要调查措施的程度两者之间的重要性，从而在最佳的条件下完成 CE 第 81 条和第 82 条所规定的监督任务”（并参见 TPICE, 18 septembre 1992, T – 24/90, *Automec c/ Commission*）。

3.3.2 信息保密原则

在 1982 年 5 月 18 日 *AM et S Europe Ltd* 一案中，欧洲法院认可在委员会调查权力的实施受通信保密权利的限制。在这个案件中，为了拒绝相关调查，被监控企业引用“法律保密特权”，即依普通法规则保障律师及其客户之间通信秘密的特权。独立律师（avocat indépendant）与雇佣律师（avocat employé）之间交流的信件是受保护的。法院裁决，律师与客户之间通信保密原则也受欧盟法保护（pt 1610），但只涉及独立律师，不包括雇佣律师。

这种区别对待企业内部法律顾问与外面独立律师的态度不断遭到批评（V. M. DENRUYTER,《Le droit européen de la concurrence à l'épreuve du secret professionnel des juristes》, RD AFF. Int., 2004, n°

6, p. 751)；这种区分，很容易侵害目标企业的抗辩权（V. Ord. TPICE, 30 octobre 2003, aff. T－125/03 R et T－235/03 R, *Akzo et Akcros c/ Commission*）。

OLAF进行监控时，所有交换或获得的信息，不论哪种形式均依法律职业秘密原则进行保密，所受保护与相关成员国国内法以及欧盟机构相关规则规定的类似信息的保护一致。此类信息只得在相关职业群体内交流。它们不能被欧盟机构用于除了在各成员国内保障欧盟金融利益以外的其他目的。

当监察员请求查阅材料时，可以依与查阅行政材料相关的规则予以拒绝。原则上，公民有权查阅行政机关的资料，但也有所保留。各机构可以正当的保密目的为由拒绝查阅（如优先的公共利益，欧盟的军事、政治、经济、货币或者金融安全）。其他可以拒绝查阅的理由有：保护私人隐私，保护商业利益，机构内法律意见的保密，或者欧盟决策程序的保留。这些禁止性理由都是有限的，都可以依优先的公共利益而排除。

3.3.3 拒绝自证其罪原则

欧洲法院留下这个抗辩原则也是为了限制提供信息的义务，即拒绝自证其罪的权利（CJCE, 18 octobre 1989, aff. 374/88, *Orkem*）。

法院认为，“委员会不能强制目标企业提供承认有违法行为的答复，该违法行为应该由委员会来证明”。[①] 接下来，第1/2003号条例赋予了各企业沉默权，即它们不能被强制承认犯有违法行为。

---

① CJCE, 10 novembre 1993, aff. C 60/92, *Otto BV c/ Postbank*; TPICE, 8 mars 1995, aff. T－34/93, *Société Générale*; TPICE, 15 mars 2000, aff. Jtes T－25, 26, 30 à 32, 34 à 39, 42 à 46, 48, 50? à 65, 68 à 71, 87, 88, 103 et 104/95, *Cimenteries CBR c/ Commission*; *Europe* juin 2000, n° 179, p. 16, obs. L. IDOT.

但是，沉默权并不能免除企业回答事实性问题，并提供相关材料的义务，哪怕这些信息会用来证明其存在违法行为。

3.3.4 禁止采纳某些证明方法

若相关证据的取得违反了欧盟法或者基本法律原则，则该证据不能被采用。欧洲法院反复强调了这一观点(V. CJCE, Musique diffusion fran? aise c/ Commission, aff. 100 - 103/80)。

3.3.5 按规定说明事实并审查所有相关因素

法院判例很早就在该领域规定了委员会的义务。在1966年7月13日的Consten et Grundig c/ Commission案(aff. 56/64 et 58/64),以及1991年11月21日的*Technische Universität München*案(C-269/90)中，均提出根据“主导询问程序原则（principe de la procédure inquisitoire)”，委员会应负责按规定说明事实，并仔细而不偏颇地审查所有案件相关要素。由此可得出委员会真正的调查义务（并参见Tribunal du 18 septembre 1995, T - 167/94, *Nölle c/ Conseil et Commission*)。在2010年12月15日(TPICE, 15 décembre 2010, T - 141/08, *E. ON Energie AG contre Commission européenne*)一案中，法院再次提出，在竞争法领域，委员会有责任提出它所发现违法行为的证据来，并建立法律所要求的完善的证据链来证明违法事实的存在。因此，委员会应该收集足够细致而完善的证据要素来支持其对违法行为实际发生的有力控诉。在良好行政的原则下，委员会应该采取适当方式达到相关事实与情况的构建。

3.3.6 依国内法官授权履行本国相关部门的协助义务

国内有权部门在调查进行过程中提供的协助，应当符合本国法在尊重企业权利方面的规定(CJCE, 21 septembre 1989, aff. 46/87, *Hoescht*)。通常情况下，该协助需要司法机关的授权，从而确保尊重了企业的抗辩权与调查比例性问题。

西班牙法中的行政调查

Carmen Plaza Martin*

1 引言：西班牙法中的行政调查概念

“行政调查”是授予行政部门的法律工具，以使行政部门获取管理社会需要的信息。然而，这一概念在西班牙法律中并不明确。正如法国的情况，大部分美国行政法中与行政调查这一概念相关的法律工具与机制同样存在于西班牙法中。①

诸如“调查权力”或者“调查措施”这样的用语可以在西班牙的各个法律领域中见到，如税法、劳动法、竞争法、银行法、消费者法、股票交易法、通信法及环境法，但是并不存在准确的、统一的法律含义：“调查”这一用语，有时是指对公民和企业的监督

---

* 西班牙托莱多大学法学与社会学院行政法教授。本文提交至第23次“欧洲及全球公法比较研究”系列研讨会（巴黎政治经济学院公共管理与公法中心·2010年2月）。本文由应俊翻译。

① 这一概念，在美国法中及相对应的法国法中的情况，参见 Prof. J - B. AUBY, Administrative Investigation in French Law, Outline, University of Utrecht, June 2010 (available in http://chairemadp. sciences - po. fr/pdf/seminaires/2011/SEMINAIRES%20DAECG/Adm_Inv_Auby. pdf)。

或检查活动，以检查法律义务的履行情况；[①] 有时仅仅是指从公民或企业（强制或自愿情况下）或环境中收集信息，用于公共政策的设计与制定或者某些公共利益的保护。[②]

如果我们讨论更广义的行政调查（包括“所有行政机关获取信息的法律工具”），[③] 就会包括更广泛的一系列制度，即西班牙行政机关通过获取信息执行公共政策及履行公共职责的一系列制度。这将不仅包括美国法中使用的那些主要的行政调查机制，如检查、要求提供表格及报告、传唤或强制程序，还包括其他制度，如向注册官员或公共注册处提供信息的义务、评估程序及审计程序等。[④]

虽然美国行政法上“行政调查”概念下的法律工具与调查权力存在的历史与行政管理本身同样悠久，它们在西班牙行政法中却没有得到全面和普遍的承认。尽管它们不同程度地存在于各种行政领域的法律中，对于行政机关向个人收集信息的活动，立法者并没有试图明确地以系统的、普遍的制度来规定其措施及程序。因此，无法清晰地界定行政调查对于公民权利及自由的影响程度。

---

① 参见 art. 113 of Act 58/2003 establishing the General Law on Taxation (Ley General Tributaria); and art. 6 of Royal Decree 2295/2004 on the implementation in Spain of the European Community Competition law (Real Decreto relativo a la aplicación en Espa? a de las normas comunitarias de competencia)。

② 参见 Art. 11. 1. h of Organic Act 2/1986 on State Security Forces (Ley Orgánica de los Cuerpos y Fuerzas de Seguridad); art. 22. 3 of Organic Act 15/1999 on protection of personal data (Ley Orgánica de Protección de Datos).

③ 行政调查的广义概念是根据本次研讨会的问卷“行政调查比较研究”。

④ 事实上，按照广义的行政调查概念，一些传统的行政控制及授权制度也将被包括进来，因为行政机关管理个人活动的重要手段是获取信息。因此，这一概念将包含许多西班牙法中的传统法律技术，包括“监督与控制活动”的概念（de concept of “actividad de supervisión y control”），它直接或间接地指向信息收集；关于“监督与控制”概念，参见 R. RIVERO ORTEGA, El Estado vigilante, Tecnos, 2000, pp. 65 – 66。

另外，并没有经典的学术理论来系统、整体地探讨行政调查权，仅有部分研究特别地关注了行政机关的检查权力。①

本文中，我们认为，欧盟服务指令②将使行政机关在更多的经济部门（如工业、贸易和旅游）扮演重要角色，这将对西班牙行政机关调查权的行使及规制产生重大的影响。

2　行政调查的法律手段

2.1　检查

2.1.1　哪些行政机构有检查权

只要国会的法律明示地授予了它们这样的权力，所有西班牙领域内的行政机构（国家的、自治组织的和地方的）和独立的机构均可能在它们所辖的职能领域内行使检查权。③ 尽管国家行政机关在诸如税法、社会安全及劳动法等领域内④有重要的检查权力，必须注意的是，作为一个普遍的规则，大部分检查权力掌握在自治组织的手中，因为它们是专门设立的地域性的行政机构，拥有诸如教

① 参见 R. RIVERO ORTEGA, ibid.; S. FERNANDEZ RAMOS, La actividad administrativa de inspección, Ed. Comares, 2002; A. GARCIA URETA, La potestad inspectora de las administraciones publicas, Marcial Pons, 2006; A. ORENA DOM? NGUEZ, Discrecionalidad, Arbitrariedad e inicio de Actuaciones Inspectoras, Cuadernos de Jurisprudencia, Thomson - Aranzadi, 2006.

② 欧盟关于内部市场服务的指令（Directive 2006/123/EC on services in the internal market）。

③ 参见 R. Rivero Ortega, El Estado vigilante, Tecnos, 2004, pp105 ff; A. GARCIA URETA, La potestad inspectora de las administraciones publicas, Marcial Pons, 2006 p. 67 ff.

④ 国家机构也在其他领域享有检查权力，如国家公共领域的保护（参见 art. 94 of Royal Decree - Law 1/2001 on Water - Ley de Aguas）。

育、健康、环境以及消费者保护领域的行政权力。

另外，作为一般规则，政府机构和某些经济及人权领域的自治组织都拥有明确、有力的调查权。上述情况存在于以下机构：全国竞争委员会（Comisión de Defensa de la Competencia）、西班牙中央银行（Banco de España）、股票交易市场（Comisión del Mercado de Valores）、电讯市场委员会（Comisión del Mercado de Telecomunicaciones）和国家广播电视局（Agencia Estatal de Radiocomuniaciones）。

最后，在一些诸如工业安全和环境保护这样的领域，涉及特别复杂的技术，行政机关缺乏足够的时间和必要的资源来合理地监管以及制定完善的行政规则，立法者引入私立组织协助行使检查权力。因此，Act 21/1992 工业法案规定，私立组织与主管机关合作，以监督和检查产品、设备和工业设施（the so called "Entidades de Inspección y Control Reglamentario"）。[1]

到目前为止，西班牙确立和发展的最好的检查规则在以下领域

① 参见 Art. 15 of Act 21/1992 on Industry（Ley de Industria）and Royal Decree 1407/1987 在产品、设备及工业设施领域拥有检查和监管控制权力的组织（Reglamento por el que se regula las Entidades de inspección y control reglamentario en materia de seguridad de los productos, equipos e instalaciones industriales）。关于私立组织协助行政调查的法律分析，参见 A. GARCIA URETA, op. cit., pp. 237 ff., S. FERNANDEZ RAMOS, La activitad administrativa de inspección, Ed. Comares, 2002, pp. 501 ff.; E. ALONSO GARCIA, "Inspecciones ambientales", in E. ALONSO y B. LOZANO (Dir.), Diccionario de Derecho Ambiental, Iustel, 2006。

被采用，即调查公民及企业在税务[①]及劳动法[②]领域的遵守情况。在上述两个领域关于检查权力及程序有明确且详细的国家规则。另外，它们的效率由高度专业化的督查员团体保证。该组织的存在，可以追溯到19世纪末的税务检查官[③]和20世纪初的劳动检查官。[④]

① 税务检查现在由Law 58/2003（Ley General Tribunaria）规制，该项法律的第四章规定了税务检查（第141～159条），还有Royal Decree 1065/2007 of 27th of July 立法院法令批准通过了税务管理与检查程序的一般规则（Reglamento General de las actuaciones y los procedimientos de gestión e inspección tributaria y de desarrollo de las normas comunes de los procedimientos de aplicación de los tributos）。针对税法领域的检查权的法学分析，参见F. CERVERA TORREJóN, La inspección de los tributos. Garantías y procedimientos, Instituto de Estudios Fiscales, 1975; A. LóPEZ DíAZ, A., Actuaciones de la Inspección tributaria: interrupción y suspensión, Tecnos, 1994; and most recently J. BANACLOCHE PÉREZ,《Procedimiento inspector》, Impuestos, núm. 17, 2007, GARCíA – OVIES SARANDESES, I.,《Procedimiento de inspección》, in R. CALVO ORTEGA (Dir), La nueva Ley General Tributaria, Thomson – Civitas, 2004。

② 劳动检查现在由Law 42/1997（Ley Ordenadora de la Inspección de Trabajo y Seguridad Social）规制，Royal Decree 138/2000 由立法院修正，批准了劳动法及社会安全领域检查的组织及职能规则（Reglamento de organización pección de Trabajo y el control de la aplicación de la norma laboral, Pamplona, Aranzadi, 1999; M. A. GARCÍA RUBIO, La Inspección de Trabajo y Seguridad Social, Valencia, Tirant lo Blanch, 1999）。

③ J. Pan – Montojo, Los Inspectores de Hacienda en España: una mirada histórica, Centro de Estudios Financieros, 2007.

④ I. VAZQUEZ GONZÁLEZ, "La Inspección de Trabajo en Espaóa: antecedentes y desarrollo histórico. Derecho internacional y comparado", in La Inspección de Trabajo y Seguridad Social", in I. VAZQUEZ GONZÁLEZ et all. Pamplona, Aranzadi, 1999; M. J. ESPUNY TOMAS, "Los orígenes de la inspección de trabajo en España (1906 – 2006), Area de Historia del Derecho y de las Instituciones, Universidad Autónoma de Barcelona, available in http://www. upf. edu/iuslabor/012006/Historia. MJesusEspuny. htm (last visited on the 2nd March 2011).

检查专员可以在任何时候进入受督查的企业的建筑或设施；他们有权力进行检验或调查；询问雇主或工作人员（单独或有见证人在场的情况下），要求提供会计账簿、注册证书或其他法律规定的证件，并可以采取临时措施以阻止文件被破坏、藏匿或修改，在某些情况下保障公共利益免受危险，如劳工安全、工业安全或环境保护。作为一般规则，法律授予公共机构和组织的权力还取决于公共授权代理机构（agentes de la autoridad）的状况，包括所有公共机构履行职责、公务人员协助并支持检查制度的发展以及公民合作义务的履行。

2.1.2 在何种情况下可以进行检查

并非每个国会通过的法律在授予行政部门检查权时指明何种情况下能够启动检查。某些情况下法律的相关条文仅仅是概括地授予行政机关检查权，将行政机关应当何时以及如何行使检查权留给行政法规规定。[①] 而另一些情况下则无法找到如此详细的规定。

正如上文提到的，我们在税务和劳动法领域找到了最复杂的检查规定。在这两个领域，国会（单独或与其他行政规则一起）规定了启动检查的具体情况。此外，我们能够在自治组织通过的规定或规则中找到一些非常详细的规定，如环境保护或消费者保护领域，或多或少地确立了一些检查权行使的具体情境和标准。

通常会分为系统的、程序性检查和非程序性、单独的检查。

一是程序性检查有常规性基础，一般是根据行政机关采取的战略政策文件、计划或方案进行的不同层级的检查。这样的计划，一般会确定目标、检查对象及活动的重点，所应涵盖的地理区域，并

① 参见 art. 30 of Act 14/1986 关于健康保护（Ley General de Sanidad）; or art. 49 of Act 54/1997 关于电力部门（Ley del Sector Eléctico）。

确定检查的日期。[①] 重要的是必须保证有限的检查行政资源的有效利用。此外，这些计划或方案极大地限制了行使行政权力时的裁量权，并客观地确定了何种情况下能够实施检查。[②]

二是非程序性或单独的检查的启动，一般根据预先确定的一些情况（如行政机关在授予行政许可之前对场所的检查，当工业事故发生时，或者当行政机关发现了违法行为的证据或线索时），或者根据个人对于违法行为的举报、申诉。[③]

2.1.3　程序要求

程序要求一般因涉及领域的不同而不同。然而，我们可以提取一些任何检查程序中都适用的一般性基本要求：

（1）当检查是根据个人对违法行为的举报启动的，行政机关必须确定举报人。

（2）当检查场所同时是个人居所时，为了进入场所检查，行政机关必须取得相关当事人的同意或者法院许可令。

（3）检查人员在每次进入场所检查时，必须出示检查证书（Actas de inspección），并给当事人或相关企业留下检查证书的复印件。

（4）有些法规明确规定了检查程序结束的具体时限。

---

① 参见 art. 116 of Act 58/2003 确立了税务领域的一般规则（Ley General Tributaria）; art. 61 of Act of Navarra Autonomous Community 4/2005 关于环境保护的行政干预（Ley Foral de intervención para la protección ambiental）.

② See further, A. ORENA DOMINGUEZ, op. cit. , pp. 122 ff.

③ 例如，Art. 62 of Act of Navarra Autonomous Community 4/2005 关于环境保护的行政干预(Ley Foral de intervención para la protección ambiental)。

(5) 检查程序结束时应当发布检查报告。[①]

2.2 要求提供表格或报告

行政机关缺乏足够的时间和必要的资源对下述事项进行单独的研究，即最适当的检查以及成功地在越来越复杂的法律环境中发现违反行政法规的行为。因此，行政机关被授予的许多公共职能的履行主要依靠信息，这些信息是由个人、私人组织、标准制定机构、非政府组织和其他法人不得不通过某些机制向行政机关提供的，如要求提供表格或报告这样的机制。[②]

西班牙国会通过的一些法律在一般条款中规定了个人和企业提供某些信息的义务。这是 Act12/1989 关于公共统计职能（Ley de Función Estadística Pública）的一个例子，该法授予统计服务局权力，可以要求自然人和法人、本国籍或外国籍但在西班牙设立的法人提供数据。[③] 相似的 Organic Act 15/1999 关于个人数据保护（Ley Orgánica de Protección de Datos Personales）规定，行政机关在其职能范围内为了履行公共职能，可以不需要个人的同意而对个人数据进行处理。[④]

所有的西班牙行政机关正在不同领域越来越多地运用这些机

① 作为法规规定检查程序要求的最杰出的例子，Arts. 113 to 116 and 144 to 154 of Act 58/2003 确定了税法通则（Ley General Tributaria）。更详细的程序性要求，可以参见一些关于环境检查的法律，如 Arts. 99 to 103 of Royal Decree 93/2006 of Navarra Autonomous Community 批准了关于环境保护行政干预的规定（Reglamento de desarrollo de la Ley Foral 4/2005 de Intervención para la Protección Ambiental）。

② See J. Freeman, "Private Parties, Public Functions and the New Administrative Law" Administrative Law Review, Vol. 52, Issue 3 (Summer 2000), pp. 813 - 858, at. p. 836, 52 Admin. L. Rev. 813 (2000).

③ Art. 10.

④ Art. 6.

制，如税法、环境保护、工业安全或消费者保护。在任何情况下，像要求提供表格或报告这样的强制获取信息的机制必须由法律授权，因为它们影响并限制个人权利与自由。

最近，在服务领域，我们见证了欧盟服务指令引起的西班牙法律的变化，[①] 作为一般规则，对于服务活动，有事先核准要求的事前控制模式已被事后控制模式所取代。产生这一影响的重要制度是"declaración responsible"（责任声明），这项制度在许多经济活动中代替了原有的授权制度：服务提供商向主管行政机关提交文书，表示他或她符合法律规定的所有要求，他或她能够提供所有要求的文件证明这一点，他或她将在经营活动持续的时间内遵守上述要求。[②]

设计这些文书和声明是为了便于进行事后控制，以验证服务活动符合法律的规定。这项改革对一些经济部门产生了深远的影响，包括旅游、贸易和工业，因为一方面，企业及专业人士需要完成的要求和手续明显地被简化了，另一方面，为了更严格地保护公众利益，行政管制的新方法在这些领域开始应用，即现在行政管制一般在经济活动开始后进行。

2.3　传唤、强制程序

有些行政机关，特别是一些政府独立机构，还享有传唤的权

---

① 服务指令融入西班牙中央政府层级法律的主要法律机制：（i）Act 17/2009 关于自由进入及开展服务活动（the Law on Free Access to Service Activities and the Exercise Thereof）（'Ley Paraguas'），作为指令的基本原则融入西班牙法律的标志性规定；（ii）Act 25/2009 修正了许多法律，使它们符合自由进入及开展服务活动法（the Law on Free Access to Service Activities and the Exercise Thereof）（'Omnibus Law'），共修正了 48 项法律。

② Arts. 2. 9 and 5. c）of Act 17/2009 on Free Access to Service Activities and the Exercise Thereof（'Ley Paraguas'）.

力。这些情况发生在下述领域，包括股票市场法、[1] 通讯法、[2] 竞争法[3]及税法。[4] 现行的规定通常仅仅是授予权力，强制个人提供证言或者在个人不配合提供证词的情况下获取证据作为处罚的凭据。在一些情况下，传唤仅仅被认为检查权的一部分。[5] 在少数情况下，国会作了非常详细的规定，如能够要求提供的证据类型或强制程序能够进行的地点（通常是行政机关的办公地点或者企业的处所）。[6]

另外，行政程序法 Act 30/1992 第40 条规定了强制程序的一些基本原则，作为对问卷 1.3（1）的回答。

2.4 其他

公共登记注册，作为以权威方式收集和储存信息的制度，已被许多国家使用了数个世纪。

如今，如同数千年前的罗马帝国，公共行政机关不断地登记重

---

① 根据 Art. 85 of Act 24/1988 on the Stock Market (Ley del Mercado de Valores)，股票市场委员会可以"要求任何人提供信息，并且假如必要，命令个人出庭作证以获取信息（order a person to testify in other to obtain the information)"，并可以"要求提供企业的电话记录以及交通出行信息"。不配合在强制程序中提供信息将导致严重的违法行为（Art. 100. b)，将依据 Art. 103 进行惩罚。

② Art. 50. 6 of Act 32/2003 on Telecommunications (Ley General de Telecomunicaciones). 不配合提供信息。

③ Art. 40. 2. f) of Act 15/2007 on the Defence of Competition (Ley de Defensa de la Competencia).

④ See, for example, Art. 142. 3 of the General Taxation Act (Ley General Tributaria).

⑤ See, for example, Art. 40. 2. f) of Act 15/2007 on the Defence of Competition; and Article 11. 2 of Act 42/1997 on Labour Inspection (Ley de la Inspección de Trabajo).

⑥ See Art. 85. 3 of Act 24/1988 on the Stock Market.

要的个人信息：任何新生儿必须在民政局登记；任何个人必须在他或她居住的市的市政府登记处进行登记，并在当地的选举登记处登记，以便能够行使他或她的政治权利。

法人，也必须在一些公共登记处注册登记。某些情况下，注册登记是法人存在的一项条件（成立企业必须先到商业登记处进行注册登记）。另外，各部门的登记处正在不断增长，包括环境保护法、消费者保护法、教育及文化领域，等等。这些注册处的设置是为了完成不同的目标：有时它们仅仅作为信息资源使行政机关或者公共机构了解从事某类活动的企业的数量；有时它们是重要的工具，设计的目的是监督注册的企业是否履行法定义务；有时它们可能是作为授权核准机构存在（当注册是进入特定领域或者进行特定活动的一项事先要求时）。

3　行政调查的一般原则

3.1　Act 30/1992 行政程序法

Act 30/1992 行政程序法（以下简称 ACAP）是西班牙行政制度的核心。它确立了行政程序的共同要素和标准，适用于所有公共行政管理，并且规定了公民在受到行政行为影响时应当享有的最低保障。这部法律并没有穷尽所有规定，国家政府、自治组织或地方政府在其职权范围内可以规定具体的程序，但是任何情况下都必须遵循该法规定的最低保障。

行政程序法第九章规定了实施行政处罚的权力及程序的基本指导原则。然而令人吃惊的是，该法并未辟出一章或者一节对调查权力的行使作出基本规定，甚至也没有规定西班牙最常用的调查手段：检查。

事实上 Act 30/1992 在通过时只有若干条款是有关行政机关调查权力行使的：

第一，条款 39.1 关于“公共合作”，规定“公民仅在法律规定的情况下有义务向行政机关提供报告，配合检查和其他调查活动”。

第二，根据条款40：①“强制公民去公共机构，仅在国会法律规定的情况下才能实施”。②如果公民被要求去公共机构，通知必须写明具体的地点、日期、时间、要求到场的目的以及不到场的后果。③“公共行政机关在当事人请求时应提供到场证明”。

这些规定提醒我们，根据合法性原则，检查及传唤权力必须由国会法律授予行政机关，因为它们侵犯公民的基本权利与自由。

最近，欧盟服务指令转化为国内法的过程中对Act 30/1992作出了一项有趣的修改，对行政调查的规范作出了微小的改善。Act 25/2009修改了多项法律以使它们符合自由进入及开展服务活动法(the Law on Free Access to Service Activities and the Exercise Thereof)，它也在ACAP中引入了新的Art39. bis来规定“公共行政机构干预经济活动发展的原则”。根据这条新规定的第一段，“公共行政机关在行使权力采取措施限制个人或集体权利，或确立经济活动进行的要求，应该选择限制较少的措施。并应考虑采取这样措施保护公共利益的必要性与目的适当性之间的关系，绝不能导致歧视的后果”。

这条规定要求，事实上，许多经济活动领域中针对服务提供商的“责任文书”制度代替了先前的授权制度，这项改变要求对这些经济活动有更强有力的事后管制。因此，Art39. bis的第二段规定“公共行政机关将根据各项经济活动相关法律的监督遵守法定要求的情况，可以核实、核查、调查、检查可能发生的事实、行为、要素、活动、评估和其他情况”。

这条规定以一般规定的方式授予行政机关调查的权力，以确保服务提供商遵守法律规定并严格保护公共利益。然而，它并没有进一步规定行政调查的具体手段及程序。

另外，诸如“调查”、“检查”、“核查”（verification）这样的用语在该条款中出现，说明这样一个事实，在西班牙行政法中

“行政调查”的概念至今还没有被作为确定、清晰的概念（或者作为一种行政行为）。

3.2 滥用行政调查的公民保护及司法控制

Act 30/1992 的 Art 39. bis 明确规定，行政机关行使调查权力时受合理性原则的规制。举例而言，行政机关“不能恣意要求提供任何文件，而只能要求提供那些作出行政决定所需的不可或缺的文件”。①

调查权力行使的程序规则应在保护个人免受滥用行政调查侵害中发挥重要的作用。例如，实行检查的明确时限非常重要，能够避免法律的不确定性和行政机关滥用权力。

另外，西班牙所有关于检查的规定都对公民权利保护作出了适当规定，西班牙宪法第 18 条郑重规定了隐私权与住宅不可侵犯。②因此，需要进入场所检查时，当该场所也被当作住宅时，行政机关必须取得当事人的同意或者法院许可令。③

4 行政调查的原理

行政调查的概念，在西班牙行政法中并不明确。在 Act 39/1992 行政程序法中有一些规范行政监管和调查的一般性规定，还有一些规定涉及数据文件及政府数据，是与“行政调查”相关的。然而，正如法国的情况，西班牙并不存在全面、一致的有关行政调

① STS of 16 March 1988.

② 根据欧洲人权法院的判例，西班牙宪法法院对“住宅”作出解释，指出该概念也包含某些公司的场所。参见 L. FELTER RAMBAUD, “La inviolabilidad del domicilio y las inspecciones administrativas en material de Defensa de la Competencia”, en Gaceta Jurídica y de la Unión Europea, n? 17, 2010, pp. 11 – 31.

③ See, among others, Art. 113 of Act 58/2003 establishing the General Law on Taxation General Taxation Law (Ley General Tributaria).

查的一般制度。

截至目前，服务指令意味着，一方面企业及专业人士需要完成的要求和手续明显地被简化了，另一方面为了更有效地控制服务活动的质量以及保护相关公共利益，行政管制的新方法开始被应用，即现在行政管制一般在经济活动开始后进行。我们认为，随着服务指令的转化植入，西班牙应当将行政调查作为一个整体，制定更系统和全面的法律以规范调查的权力的使用，不仅更严格地保护公共利益，并且明确调查权行使的限制以保护个人权利。

韩国行政调查基本法研究

金光日*

1　引言

1.1　问题的提出

为提高政策行政的品质与执行行政的效率，行政主体有必要在相关行政决定（如决定政策、作出具体行政行为等）作出之前适当收集相关信息资料。这是因为，所谓“Garbage in，garbage out”的计算机工程学的真理，于国家行政领域同样有效，以优良信息为基础，方能确保高品质行政政策的生产；以符合事实关系的信息为基础，才能确保行政决定的合法性。尤其对现代福利国家而言，在经济秩序、公共安全、社会福利、环境保护等各领域要求国家的积极所为，行政主体认为必要的信息数量也必然随之大幅增加，基于此，行政主体为收集信息而实施的行政调查领域也在越发扩大，而这些也依据依法行政的理念，通过国会立法被不断具体化。在相当数量的单行法中，为达成各自的立法目的，对多种类型的行政调查予以规定已成为常态，规定行政调查的单行法的数量也因此大大增加了。

韩国的行政调查相关立法实践也证实了这些。根据全国经济人联合会制作的调查报告，截至 2002 年 4 月，124 部法律中规定行

* 韩国仁川海关科长，清华大学法学硕士。

政调查的条款有157个；[①] 而根据两年后该联合会附设的韩国经济研究院发表的研究报告，截至2004年5月，156部法律中规定行政调查的条款有176个，[②] 这显示两年内行政调查相关法律增加26%，行政调查件数增加12%。另外，根据韩国国会政务委员会的资料，截至2006年9月，161部法律中规定行政调查的条款有241个。[③] 当然，由于这些资料的调查机构各异，其具体的调查标准及方法存在差异，可是，即便如此，这些数据已足以证明如今行政领域中行政调查急剧增加的态势。

但是，从行政调查对象的立场来看，由于行政调查在需要时根据各个单行法无一定体系地无序增加，正当程序的控制之不足、重复调查、处罚为主的行政调查运行等负面影响也随之增多。[④] 现场调查、文书阅览、提出资料的要求以及出席要求等行政调查类型在属性上必然存在可能侵害营业自由、财产权以及隐私权等国民基本权利的倾向，因而对于增加态势的行政调查，有行政调查对象，尤其是企业界强烈指出应对其进行统一的法律规制。总的来说，随着行政领域的日益扩大，行政调查对于行政实务界与调查对象而言都具有重要的实质意义，成为瞩目的对象。

与行政实务界及调查对象的这种情形相比，行政法学界对行政调查的学术讨论并不活跃。这起因于通说上认为行政调查并非法律

---

① 数据来自《行政调查的法制现况及其示唆点》，载全国经济人联合会2002年第5-21号《调查研究》，第4页。

② 数据来自《行政调查实态及其改善方案——主要从规制改革方面入手》，载全国经济人联合会附设韩国经济研究院2004年第25号《研究报告》，第36页。

③ 韩国国会政务委员会：《行政调查基本法案审查报告书》，2007年，第4页。

④ 数据来自《行政调查实态及其改善方案——主要从规制改革方面入手》，载全国经济人联合会附设韩国经济研究院2004年第25号《研究报告》，第108~155页。

行为，只不过是行政决定之前准备阶段的事实行为，并且其方法和对象多样，以分析的概念很难使用等理由，使其被排除在学术主要研究对象之外，而仅仅对于作为行政调查手段之一的质问、检查等以行政上即时强制的手段进行有限的研究。① 其结果是行政调查在韩国的行政法教科书中，大约只占10页而已。② 调查证实，截至2009年，过去10年中，在韩国直接论述行政调查的论文不到10篇。③

在这种对行政调查的学术研究欠缺的状况下，韩国政府于2007年5月关注因行政调查无序扩大所造成的负面影响，基于“规制缓解”的政策目标，研究制定了行政调查基本法，并于同年8月予以实施。也就是说，该法并非通过行政法学界的活跃研讨累积研究成果，并以此为基础顺理成章地被制定出来，而是由于行政调查主要对象之企业界持续提出不满，接受不满的政府主动推进立法，因而是在并未充分倾听行政法学界对于行政调查的概念定义、立法方式以及有关行政调查的核心内容等各要素的相关意见的情况之下，制定了该法。④

即便有这种局限性，在世界上尚无关于行政调查的外国立法例

---

① ［韩］金荣祚：《关于行政调查研究——尤其，以税务调查的法的问题为主》，1998年庆熙大学博士论文，第2页。

② ［韩］朴均省：《行政法讲义》，博英社2010年第7版，第374~384页；［韩］洪井善：《行政法原论（上）》，博英社2010年第18版，第622~637页；［韩］金东熙：《行政法Ⅰ》，博英社2003年第9版，第440~445页等。

③ ［韩］吴峻根：《关于行政调查制度有关法理的论议、立法趋势的评价及其改善方案的研究》，载《土地公法研究》2009年第45期，第363页。

④ ［韩］金载光：《关于行政调查基本法立法过程的考察》，载《法学论丛》2009年第33卷第2号，第490页。

的情况下，[①] 由政府主导而制定行政调查基本法的这一事实，可以说，对于学术界及实务界都具有重要意义。对学术界来讲，该法的制定可以成为活化有关行政调查的学术研讨的契机；对实务界而言，该法既具有有关行政调查的基本规范的地位，也奠基通过法律实践经验及与学术界的交流持续弥补其缺陷的基础。笔者认为，自从行政调查基本法施行以来至今，已积累了一定的实践经验，故详细检讨该法的立法背景与立法过程，探讨其过程中的相关争论，综合其主要内容与特征，并发掘存在的问题，提出改善方案，这对今后行政调查制度的进一步发展具有重要意义。

1.2 研究现状

截至2012年1月，根据笔者的调查，自2007年行政调查基本法制定以来，与此相关的韩国学术论文有：金载光教授的《关于行政调查基本法立法过程的考察》，吴峻根教授的《关于行政调查制度有关法理的论议、立法趋势的评价及其改善方案的研究》，金荣祚教授的《行政调查基本法的问题及其改善方案》；[②] 中国学者的论文有：康贞花教授的《韩国行政调查基本法的特色及对中国的立法启示》。[③]

金载光教授的论文是目前唯一一篇以行政调查基本法的立法过程作为主题的学术论文，给笔者的研究带来了很多启发。这篇论文主要论述了行政调查基本法的立法方向、着手要点、立法过程中的主要争论点以及行政调查基本法的主要内容。该论文一目了然地揭

---

① 韩国国会政务委员会：《行政调查基本法案审查报告书》，2007年，第6页。

② 在韩国教育学术情报院官方网站（http://www.riss.kr）以“行政调查基本法”为关键词搜索。

③ 康贞花：《韩国行政调查基本法的特色及对中国的立法启示》，载《河北法学》2011年第10期。

示了立法过程中所提出的争论点以及与此相关的研讨内容。吴峻根教授的论文以行政调查基本法的立法为契机，将作为该法适用对象的单行法与非适用对象之单行法进行区分论述，从而研究了各自在行政调查基本法立法上的效果，并据此评价现行行政调查制度，揭示问题点，提供完善方向。金荣祚教授的论文在简单介绍行政调查基本法的立法过程与主要内容之后，重点论述了存在的问题与完善方案。

上述三篇论文都从行政调查对象的权益保护立场出发，揭示了行政调查基本法的问题，从而主张扩大适用范围。但是，对于应国民要求适当实施行政调查与保障行政调查对象的合法权益之间的均衡都缺乏考虑。

康贞花教授的论文分为韩国行政调查基本法的立法背景、主要特色、对完善中国行政调查立法的启示等各章论述。但这篇文章只关注了该法的优点，未研究论述其存在的问题，与上述韩国学者的论文一样，对于应国民要求适当实施行政调查与保障行政调查对象的合法权益之间的均衡，亦缺乏论述。

另外，在国家机关及民间团体的报告书中重要的有：国务总理室（原国务总理国务调整室）向国会政务委员会提交的报告资料、国会政务委员会的立法案审查报告书、规制改革委员会的白皮书、韩国法制研究院的行政调查基本法的制定方案委托研究报告书、全国经济人联合会的调查报告书以及全国经济人联合会附设的韩国经济研究院的研究报告书等。

国务总理室的报告资料①是行政调查基本法立法推进主管部门（即国务总理室）将该法律议案的制定背景、主旨及主要内容向立法部的主管常任委员会（即政务委员会）报告的资料；国会政务

① 韩国国务总理室（原国务总理国务调整室）：《行政调查基本法制定案向国会政务委员会报告资料》，2006 年，载该室官方网站，http://www.pmo.go.kr/。最后访问时间：2012 年 1 月 19 日。

委员会的审查报告书[①]是国会所属常任委员会的立法专门委员对行政部门提出的法律议案，以立法部的角度审查之后，将其审查结果向常任委员会报告的资料；规制改革委员会的白皮书[②]是总统直属总管行政部规制改革的规制改革委员会综合当年实施的各种规制改革活动的年度报告书，其中2006年度白皮书包含从规制改革层面出发推进的行政调查基本法立法工作有关事项；韩国法制研究院的行政调查基本法立法方案委托研究报告书[③]是该院由国务总理室委托，从事关于行政调查基本法立法方案的研究工作，对与行政调查相关的国内外法令加以研究、分析，并作成该法草案的报告书；全国经济人联合会的调查报告书[④]及韩国经济研究院的研究报告书[⑤]是大企业为主的利益团体，即全国经济人联合会及其附设的研究院，就以企业为调查对象而进行的行政调查之现状及问题，从行政调查对象的视角作出的综合报告书。

这些有关国家机关和民间团体的报告书，在研究行政调查基本法的立法背景与立法过程等方面具有权威性的基础资料之价值。

---

① 韩国国会政务委员会：《行政调查基本法案审查报告书》，2007年，载韩国职业能力开发院官方网站，http://www.nhrd.net/。最后访问时间：2012年1月19日。

② 韩国规制改革委员会：《2006年规制改革白皮书》，载该会官方网站，http://rrc.go.kr/。最后访问时间：2012年1月19日。

③ 韩国法制研究院：《行政调查基本法制定方案研究》，2005年，载国务总理室官方网站，http://pmo.go.kr/。最后访问时间：2012年1月19日。

④ 韩国全国经济人联合会：《调查研究》2002-5-21号，《行政调查的法制现况及其示唆点》，2002年，载该会官方网站，http://www.fki.or.kr/。最后访问时间：2012年1月19日。

⑤ 数据来自《行政调查实态及其改善方案——主要从规制改革方面入手》，载全国经济人联合会附设韩国经济研究院2004年第25号《研究报告》，载该院官方网站，http://keri.org/。最后访问时间：2012年1月19日。

1.3 研究方法及论文结构

基于这些先行研究，笔者以行政调查基本法的立法背景与立法过程、特征与主要内容、成果与问题等为中心，根据有关教材、学术论文以及报告书等文献资料进行了相关研究。为此，参考了众多文献资料，关于行政调查基本法的立法背景与立法过程，参考了国会政务委员会的法律案审查报告书与金载光教授的论文；关于行政调查基本法的特征与主要内容，参考了国务总理室的报告资料、韩国法制研究院的委托研究报告书以及规制改革委员会的白皮书；对于存在的问题及完善方案，主要参考了金荣祚教授的论文与吴峻根教授的论文。除此之外，探讨了行政程序法、公共机关关于信息公开的法律、个人信息保护法等与行政调查相关的法律，还参考了中国学术界关于行政调查的主要论文。通过这些研究，提出了今后行政调查的进一步发展方案。

另外，本文的研究方向并非对行政调查进行一般性、基本性研究，而是对“韩国行政调查基本法制定及其实践”这一特定的主题进行针对性研究。因而，省略了有关行政调查基本概念的一般性论述，仅限于在本文逻辑结构上及必要的情形下进行适当阐述。

为有效达到研究目的，笔者将本文分为六部分来考察：第一部分为引言；第二部分对行政调查基本法的立法背景、立法过程及主要争论点进行研讨；第三部分对行政调查基本法的特征、主要内容以及问题点进行论述；第四部分以与行政调查基本法的关系为主线，对宪法、行政程序法、公共机关关于信息公开的法律、个人信息保护法进行研究；第五部分对行政调查相关判例进行评析；第六部分为结论，将研究内容进行总结并对行政调查制度的发展、中国相关立法的完善提出了一些建议。

2 行政调查基本法的立法背景与立法过程

2.1 立法背景

2.1.1 企业提起不满

如引言所述，随着行政领域的扩大，行政调查也处在急剧增加态势。在此，特别需要关注的事实是，增加的行政调查大部分是与企业有关的调查。这是因为随着市场经济的高速发展，在经济秩序、公共安全、社会福利以及环境保护等今日受国民瞩目的各领域中，企业对社会造成的影响大到无法与个人相提并论。为对应这种情况，有关各个单行法作为达成立法目的的实效性确保手段，规定了行政调查，并采取了报告要求、资料提出要求、出入检查、出席陈述、账户跟踪以及抽样等各种调查方法。与企业有关的行政调查主要有：根据各种税法的税务调查；① 根据金融机构相关法律对金融机构财产及其业务所进行的健全性检查；② 根据《关于规制垄断及公正交易的法律》所实施的内部不当交易等违反行为的调查；③ 根据《大气环境保全法》所实施的排放源及排放量的调查；④ 根据《残疾人雇佣促进及职业再活法》实施的残疾人雇佣现状的调查；⑤ 根据《有害化学物质管理法》实施的流通及排放量的调查⑥等。

其结果，调查对象之企业对这种调查现状持有忧虑，并发出抗议的呼声是可想而知的。因而，它们通过全国经济人联合会、韩国

---

① 《法人税法》（2012 年）第 122 条，《所得税法》（2012 年）第 170 条，《附加价值税法》（2011 年）第 35 条等。

② 《银行法》（2010 年）第 48 条，《保险业法》（2011 年）第 113 条等。

③ 《关于规制垄断及公正交易的法律》（2011 年）第 50 条。

④ 《大气环境保全法》（2011 年）第 17 条。

⑤ 《残疾人雇佣促进及职业再活法》（2011 年）第 26 条。

⑥ 《有害化学物质管理法》（2011 年）第 17 条。

经营者总协会、大韩商工会议所、中小企业中央会以及韩国贸易协会等与企业相关的利益团体，向规制改革委员会、行政自治部等有关部门多次提出了行政调查的问题点。尤其值得关注的是，全国经济人联合会通过对企业相关的行政调查进行研究后，于 2002 年 5 月提出报告书；[①] 要求改善现状，方案即为修改行政程序法，从而实现程序性保障，以下是该报告书的主要内容：

（1）报告书概要。该报告书在绪论中指出：“最近，行政调查虽大量增加，但由于相关规定分散在各个单行法中，因而不同于证据调查、证人询问等司法调查，其程序并不确定，从而有可能造成侵害国民权利的负面后果，并且由于调查要件并不是客观、具体的，与各个单行法原有的立法目的相脱离，存在将行政调查误用或滥用成惩罚性调查的现象。”因此，该报告书以调查过程中缺乏正当程序性保障的现状作为研究背景加以阐述。

（2）实践中的现状。

①调查要件。该报告书指出，截至 2002 年 4 月，规定与企业有关的行政调查的单行法有 124 部，与行政调查相关的条款有 157 条，其中明确规定调查理由或目的等调查要件的条款有 12 条，规定比较明确的条款有 77 条，像“法律施行上的必要”，“职务上必要”之类的概括规定有 58 条，没有规定调查要件而是单纯规定行政主体具有这种调查权的条款有 10 条。

可见，在全部行政调查相关条款 157 条中，68 条条款对调查要件规定得过于概括、缺乏客观性与具体性，占全部条款的 43%。

②调查方法。在行政调查的实践中，调查方法主要有报告要求、资料提出要求、出入检查、出席陈述要求、抽样以及鉴定等。根据报告书，与行政调查相关的条款 157 条中，占 64% 的 100 条根据调查目的规定了两种以上的调查方法，若调查结果发现违法情

① 数据来自《行政调查的法制现况及其示唆点》，载全国经济人联合会 2002 年第 5－21 号《调查研究》。

况，企业则会受到诸如吊销许可等行政制裁，并根据违法程度还会被司法机关起诉而受到刑事处罚。如果拒绝调查，则会受到诸如罚款等行政制裁，甚至根据违法程度受到罚金、徒刑等刑事处罚。因此，从企业的立场上看，行政调查事实上给企业带来了与司法调查类似的负担。

③调查对象与调查范围。大部分与行政调查相关的单行法赋予行政主体多种调查权，但只规定了调查方法，并没有具体规定调查对象与调查范围，即将调查对象概括规定为“相关账簿、资料以及其他物件”；将质问调查的对象无限规定为“事业者或其他利害关系人”；将出入检查中的可出入场所概括规定为“事业所、事务室以及其他相关设施”，而且这种出入检查是否作为间接强制的出入检查，或是否任意调查，都不明确。

④调查程序。与行政调查相关的程序，按其步骤分别有事前通知与事前同意、调查员证件的出示、调查理由及相关法令的提示以及调查结果的告知等。但在1996年制定的行政程序法中，并没有规定关于行政调查的程序，且与行政调查相关的各个单行法，除依据国税基本法的税务调查[①]等之外，对程序的规定并不充分。具体而言，行政调查相关条款157条中，有131条规定了出示证件，24条规定了事前通知，6条规定了事前同意，5条规定了提示调查理由与目的，15条规定了告知结果。由此可见，对行政调查的程序控制机制并不充分。

⑤拒绝调查时的处罚。在行政调查相关条款157条中，有146条规定了拒绝调查时的处罚措施。就其处罚方式而言，93条是以行政制裁的罚款，26条是以刑事处罚的罚金，28条规定选择适用罚金或徒刑。至于处罚程度而言，差异较大，如处以罚款的情况，

① 在税务调查的情况下，1996年12月《国税基本法》修订时新增设了出示调查证、纳税人权利宪章交付、事前通知、延期申请以及结果告知等规定。

从根据《关于规制垄断及公正交易的法律》拒绝内部不正当交易调查时的最高1亿韩元，到根据《噪音震动规制法》拒绝接受是否违法检查时的50万韩元；处以罚金的情况，从根据《石油事业法》拒绝违反行为调查时的最高5000万韩元，到根据《大气环境保全法》拒绝接受污染排放量调查时的200万韩元等。可见，当调查对象拒绝调查时，处罚的方式和程度均有较大差异。

⑥事后救济。与行政调查相关的124部法律中，规定了损失补偿措施的有《水产业法》、《河川法》等8部法律，但对于企业提交报告或者资料所需的费用，及企业因抽样等调查方法所受的损失予以补偿的规定，是全然没有的。

（3）指出存在的问题。该报告书基于上述调查结果，指出了存在的以下问题：

①重复调查。对于同一或类似的事项，多个有关部门根据各自的单行法实施调查，给企业造成不便或负担加重。例如，对于内部不当交易，根据《法人税法》规定，税务机关有权实施调查，根据《关于规制垄断及公正交易的法律》规定，公正交易委员会也有权实施调查；对于消防设施安全管理，根据《消防法》规定，消防机关有权实施消防检查，根据《火灾补偿法》规定，火灾保险协会也有权实施安全检查等，这些均属于重复调查。

②调查要件过于概括。一般而言，实施行政调查的要件过于概括的情况较多，从而使调查的可预测性与透明性降低。例如，税务调查、公正交易调查等与企业相关的大多数行政调查，实施要件被概括规定为“法律执行上的必要”、“职务上的必要”等，并且没有对此监督的制度性机制。尤其对税务调查而言，本来应根据立法目的，为保证诚实纳税而实施调查，但在实践中存在很多为达成特定政策目的而滥用调查权的事例。①

① 例如，确立控制物价的目标而对此不配合的企业，或者向企业要求上缴政治资金而对此不回应的企业实施税务调查等。

③调查范围过宽。报告书指出，虽然很多与行政调查有关的法律给行政机关赋予了多样的调查权限，但是只规定调查方法而未具体地规定调查对象与调查范围，其结果可能导致过度实施调查，从而侵害营业自由等基本权。例如，对《关于规制垄断及公正交易的法律》规定的内部不当交易的调查，该法规定对于“经营状况、账簿、资料或其他资料或物件”可以进行调查，而这种调查范围过于概括与宽泛。

④缺乏程序控制机制。根据行政调查的结果，可以带来行政制裁或者刑事处罚等后果，事实上不亚于司法调查所产生的处罚效果，但对于调查程序的规定远没有司法调查那样充分。例如，公正交易委员会进行内部不当交易调查时，除出示证件、事前通知外，没有其他程序上的限制，便可行使出入检查、要求提供资料以及账户追踪等调查权限。

⑤拒绝调查时处罚程度的不均衡。对拒绝接受行政调查的违法行为，在性质相异的行政领域之间存在处罚程度上的差异，这是理所当然的。但在类似行政领域内对类似违法行为实施处罚时，无合理理由，其程度偏差却过大的情形也有所存在。举例而言，《食品卫生法》规定，拒绝食品检查时处以2年以下徒刑或处以1000万韩元以下罚金；而根据《水产物品质法》的规定，拒绝接受水产物安全性检查的，处以1000万韩元以下罚款。可见，在“食品卫生”这一类似的领域内，对调查对象拒绝食品调查或水产物调查的处罚具有差异的。另外，该报告书还指出，对于拒绝行政调查的行为是否应对其实施刑事处罚，也需要再研讨。

⑥事后救济制度的不充分。因违法行政行为而造成的损害，有关法律规定损害赔偿、行政审判以及诉讼等救济制度，但对于行政调查而言，由于大部分的行政调查属于权力性事实行为，通常短时间内便会结束而没有诉的利益，因而现有救济手段是不充分的。另外，因正当的行政行为受特别损失的情形下，有关法律规定损失补偿制度，然而，对行政调查规定损失补偿措施的单行法仅限于

《水产业法》、《河川法》等法律。

(4) 改善方案。

①概要。基于这样的调查结果与存在的问题，该报告书提出了以下改善方案，并将其向当时行政程序法主管部门之行政自治部（现行政安全部）提出：第一，将依据各个单行法实行的行政调查裁并，或通过共同调查来防止重复调查。第二，通过修改各个单行法与行政程序法，对调查要件、调查对象以及调查范围等行政调查相关事项明确规定。第三，修改行政程序法时，应明确规定行政调查的一般原则及实体、程序的界限，以此防止滥用调查权。

②关于修改行政程序法的提议。该报告书提出，若修改行政程序法时，应包含以下内容：第一，强制调查要有法律依据。第二，行政调查不能用于刑事目的、政治目的等行政目的以外。第三，调查标的应只局限于与调查目的有着实质关联的资料及账簿，并且调查范围应以达成调查目的为限。第四，应将调查目的、理由以及时间等事项以书面方式事前通知。调查对象有正当理由不能接受调查时，可以申请延期调查。第五，调查机关应当告知调查结果。

③主管部门的意见。之前行政程序法主管部门对此建议的意见是：[①]“行政程序法是规范行政程序的法律，若在该法中规定行政调查具体要件、禁止重复调查等实体内容，不符合法体系上的要求，因而不宜规定。但是，行政调查的一般程序性规定，如事前通知、说明调查目的、提示调查公务员的所属单位及其身份以及不服程序等，可以通过行政程序法的修改纳入其中。只是由于行政调查的类型多样，仅以一般性规定不能包含所有的行政调查类型，故修改行政程序法的方案需要进一步研讨，应当长期推进。”

因此，在该报告书中所提出的“修改行政程序法，规定行政

① 数据来自《行政调查实态及其改善方案——主要从规制改革方面入手》，载全国经济人联合会附设韩国经济研究院2004年第25号《研究报告》，第179页。

调查相关条款”的要求，并没即刻得到反映。

(5) 评价。对当前的行政国家、福利国家而言，行政调查领域的扩大及调查权限的强化，是应国民要求而产生的不可避免的现象。然而，在行使调查权时的正当程序保障，也是民主法治国家的当然之举。回顾行政调查领域的扩大及调查权限的强化过程，在追求反垄断、反偷税、国民健康保护以及环境保护等日益重要的价值时，却疏忽了正当程序保障这一另外的重要价值。因此，全国经济人联合会整理那段时间的行政调查的实践状况，指出缺乏正当程序保障的问题，并要求修改行政程序法，完善行政调查制度，是必然的结果。

然而，由于当时学术界对行政调查的系统研究不够，很难有效连接行政调查与行政程序法，所以企业界的要求并未能被及时反映，而是以这是一个需要长期研讨的课题为理由拖延着。在笔者看来，如果认识到与行政调查相关的具体问题，尤其是认识到正当程序的不足，就应当接受企业界的要求，立即开始着手修改行政程序法。对该法的修改不需要达到完美无缺，因为通过修改法律可以确保对行政调查的正当程序控制，一旦确保了这一基础，可以通过日后的实践完善不足之处。

2.1.2 政府接受企业的不满

在行政程序法修改要求没有突出进展的情况下，接受企业对行政调查不满的规制改革委员会[①]从规制改革的层面出发，为减轻行政调查带给企业的负担，并提高行政调查的透明性和可预测性，从而确保行政调查的信赖性，以及通过正当程序保障国民合法权益，决定确立“行政调查改善方案”。为此，2004年4月，将与企业相关的行政调查程序改善方案的研究工作委托给了全国经济人联合会

① 指导规制改革的总统直属民官协议审议议决机关。由民间委员18人、政府委员6人构成。该委员会的议决事项由国务总理室（规制改革室）执行。

附设的韩国经济研究院。2004年7月，该研究院将研究结果向规制改革委员会提出，2004年11月，该研究结果经过补充做成研究报告书，① 公之于众。

在笔者看来，该研究报告书的最重要特点在于，2002年报告书重点关注正当程序，而该报告书立足于对企业实施的各种规制进行改革的观点，从而提出另行制定一部作为全面规范行政调查有关实体与程序的“关于行政调查的法律”之结论这一点。下面，将对该报告书相较2002年报告书不同之处，作如下阐述：

（1）概要。该报告书指出了政府各部门的行政调查只为方便行政，而缺乏透明性和客观性，且多数部门进行重复调查的问题，从而关注了这样的行政调查实践情况与政府规制密切相关，即大部分行政调查是执行规制的手段，因而行政调查与政府规制就像硬币的两面。据此，该报告书指出，即便对政府规制进行改革，但行政调查若不透明、不公正地实施，被规制对象仍然无法摆脱规制的负担。从而该报告书指出，将与规制改革相联系，探讨完善行政调查制度的方案作为研究背景。

（2）实践中的现状。该报告书指出，2004年4月为止规定与企业相关的行政调查的单行法有156部，与行政调查相关的条款有176条。将行政调查按目的可以分为：（1）业务上监督监管的调查。例如，金融监督院对金融机构的健全性检查。（2）确认是否违法的调查。例如，公正交易委员会对内部不当交易的调查。（3）行政处罚前阶段的事实确认调查。例如，为决定缴纳税款的税务调查。（4）为确立行政政策的现状调查。例如，公正交易委员会对垄断情况的市场结构调查等。

① 数据来自《行政调查实态及其改善方案——主要从规制改革方面入手》，载全国经济人联合会附设韩国经济研究院2004年第25号《研究报告》，作者是Shin JongIk和Yi ShangJun，一位是该研究院研究委员，另一位是规制改革委员会的公务员。

与行政调查相关的176条条款中，监督监管的调查有63条，占36%；确认违法的调查有62条，占35%；事实确认调查有33条，占19%；现状调查有18条，占10%。由此可见，大部分（71%）行政调查是以监督监管及违法确认等执行规制的手段得以实行。另外，重复调查的状况也相当严重，如根据《高压燃气安全管理法》、《消防法》等法律规定，某石化企业于一年内要接受40次，累计80日的各种行政调查。

（3）指出存在的问题。该报告书除重申2002年报告书所指出的重复调查、调查要件的概括、调查范围过宽、缺乏正当程序保障、拒绝调查时处罚程度的不均衡以及权利救济制度不足等问题之外，还追加指出了与规制改革相关的问题。

本来行政调查的最基本功能是确保各种行政决定的合理性、正当性、效率性以及合目的性，① 即通过行政调查掌握守法现状，使得企业等调查对象守法，并对其监督监管；如果发现服从规制（regulatory compliance）的水平低下，就应确认法律与制度中存在何种问题等，这些便是实施行政调查的真正目的。

然而，在实践中行政调查主要以揭发违法事实并对其加以制裁的形式运行，从而疏忽了设置相关对策，即应当探讨法律规定的规制不怎么奏效的根本理由，并将其反映于后续政策上。不管政府怎么新设规制，并对违反行为加强处罚力度，如果规制对象不服从规制，该规制只归为空文。所以，如今行政调查实践确有不足之处。

（4）完善方案。

①概要。该报告书基于上述指出的问题，提出了以下完善方案：

第一，为强化行政调查的正当程序性保障，有必要修改行政程

---

① ［韩］金荣祚：《关于行政调查研究——尤其，以税务调查的法的问题为主》，1998年庆熙大学博士论文，第12页。

序法或另行制定一部“关于行政调查的法律”。①

第二，对调查方法而言，要提高调查技法，如通过计算机等科技手段来选定调查对象等，还要禁止公布调查对象的名单。

第三，比起通过行政调查强制调查对象守法，更为必要的是培养与提高调查对象自觉守法的意识。为此，应更加活用如目前环境部等一些部门采取实施的自律环境管理协约之类的“自觉守法安排”（compliance program）。又如，各行政部门有必要分别制定关于行政调查的“标准业务程序”（standard operation procedure）。

第四，行政调查的根据在于行政规制，为根本解决与行政调查相关的各种问题，应提高行政规制的透明性，减少规制总数量。再者，对服从规制水平进行定期评价，对水平低下的规制应检讨原因并确立其改善对策等，有必要强化对政府规制的事后监督，并且行政调查实施的根本目的也应放在促进和提高服从规制水平。

②关于行政调查法的立法提议。该报告书主张若制定关于行政调查的法律，则需要考虑上述改善对策从而阐明行政调查的目的与原则，并对其有关条款列示如下：

“第一条（行政调查的目的）行政调查的目的应在于确认调查对象是否遵守规制与履行相关法律规定，从而提高服从规制水平，且根据调查结果掌握制度与实践中存在的问题，提出改善方案。

第二条（行政调查的基本原则）行政调查应根据以下各项原则实施：

（一）（比例原则）行政调查应在达成调查目的所必要的最小范围内实施。

（二）（最小原则）行政机关若可以以书面调查等较为方便的方法实施行政调查，则应将其最大限度活用于调查，从而尽量将调查对象的负担最小化。

① 该报告书虽选择性地要求修改行政程序法或新制定行政调查相关法律，但整体而言更加关注制定新法。

（三）（指导原则）行政机关实施行政调查时，比起处罚应更重视指导调查对象自觉守法。”

（5）评价。该报告书指出，大部分行政调查是执行规制的手段。行政调查与规制就像硬币的两面，研究行政调查应当联系规制改革，然后再通过制定关于行政调查的法律或修改行政程序法，强化对行政调查的法律控制。对行政调查这种复杂的论题，要将其限定在规制改革这样的层面，探讨特定政策，揭示在实践中存在的问题，归纳出实质改善方案。即该报告书基于行政调查对象的立场主要指出，大部分行政调查在实践中实际上以执行规制的手段发挥作用，以及在调查过程中缺乏正当程序保障。作为改善对策，通过修改行政程序法或另行制定关于行政调查的法律，阐明行政调查目的、强化正当程序保障以及加强政府规制的事后评价等，从而为解决问题提供了有力的根据。

然而，在笔者看来，这里存在的根本问题在于对行政调查的认识是片面的。具体而言，正如该报告书中所指出的“学术意义上的行政调查，是以确保各种行政决定的合理性、正当性、效率性以及合目的性为其主要功能”一样，[①] 行政调查并不只是执行规制的手段而已。该报告书基于行政调查是执行规制手段的这种认识，在规制执行中为强化正当程序保障，主张修改行政程序法，这在逻辑上具有一贯性。

但是，仅仅据此主张制定关于行政调查的法律，即关于行政调查的“一般法”，在逻辑上是行不通的。其理由如下：随着很多国家向现代福利国家发展，对当前在多种行政领域以各种形式实施的行政调查，在“信息收集、信息管理、信息利用”等一系列信息

① ［韩］金荣祚：《关于行政调查研究——尤其，以税务调查的法的问题为主》，1998 年庆熙大学博士论文，第 12 页。

流通环节中进行考察，是合理的。[①] 因此，制定行政调查相关法时，需要综合研究在上述一系列信息流通环节中，应当怎样收集信息，怎么合理利用、公开和保护信息。而且在此过程中，为保护调查对象的合法权利，应当怎样进行法律监控、以什么程度监控，等等。另外，当前的行政调查涉及“政府—企业—消费者”或者“政府—企业—劳动者”等多层面利害关系，[②] 如果要以法律进行规制，那么应当适应国情，恰当地维持均衡。[③] 如果仅仅依据政府规制改革的政策目标而制定行政调查相关法，恐怕无法应对行政调查发动请求权、信息公开请求权等，学术上、实践上的重要争论点，也不能均衡规范多层面的利害关系，难以成为行政调查的“一般法”。

2.2 立法过程

2.2.1 政府的草案制定

（1）决定推进立法。规制改革委员会基于该研究院的研究结果，订立了完善行政调查制度的方案，其中，包括作为行政调查“一般法”的行政调查基本法立法计划。[④] 在此过程中，是对既存行政程序法进行修改，还是另行制定行政调查基本法，存在过争论，但规制改革委员会在规制改革层面上，为全面完善行政调查制

---

① ［韩］金荣祚：《关于行政调查研究——尤其，以税务调查的法的问题为主》，1998年庆熙大学博士论文，第100页。

② ［韩］金荣祚：《关于行政调查研究——尤其，以税务调查的法的问题为主》，1998年庆熙大学博士论文，第95页。

③ 在19世纪自由主义国家，重视营业自由，因而国家没有对雇佣未成年人、恶劣的劳动环境以及大量的环境污染等的规制。相对而言，在如今福利国家，大幅度强化了对这些领域的规制，甚至引起严重环境污染的企业还会被关闭。

④ 韩国规制改革委员会：《2006年规制改革白皮书》，第691~694页。

度，选择另行制定相关法律。包含行政调查基本法立法计划的行政调查制度完善方案，于2004年12月经过规制改革有关部长会议的审议及议决被最终确定，据此主管规制改革业务的国务总理室开始推进相关业务。①

（2）法律草案的拟定。2005年1月，国务总理室为调查分析与行政调查相关的国内外法律法规以及充实完善行政调查法律体系和内容，将行政调查基本法立法计划以及行政调查基本法草案制定的有关研究工作委托给专门研究机关，即韩国法制研究院。同时，要求该草案必须包括行政调查的程序与方法、企业的自律管理体制、行政调查的监控机制以及调查对象的权益保障机制。2005年4月，韩国法制研究院提出了委托研究报告书。

该报告书中提出的法律草案共有七章，38条：第一章“总则”，第二章“自律管理体制”，第三章“调查对象的选定及调查计划的确立”，第四章“调查方法”，第五章“调查的实施”，第六章“调查结果的处理”，第七章“辅则”。该草案规定：将适用排除对象只限定在国防、信息公开、刑事等部分领域，以适用排除对象限定在最小范围（第3条）；将调查对象选定标准以及年度行政调查计划予以事前公布（第10条第3款以及第11条第1款）；规定调查对象可以主张，行政机关基于违法调查作出的行政制裁是违法的；阐明违法行政调查与后续行政行为之间的关系（第36条）等。由此可见，立法宗旨主要在于保护调查对象的合法权益，这也是该草案鲜明的特点。

（3）法律案的确定及向国会提案。国务总理室以韩国法制研

① 在行政调查中，特别是随着正当程序保障成为问题，有人认为相关业务应由担当行政程序法的行政自治部来主管。但2005年8月，韩国国务总理室与行政自治部之间通过协议确定由国务总理室来担当此职。［韩］金载光：《关于行政调查基本法立法过程的考察》，载《法学论丛》2009年第33卷第2号，第498页。

究院的报告书内容为基础，通过行政调查基本法案制定小组①会议及行政调查相关部门会议等，进行了研讨与补充工作。在此过程中，将劳动监督官依职权进行的行政调查纳入适用排除对象之内，删除了调查对象的选定标准和年度行政调查计划的事前公布条款，删除了违法行政调查与后续行政行为之间的关系条款。通过这些修改，形成了总计七章，由39个条款构成的政府法律草案：第一章"总则"，第二章"自律管理体制"，第三章"调查对象的选定及调查计划的确立"，第四章"调查方法"，第五章"调查"，第六章"调查结果的处理"，第七章"辅则"。

从2005年8月2日至21日，国务总理室按照行政程序法第41条等相关规定，对该草案进行了立法预告程序。在立法预告期间，韩国产业安全公团、仁川市、中小企业中央会等有关政府部门及行业协会提出了意见和建议，主要有：有必要对重复调查予以更严格的限制、不宜规定有关拒绝调查的事项、不必规定有关刑事告发的事项。

立法预告程序结束后，国务总理室为回应这些建议，也为了回应财政经济部、国税厅等部门的要求，对政府法律草案进行了追加修订：加强规范重复调查的要件（将第22条改为第15条并修改第1款，规定除行政机关掌握了新证据的情形外，一律不允许重复调查）；删除拒绝调查有关条款（第27条）；删除刑事告发有关条款（第34条）；将税务调查、金融调查、公正交易调查均纳入适用排除对象中（修改第3条第2款第5项以包含税务调查，新设第6项以包含金融调查，新设第7项以包含公正交易调查）。

2006年4月5日，国务总理室确定了总计6章，由29个条款

① 该小组由学术界3人、市民团体1人、经济团体2人、研究机关2人、有关部门公务员8人等总计14个团体的16位人士组成。

构成的政府法律草案最终版本:[1] 第一章“总则”,第二章“调查计划的确立及调查对象的选定”,第三章“调查方法”,第四章“调查实施”,第五章“自律管理体制的构筑”,第六章“辅则”,以及“附则”。2006年4月6日,该法律草案提交到国会,第二天转交到管辖国务总理室的国会政务委员会。

2.2.2 国会的立法

国会政务委员会接受政府法律草案后,按照《国会法》有关规定,听取了政府的法律草案提案说明以及国会专门委员的审查报告,还经过了法案审查小委员会的逐条审查以及听证会等法定程序。

在此过程中,提出以下意见:第一,即便是依照政府法律草案第3条第2款的规定“被排除在行政调查基本法适用范围外的行政领域(如租税、公正交易领域等)”,该草案第4条“行政调查的基本原则”、第5条“行政调查的法律依据”、第28条“利用信息通讯手段实施的行政调查”等3个条款还是不允许适用排除。需要将比例原则和共同调查原则等行政调查基本原则、行政调查的法律保留原则,以及利用科学调查方法的指导方针适用于所有行政调查,以此弥补适用排除范围过宽的问题,从而提高行政调查的公正性、透明性、效率性,并加强对国民合法权益的保护。

第二,应当修改该草案第6条,将每年度提出行政调查运行计划的行政机关的具体范围以“总统令”明确规定。

第三,应当修改该草案第17条与第19条,将行政调查的事前通知要求书、提交资料要求书,在调查开始7日前“发给”当事人

---

① 该政府草案最终版本,除国会立法过程中被修改的几个条款外,与现行行政调查基本法相同。

的规定，改为 7 日前为止“到达”当事人，以考虑事前通知的宗旨。①

国务政务委员会为反映这些意见，对政府最终草案中 8 个条款进行修改后，确定了国会修订法律案，并于 2007 年 2 月 27 日对该修订法律案进行了决议。2007 年 4 月 27 日，第 267 次国会全体会议表决，确定为法律。2007 年 5 月 17 日，由总统签发公布，2007 年 8 月 18 日起施行至今。②

2.3 制定过程中的争论焦点

2.3.1 是否需要制定新法

在法律实践中，如果是现在存在问题，应当优先审视现有法律，从而发现问题产生的原因，并对现有法律进行完善，这样才能确保现有法律体系的连贯性、明确性及效率性。如果每当有新的问题产生都制定新法，将会导致立法费用过多、法律体系过于复杂化等问题。当然，对于在现有法律体系下无法解决的问题，或对于那些难以找出解决方案的问题，另行制定新法是行之有效的。

同样，为应对在行政调查实践中出现的问题，作为解决方案，可以考虑修改现有行政程序法，追加规定行政调查有关条款，或者另行制定行政调查相关法。

（1）修改行政程序法的方案。行政程序法的立法宗旨，在于通过规范有关行政程序的共通事项而促使国民参与行政，以确保行政的公正性、透明性及信赖性，保障国民合法权益（行政程序法

---

① 韩国国会政务委员会：《行政调查基本法案审查报告书》，2007 年，第 19 ~ 20 页。

② 2008 年 2 月 28 日有过一次修改，但这是由于《政府组织法》的修改，国务总理室名称变更为国务调整室，故为反映此事项对其进行了修改，而其他内容无变化。

第1条)。

一方面，正如前述的情况，在行政调查实践中最大的问题，就是缺乏正当程序的保障。因此，依照行政程序法的立法目的，通过修改行政程序法，增设行政调查基本原则、调查程序以及调查对象权益保护条款，是有合理性的。而且行政机关所有涉及国民权益的活动，无论其形式为行政行为、行政指导或者行政调查，均应遵循正当程序，符合民主法治国家的理念。早期提出在行政调查实践中的问题并要求解决的企业界，也曾关注以上情况，如前所述，它们在全国经济人联合会2002年报告书中要求修改行政程序法，在联合会附设的韩国经济研究院2004年报告书中，也呼吁制定行政调查相关法律或修改行政程序法。

然而，韩国法制研究院及学术界曾对修改行政程序法有过如下不同意见:①“如果为扩大民间部门的自主性空间、为实施有关行政调查的规制改革政策，将与此相关的事项规定于现有的行政程序法，有可能导致该法规范密度的过分细化，从而降低该法的效率与规范的普遍效力。尤其像行政调查制度这种需要规制的事实关系复杂、新问题新课题不断出现的领域，如果将其纳入现有法律体系，会降低法的边际效用，以至于弱化制度改善的效果。另外，改善行政调查制度的根本宗旨，应当在于调整和解决现行行政调查制度相关问题，进而标示今后行政调查运行的方向。总之，行政程序法是规范国民参与行政决定过程与程序的一般法，因此，在该法中规定行政调查制度，并不是有效的立法方案”。

① 韩国法制研究院:《行政调查基本法制度方案研究》，2005年，第14页；[韩] 金载光:《关于行政调查基本法立法过程的考察》，载《法学论丛》2009年第33卷第2号，第492页。金载光教授曾以客员研究员的身份参加由韩国法制研究院所实施的行政调查基本法制定方案研究工作，以及参加由国会政务委员会所主持的行政调查基本法立法公听会发表意见等积极参与行政调查基本法的立法过程，此后，以自己的经验总结写下这篇文章。

政府相关部门也对修改行政程序法持否定态度。如前所述，主管行政程序法制定的部门曾指出：“行政程序法是规范行政程序的法律，如果在该法中规定了行政调查的具体要件、禁止重复调查等实体内容，不符合法体系上的要求。”规制改革委员会也指出：①“行政调查涉及行政行为作出之前的收集信息、资料及其相关活动，而行政程序法主要规范作出行政行为的相关程序，因此，如果将行政调查有关事项规定于行政程序法，需要进行大量修改。为避免大量修改，可以设想在行政程序法中笼统规定行政调查有关重要事项，而在其实施令中详细规定具体内容。然而，若采取此方案，就可能导致混乱，也就是行政行为相关程序规定在行政程序法之中，而行政调查相关程序却规定在行政程序法实施令之中，这种结果也与法律体系不相符合。”

综上所述，当时学术界及行政实务界均认为，通过修改行政程序法规范行政调查的方案并不是最佳的。

（2）制定行政调查相关法的方案。该方案是行政调查基本法的立法推进主管部门优先采纳的方案，也受到了学术界、国会等各界的有力支持。学术界的支持理由为：②“由于行政调查是行政机关为行使监督权以及对违法事实作出具体行政行为而收集相关资料的活动，会给后续行政行为带来直接影响，应当制定行政调查的一般法，设定行政调查各有关要素的基本原则。”韩国法制研究院指出：③“为了再构建与行政调查相关的法律制度，并寻求制度机制创新，相较编入既存法律体系而言，通过制定新法确立规范体系更

---

① 韩国规制改革委员会：《2006 年规制改革白皮书》，第 4 章第 2 节，第 691 页。

② ［韩］吴峻根：《行政调查的公法理论的再检讨》，载《公法研究》2003 年第 31 集第 3 号，第 547 页。

③ 韩国法制研究院：《行政调查基本法制度方案研究》，2005 年，第 15 页。

为妥当。即在规定行政调查的个别法令中，归纳出提高行政调查效率以及保障国民权益的有关共同事项，并将其纳入关于行政调查的新法中。通过这样的做法，国民可以明确了解对自己予以保障的参与行政调查的具体方法，同时行政机关可以准确把握行政调查为保障国民的合法权益而应承担的义务。”

国会也支持另行制定新法的方案。国会常任委员会立法专门委员指出：[①]“行政程序法主要规范行政处分[②]上所必要的一系列过程，即行政行为的申请、处理期间、意见提出以及听证等程序，也规范有关行政预告、行政指导等事项，而行政调查基本法是规范行政机关为执行职务或作出行政决定所必要信息资料的收集活动，因此，为全面改善行政调查制度，应当另行制定新法。”

（3）立法实践。行政调查基本法立法推进主管部门、作为政府规制重要对象的企业界、有关学术界以及国会等都支持另行制定新法的方案，最终采纳该方案并顺利制定了[③]关于行政调查的一般法，即行政调查基本法。

2.3.2 是否包含任意调查

（1）相关学说简介。以前学术界通常认为，行政调查并非以直接发生法律效果为目的，行政调查是以收集信息、资料等事实性结果的发生为目的事实行为。但是，近期出现了另一种观点，认为行政调查是“行政机关为从私人处收集行政上必要的信息或资料的一切行政作用”，亦包含了要求调查对象提交报告的命令、要求

① 韩国国会政务委员会：《行政调查基本法案审查报告书》，2007 年，第 5 页。

② 在日本和韩国，“处分”概念主要适用于行政诉讼法和行政程序法，比行政行为概念更宽广的概念。

③ 2007 年 4 月 27 日，国会第 267 届全体会议以议员 195 名出席、出席议员全部赞成决议制定了行政调查基本法。

调查对象到场的命令等采取行政行为形式的活动。[①]

根据不同的标准，将行政调查可以分为多种类型，如根据调查对象的不同，分为对人调查、对物调查、对住所调查；根据有无强制性或权力性，分为强制调查（权力性调查）与任意调查（非权力性调查）；根据有无行政行为性，分为事实行为调查与法律行为调查；根据调查领域的不同，分为警察行政调查、经济行政调查、福利行政调查等。

就行政调查的定义而言，学者之间存在对立的观点。有学者认为，应将行政调查限定为行政主体的权力性调查活动，从而排除任意调查。此为强制调查说、狭义说；也有学者主张，由于行政调查的本质在于收集行政上必要的信息或资料，因而无须将任意调查排除在外。此为任意调查说、广义说。

狭义说将研究对象局限于强制调查，可以揭示行政调查必须有法律依据，也可以厘清行政调查的界限，因而有利于确立学术逻辑体系，但是，有如下缺点：[②] 第一，狭义说不能把握行政调查的本质。行政调查的本质在于行政上所需要的信息、资料的收集作用，以调查对象的协助为基础。如果调查对象协助调查，就不需命令、强制之类的方法。第二，如果根据狭义说，试图将行政调查限定为强制调查，又需要寻找强制调查与任意调查之间的界限，从而陷入自我矛盾。

广义说符合行政调查的本质。不论强制调查还是任意调查，行政调查的本质在于行政上所需要的信息、资料的收集，而且从保护

---

① ［韩］金荣祚：《关于行政调查研究——尤其，以税务调查的法的问题为主》，1998 年庆熙大学博士论文，第 15 ~ 16 页；［韩］吴峻根：《行政调查的公法理论的再检讨》，载《公法研究》2003 年第 31 集第 3 号，第 537 页；［韩］朴均省：《行政法讲义》，2010 年第 7 版，第 374 ~ 375 页。

② ［韩］吴峻根：《行政调查的公法理论的再检讨》，载《公法研究》2003 年第 31 集第 3 号，第 532 页。

个人隐私、营业自由等基本权利方面看，在行政调查过程中，有必要予以适当法律控制。[①] 广义说符合这些要求。

（2）立法实践。在行政调查基本法的立法过程中，关于是否应包含任意调查，有过争论，最终还是采纳了广义说。即该法第5条、第17条以及第20条明确规定了“获得调查对象的协助而实施的行政调查”，阐明了行政调查包括任意调查。

2.3.3 适用排除范围的决定

（1）相关背景。行政调查基本法是关于行政调查的一般法，原则上应当适用于行政机关所有的调查活动。然而，有些领域的行政调查，由于性质上不宜适用该法，被排除在该法的适用范围之外。例如，与国家安全相关的外交、国防事项，由司法程序加以控制的刑事、执刑事项，国际劳动机构（ILO）协约明示规定的劳动监督官职务相关事项等。[②] 其中，最大的争论点在于是否应将关于租税、金融、公正交易的行政调查作为排除对象。在韩国，由于历史原因，与逃税、不公正交易及与其相联系的金融交易一直在蔓延，因此，有关部门的调查权限不断增强，涉及这三大领域的行政调查比重占全部行政调查的27.4%，[③] 可谓是行政调查的“大块

---

① ［韩］朴均省：《行政法讲义》，博英社2010年第7版，第374页。

② 韩国加入的ILO协约第81号（工业及商业部门对劳动监督的协约）第12条规定：“劳动监督官不管什么时间段都能无事先通知而自由进出事业场，为确认是否守法可以进行调查、检查或审问。”因此，将行政调查基本法规定的“行政调查事前通知”等条款适用在有关劳动监督官职务的事项上会与国际协约相冲突。

③ 韩国国会政务委员会：《行政调查基本法案审查报告书》，2007年，第8页。据该报告书，截至2006年9月，行政调查相关161部单行法律中规定的行政调查共为241条，其中，国税厅所实施的为14条，金融监督委员会所实施的为44条，公正交易委员会所实施的为8条，这三个行政机关所占的比例为27.4%。

头”。而且这些领域的行政调查通常会给企业造成相当大的人力、财力负担，因此，韩国法制研究院与行政调查基本法案立法小组的最初意图在于，以减少企业负担为目的，制定行政调查基本法，应当适用于这些领域。

（2）立法实践。然而，财政经济部、国税厅等和上述三大领域关联的行政部门，通过行政调查相关部门会议主张，将其主管业务排除于行政调查基本法适用之外。理由主要有：第一，税务调查具有确保国家财政收入的特殊性，在其他征税相关法中也规定了有关征税的调查程序，而且像美国、德国等法治发达国家，也将税务调查相关事项通过单行法进行规定。第二，如果在开展金融调查时，根据行政调查基本法有关规定进行事前通知，调查事实将会事先泄露，导致大规模存款账户取款、股价暴跌等，对经济产生严重且深远的影响。另外，对于证券或期货市场的调查而言，热钱所引起的投机性金融交易、搅乱金融市场等违法行为发生的可能性非常大，因此，对其经常实施监控和调查是不可避免的。第三，由于公正交易调查具有依据委员会合议制的议事决定等准司法调查的特殊性，其调查程序由其他与公正交易相关的法律作出规定。

行政调查基本法立法主管部门基于规则改革的政策目标，开始没采纳这些主张，没有将其反映到政府预告法律草案中，但是，经过相关部门之间的协商，终于将有关租税、金融、公正交易的行政调查也包含在适用排除范围之内。①

2.3.4 是否适用令状主义

（1）相关学说简介。韩国《宪法》第12条第3项规定：“逮捕、拘禁、没收或搜查时，应按正当程序，根据检察官的申请，出示法官签发的令状。”第16条规定：“对住所进行没收或搜查时，要出示根据检察官的申请、由法官签发的令状。”这种刑事令状主

① 韩国规制改革委员会：《2006年规制改革白皮书》，第693页。

义，是否也能适用于行政调查领域，学术界观点存在分歧，主要分为消极说、积极说与折中说。

第一，消极说。在刑事领域，对扣押、搜查等采取令状主义，是为了防止国民的隐私权等基本权利被国家不当侵害。警察、消防以及保健卫生等以行政目的而实施的调查并非必须施以扣押、搜查等措施，因此，只要满足了除令状主义以外的其他法治的要件，如正当程序等，即为充分理由，不需要令状。

第二，积极说。该说主张行政调查的结果有可能反映于后续刑事程序，因此，在原则上应当适用令状主义，只有在紧急情况下才可以不适用，但在刑事程序上，没有令状而收集的资料，其证明力应被否认。

第三，折中说。该说认为，应考虑各种行政调查的性质、调查的必要性等因素，以具体判断是否适用令状主义。这是学术界的通说。

依照折中说，将是否适用令状主义的问题分为以下各种情况考察：①

①行政调查在实质上相当于以追究刑事责任为目的的刑事搜查时，应适用令状主义。在实践中，规定刑事搜查的单行法，如《租税犯处罚程序法》、《关税法》等，已明确了令状主义。

②当法律规定了能够取代令状实现保护国民权利的其他手段时，则不需令状。采取令状主义的根本目的在于由中立地位的法官来决定是否签发令状，从而保护国民的基本权利。然而，在行政调查领域中，对国民基本权利的保护并非必须通过令状实现。可以取代令状主义的情形有：有关法令规定了事前通知、理由告知等严格程序的情形；由中立的行政委员会决定是否实施行政调查的情形；有关法令充分保障事后司法救济制度的情形等。

---

① ［韩］金荣祚：《关于行政调查研究——尤其，以税务调查的法的问题为主》，1998 年庆熙大学博士论文，第 73 ~ 77 页。

③应当区别对个人住宅的调查与对营业场所的调查。对营业场所的调查，涉及隐私权保护的预期水平不高，而对个人住宅的调查，对隐私权保护的必要性大大增加。但是，即便是对住宅的调查，在为福利行政目的进行的调查等双方之间发生对立关系概率极小时，也不需要令状。

④为保护国民生命财产，紧急情况下的行政调查不需要令状。例如，对火灾现场调查、对有害物品的调查。

⑤如果调查形式并非出入特定的个人住宅或营业场所，而是向一般人在公开的特定场所或者对不特定多数人实施调查时，亦不适用令状主义。如果在这种情况下也仍要求令状，则其令状有可能沦为事实上的“一般令状”（general warrant）。

⑥在实施任意调查，即非权力性调查时，不存在关于令状主义的问题。因为任意调查并非对调查对象施以强制力，而是以调查对象的协助为前提，所以如果调查对象拒绝，就不能继续调查。

在行政调查领域，是否适用令状主义应以强制调查为前提。其中，就间接强制调查而言，由于在这种情况下不能对调查对象直接施以强制力进行调查，因而可以看作不存在令状主义的问题。但调查被拒绝时，要根据相关法律规定加以制裁，于是，在间接强制调查的情形下，也不能一律排斥令状主义。要根据行政调查是否以实质上的追究刑事责任为目的，判断是否适用令状主义。

（2）立法实践。在行政调查基本法立法初期的研讨阶段，有关学者虽检讨过规定是否适用令状主义的问题，但立足于折中说，认为行政调查并非一律适用令状主义，而是应综合考虑行政调查的性质、必要性与紧迫性，以及除令状制度之外其他正当程序等控制机制的存在与否等因素，来进行具体判断，看是否适用令状主义。因此，以法律形式予以明示是不恰当的。[①] 于是，在该法中，未规

① ［韩］金载光：《关于行政调查基本法立法过程的考察》，载《法学论丛》2009 年第 33 卷第 2 号，第 507 页。

定令状主义有关事项，取而代之，为强化行政调查的正当程序保障，规定了“于调查开始7日前，将现场出入调查书以书面形式通知”等制度。[①]

2.3.5 是否认可拒绝陈述权

（1）相关背景。韩国《宪法》第12条第2项规定，“所有国民不得被强迫作出刑事上不利于自己的陈述”，以此认可拒绝陈述权。相应地，有些学者提及了间接强制调查有关法令所规定的制裁条款是否违宪的疑问。下面，对与此有关的韩国与美国的判例以及学说分别论述。

首先是韩国的判例。1990年宪法裁判所对《道路交通法》第50条第2款规定的交通事故举报义务，以及该法第111条第3款规定的对违反举报义务的司机加以处罚的条款是否违宪，作出如下决定：[②]“宪法上的拒绝陈述权不只是在刑事程序中得以保障，在行政程序、国会答辩等情况下，只要该陈述在刑事意义上不利于国民时，沉默权即被认可，成为不被强迫陈述的国民基本权之一。因此，同样，引发交通事故的车辆司机，将可能会成为刑事嫌疑人或被告人，当其陈述内容关系到自己的刑事责任时，拒绝陈述权便被保障。但《道路交通法》的相关条款必须确保警察能够迅速了解事故发生情况、救助被害者，这对于恢复交通秩序等交通行政而言，也十分必要。因此，应当将相关条款依照《道路交通法》的宗旨与目的作限制解释。即将陈述义务限制解释为，为救助被害者与恢复交通秩序，在必要的范围内，只陈述交通事故的客观内容，而不适用于有关刑事责任的内容，此时不违反宪法规定”。

其次是美国的判例。美国联邦宪法第5条规定，“无论是谁，

① ［韩］吴峻根：《关于行政调查制度有关法理的探讨、立法趋势的评价及其改善方案的研究》，载《土地公法研究》2009年第45期，第369页。

② 宪裁决1990.8.27，89宪GA118。

在何种刑事案件中，均不得被强迫作出不利于自己的证言”，从而认可不受强迫自证其罪的权利（相当于拒绝陈述权）。虽然该法在条文上只限于刑事案件，但联邦大法院早已确立了该条款不仅适用于刑事案件，同样适用于行政调查，而且不仅包含证言，也包含以文书形式的陈述。但是，进入 20 世纪以来，为调和两种价值，即保障国民基本权利的价值与在行政调查实践上必要性的价值，这样的判例发生了变化，逐渐认可了其例外：在一定的情形，在根据法令保存的记录、他人保管的记录等特定情形下，接连出现一些判例，不认可不受强迫自证其罪的权利。[①] 其中，与行政调查有关，具有重要意义的是法人等团体的记录。1906 年，联邦大法院在 Hale v. Henkel 案中判决，[②] “个人可以合法行使陈述拒绝权，而法人是州议会所创造的实体，因此，特许给法人独占经营权的州议会，如果不能通过行使州主权，调查有关雇佣现状以及是否滥用权限等事项，又不能要求法人制作用于这一目的的有关账簿与资料，这就沦为异形规定（anomaly）”，由此阐明了法人没有不受强迫自证其罪的特权。

最后是学术界的意见。目前，学术界对该问题的论述并不多，通常来看，采取的是限制适用说，即拒绝陈述权在行政调查领域中，原则上不被认可，但如果以追究刑事责任为目的而实施调查时，则例外地被适用。据此，若行政调查的目的或其必要性在合理的范围内，仅有调查结果对调查对象不利这一点，不能拒绝调查。在间接强制调查中，制裁条款是为了确保行政调查的实效性而不得已的措施，并不构成违宪。只有当行政调查作为追究事实上的刑事责任的手段时，才应认可拒绝陈述权。换言之，是否认可拒绝陈述

---

① Hale v. Henkel, 201 U. S. 43(1906); Shapiro v. United States, 335 U. S. 1 (1948); Couch v. United States, 409 U. S. 322(1974) etc.

② Hale v. Henkel, 201 U. S. 43(1906), p. 44; pp. 74 – 75etc.

权不能一概判断，应当根据行政调查的目的作出个别判断。①

（2）立法实践。行政调查基本法的立法主管部门考虑到这些判例及学术界的意见，在制定行政调查法时，不宜一律以法律的形式明文规定拒绝陈述权适用与否，因此，该法未作相关规定。

2.3.6 违法行政调查与行政行为之间的关系

（1）相关学说简介。行政调查在违法的情况下，对后续行政行为的效力有怎样的影响，学术界存在消极说、积极说、折中说等分歧。②

第一，消极说。行政调查除了法律特别规定之外，不过是为了实施行政行为的辅助、准备性行为。或者说，行政调查与行政行为是两个不同的制度。因此，违法的行政调查不会必然导致行政行为的违法。

第二，积极说。虽然行政调查不是必然与行政行为相关，但行政调查与行政行为在程序上确有关联。当行政调查违法时，经过该行政调查而实施的行政行为亦属违法。或者根据正当程序保障的原则，就算行政调查是某一行政行为的预备措施，当行政调查违法时，以该行政调查为基础的行政行为亦属违法。

第三，折中说。行政调查与后续行政行为形成一个过程，因此，当行政调查违法时，从正当程序的观点来看，可以认为后续行政行为也违法。但不应将行政调查的所有违法均当作行政行为违法

① ［韩］金载光：《关于行政调查基本法立法过程的考察》，载《法学论丛》2009年第33卷第2号，第507页；［韩］金荣祚：《行政调查基本法的问题及其改善方案》，载《公法学研究》2007年第8卷第3号，第114页。金荣祚教授也曾以客员研究员参加由韩国法制研究院所实施的行政调查基本法制定方案研究工作等积极参与行政调查基本法的立法过程，此后，以自己经验的总结写下这篇论文。

② ［韩］金荣祚：《关于行政调查研究——尤其，以税务调查的法的问题为主》，1998年庆熙大学博士论文，第127～128页。

的事由，只有行政调查存在缺乏法定要件等重大违法事由时，方可确认以其为基础的行政行为违法。

2. 立法实践

在行政调查基本法的立法过程中，曾对明示行政调查与行政行为之间关系的方案进行过认真研讨。韩国法制研究院在其研究报告书中指出:[①]“在实施行政调查时，应当遵守实体法与程序法上的界限。违反这种界限时，该行政调查构成违法是必然的。问题在于，当行政调查先行于一定的行政行为，并此时的行政调查有违法之处时，是否也能导致该行政行为的违法。对此本院认为，通过行政调查获得的资料乃至信息本身存在错误时，即资料的妥当性、正当性以及合理性不能被认可时，以此为基础作出的行政行为，是事实基础上存在缺陷的行政行为，当然构成违法。”因此，该研究院拟定的行政调查基本法草案第 36 条规定：“调查对象可以主张，行政机关基于违法行政调查作出的行政制裁，是违法的。”

然而，如前所述，因为仍然存在学说上的分歧，而且尚未确立关于行政调查的违法与其后续行政行为之间关系的判例，所以该方案最终并未被采纳。[②]

3　行政调查基本法的特征与主要内容

3.1　行政调查基本法的特征

3.1.1　基本法

行政调查基本法在名称上采取“基本法”的形式。可在现行

---

① 韩国法制研究院:《行政调查基本法制度方案研究》, 2005 年，第 11 页。

② ［韩］金荣祚:《行政调查基本法的问题及其改善方案》，载《公法学研究》2007 年第 8 卷第 3 号，第 111 页。

韩国法律体系中，并非在名称中使用“基本法”的法就在法律位阶上比其他法拥有更高的效力，因此，也有学者对这种滥用“基本法”法律名称的现状持批判的态度。[①] 例如，韩国行政学会指出：[②]“当‘基本法’与‘新法优先适用’的法律适用原则产生关联时，就会出现问题，即从其实质内容来看，应该承认基本法具有优先适用于其他法的特殊效力，但从法的形式方面来看，不存在基本法和其他法之分，基本法也就是‘法律’，不能承认其优越地位。总之，基本法是形式与内容的矛盾体，可以说，是形式的法秩序与实质的、价值的政策体系处于冲突或紧张关系的产物。一般而言，基本法虽然是与其他法同等的法律，但通常被视为其他法的上位法，并在法律、法规汇编中，被编排在类似法律的首位。然而，这种通常的认识与法的一般原则，即‘法律相互之间具有同等效力、新法优于旧法’，明显冲突”。

尽管如此，从法制实践上看，基本法这一名称被广泛运用于政策立法，即决定某些领域的政策基本方向，并寻求与其相关政策的体系化，这是该立法的立法目的。在此情形下，基本法形式的法律通常规定国家的责任、义务以及政策目标等抽象而概括的内容，从而追求关联政策的体系化。

行政调查基本法有不少作为基本法内容的抽象规定，如行政调查的基本原则、标准、方向等，但也有很多关于行政调查的实体与程序的规定，因此也被质疑其不符合基本法的一般概念。然而，为强调该法对有关行政调查的各个单行法律均适用，特意使用了

① 举例而言，在韩国法制处的国家法律信息中心（http://www.law.go.kr）中检索“基本法”，就能检索出《建设产业基本法》、《国税基本法》、《物流政策基本法》、《行政规制基本法》等83部法律。最后访问日期：2012年1月15日。

② 在韩国行政学会网站上设置的行政学电子词典中检索“基本法”。最后访问日期：2012年1月15日。

"基本法"的名称。①

3.1.2　一般法

行政调查基本法具有关于行政调查的一般法的地位。该法第35条第1项规定："除其他法律对行政调查有特别规定外，依照本法处理。"从而明确了一般法的地位。当其他法律有特别规定时，排除该法的适用。但是，在实践中，由于对行政调查予以规定的各个单行法律就行政调查的实体、程序界限有关规定并不具体，因此，该法的适用范围也随之宽广。

3.1.3　追求转向自律管理体制

行政调查基本法力图转变对现有行政调查体制的认知。一直以来，行政调查制度主要以行政机关为主导，以行政机关确认违法行为并对其进行制裁的方式运行。然而，随着通信技术的发展，对企业的监督机制也日益多元化，民间部门的自律性也逐渐提高。正是基于这一行政环境的变化，该法也在寻求向调查对象自律管理体制的转换。具体而言，该法规定了要建立调查对象或行业团体的自律管理体制，以及自律申报制度。同时，为鼓励建构自律管理体制、自律遵守规制标准，规定了一定的优惠，包括免除行政调查、在行政和税制上给予支援等。

3.1.4　其他

行政调查基本法在"信息收集、信息管理、信息利用"的行政信息流通环节中，主要规范了信息收集有关阶段。对其后的阶段，即信息保护与信息公开，只有极为简单的规定，如原则上禁止披露调查内容、禁止泄露因职务所知晓的秘密、禁止为了调查目的

---

① ［韩］金荣祚：《行政调查基本法的问题及其改善方案》，载《公法学研究》2007年第8卷第3号，第93～94页。

以外的目的利用与提供调查相关信息等。这是因为，已有其他法律，如《关于公共机关信息公开的法律》、《个人信息保护法》等，具体地规定了信息保护与信息公开相关事项。

除此以外，该法还有以下特征：该法对行政调查的实体内容与程序内容都予以规定，而尤其是为了强化正当程序的保障，重点关注程序规范；除因抽样等调查行为受损时的补偿条款外，并未设置其他有关行政调查的救济程序；总体的立法目的在于通过规制改革减少企业的负担等。①

下面，将该法的主要内容分为实体内容与程序内容，分别论述。

3.2 实体内容

3.2.1 行政调查相关概念的定义

行政调查基本法第2条第1款②将行政调查定义为“所谓‘行政调查’，是指行政机关为了收集对决定政策或者履行职务所必要的信息或资料，进行现场调查、阅览文书、抽样，或者责令调查对象提交报告，或者要求提交资料以及责令到场、进行陈述的活动”；第2款规定，“所谓‘行政机关’是指根据法令、条例、规则（以下为‘法令等’）具有行政权限的机关，或者受到其授权、委托的法人、团体、机关或个人”；第5条但书、第17条第1款以及第20条均言及“取得调查对象的协助而实施的行政调查”，从以上相关条款可以得知以下事实：

---

① ［韩］金荣祚：《行政调查基本法的问题及其改善方案》，载《公法学研究》2007年第8卷第3号，第95页。

② 笔者在本文中提及韩国的行政调查基本法条款时，引用了金玄默律师所翻译的《韩国行政调查基本法》译文，载《行政法学研究》2009年5月15日。

第一，行政调查包含取得调查对象同意的调查，即非强制的任意调查。

第二，行政调查只限于行政机关所实施的调查，不包括立法调查与司法调查。

第三，将行政机关广泛定义为除行政厅之外，包括受托而拥有行政权限的法人、团体与个人。

第四，提及现场调查、阅览文书、抽样等调查方法。对于调查方法，该法第 9 ~ 15 条规定更为具体，如出席和陈述要求，要求提交报告与资料，现场调查，抽样，扣留资料等。此外，第 28 条规定了利用互联网等通信手段实施的调查。当然，这些调查方法有关规定应被视为一种列示规定，我们认为，在这里未作规定的其他调查方法，如航空摄影、土地测量等，也包含其中。

另外，到场要求、报告要求等，在形式上以到场要求命令、报告要求命令等行政行为的形式发出。由此可见，行政调查并非只包含事实行为，也包含行政行为。

3. 2. 2　明示适用范围

行政调查基本法第 3 条第 1 款规定："除非其他法律具有特别规定，有关行政调查适用本法的规定"，从而表明该法是关于行政调查的一般法。同时，第 2 款规定："对属于下列任何一项的事项，不适用本法：关于国家安全保障、统一以及外交的事项；有关军事设施、军事机密保护或者防卫事业的事项；《关于公共机关信息公开法》规定的有关非公开对象信息的事项；依照《劳动标准法》有关劳动监督官的事项；有关租税、刑事、执刑以及保安处分的事项；有关金融监督机关的监督、检查、调查及监理的事项；依照《规制垄断及公正交易法》有关公正交易委员会对违反法律行为的调查等事项"。

如前所述，行政调查基本法的最初草案的适用排除范围仅局限于：关于国家安全保障、统一以及外交的事项，有关军事设施、军事机密保护或者防卫事业的事项，《关于公共机关信息公开法》规定的有关非公开对象信息的事项等三大类。而经过法案制定小组会议、相关部门之间协商，将劳动监督官的职务、租税、金融以及公正交易相关事项也纳入适用排除范围。

另外，第3款规定："不拘束于第2款的规定，第4条（行政调查的基本原则）、第5条（行政调查的根据）、第28条（通过信息通讯手段的行政调查），适用于第2款各项的事项"，将这些条款指定为"必须适用条款"。因此，即便与租税、金融、公正交易相关的法律依照第2款的规定，排除于适用行政调查基本法，也不排除于适用比例原则、禁止滥用调查权等行政调查的基本原则和行政调查的法律保留原则，以及利用科学调查方法的指导方针。这意味着在任何情况下，行政调查都要遵守比例原则、禁止滥用调查权等行政调查的基本原则，而且除任意调查外，只有在具备法律依据时才能实施调查。另外，在技术上可以实现的范围内，应该采取运用互联网等通信手段的科学调查方法。该规定对于弥补行政调查基本法适用排除范围过宽的问题起到一定作用，有助于提高行政调查的公正性、透明性及效率性，加强对国民合法权益的保护。正如在第2章所述，国会政务委员会对政府法律草案的审查过程中，追加了以上条款。

3.2.3 阐明行政调查的基本原则

由于行政调查也是行政权作用之一，所以对此应该适用比例原则、法律保留原则等行政法的基本原则。然而，立法主管部门考虑到在行政实践中这些基本原则经常被疏忽，因此，在立法中明确阐释了比例原则等几个重要原则，确认了行政法的基本原则，以此充分展示了作为基本法、宣示其立法意图与政策目标的特征。

对这个问题，美国法院一直是在行政调查的司法控制原则下，通过判例对行政调查进行法律控制，确立了各种标准。其中，主要的标准有：第一，行政调查应当依照法律授权的正当目的实施

(法律上的依据以及正当的调查目的)。第二，需要通过行政调查获得的信息，应当与调查目的具有关联性，其范围应当被限制(关联性与特定性)。第三，调查要求不能过于广泛，不能给调查对象带来不合理的负担（负担的合理性)。第四，行政调查必须依据正当的形式、程序（正当程序的保障)。[①] 在笔者看来，这些标准不但在阐明行政调查的基本原则上，还在制定行政调查基本法的整个过程中，成为重要参考。

(1) 比例原则。学术上所讲的比例原则，是指行政机关的行政活动，在所要实现的目的与其手段之间，应当有合理的比例关系。比例原则根据考察的阶段不同，还可分为妥当性原则、必要性原则和法益相称性原则。妥当性原则，是指所采行的行政活动应当适合达成其行政目的。必要性原则，也被称为最小侵害的原则，是指在能达成法律目的的诸方式中，应选择对相对人的权利最小侵害的方式。法益相称性原则，亦称之为狭义比例原则，是指即使当行政活动对应着适当与最小限度的侵害时，在其行政活动的目的与侵害之间也应该维持相当的均衡。

行政调查基本法第 4 条在行政调查基本原则的条文题目下，第 1 款规定："行政调查应该在达成调查目的所必要的最少范围内实施，不得为了其他目的滥用调查权。"第 2 款规定："行政机关应选定适合调查目的的调查对象实施行政调查。"这两个条款阐明了行政调查基本原则中的比例原则及其具体实行原则，即禁止滥用调查权与选定调查对象的合目的性原则。第 4 条的第 1 款与第 2 款分别对比例原则与禁止滥用调查权、合目的性原则进行了阐述，是考虑到行政调查的现实与立法意图，对学术上的比例原则所作的细化规定，即本法的立法者基于行政调查权容易被滥用，调查对象容易被恣意选定等现实认识，特别将禁止滥用调查权与合目的性原则分

① 韩国法制研究院：《行政调查基本法制定方案研究》，2005 年，第 7 页。

立明示。

虽然第1款从条文上规定了调查目的与调查范围之间的比例原则、禁止调查权滥用原则，但是，如果考虑该条文的题目为“行政调查的基本原则”，应该认为这些原则并非限于调查范围，而是对于调查方法、调查实施期限等行政调查基本法规定的所有事项均适用。例如，当行政机关以参考需要为由，要求调查对象提供与相关调查没有直接关系的资料，或者相关资料可以通过互联网、邮寄等方式实现，但是仍然对调查对象提出到场要求，或者不考虑给企业业务带来的巨大阻碍，过分长时间对现场进行调查等，均有可能违反比例原则。

又如，相关部门以书面或口头形式要求企业界协助稳定物价，对不予协助的企业进行行政调查，如税务调查、公正交易调查、食品安全调查等。这些调查表面上是根据各个单行法有关条款发动，而实际上是基于稳定物价这一政策目的发动，与各个单行法立法目的没有直接关系，有可能违反禁止滥用调查权原则——当然，这在现实中难以证明。如果对稳定物价不予协助的企业立即实施调查，较容易证明，但是隔一段时间后，以定期调查或计划调查等名义实施调查，证明难度将大大增加。因此，根据第2款所规定的选定调查对象的合目的性原则对其加以限制，这个必要性有所增加，即行政机关在选定调查对象时，应该考虑各单行法的立法目的，在客观、公正的标准下选定，禁止违反该原则恣意选定调查对象。

对于什么是客观而公正的标准，可能有多种见解。因此，该法第8条第1款规定：“行政机关首长考虑行政调查的目的、遵守法令的实绩、自觉遵守的努力程度、企业规模与行业等，应该以明确而客观的标准选定行政调查的对象。”列示了遵守法令的实绩、自觉遵守的程度、企业规模与行业等几种典型标准。所有行政机关在实施主管业务的行政调查时，应当包含这些标准，而且依据各个单行法的立法目的，通过部门的规范性文件确立客观而公正的标准，依据标准实施调查。

对于以上问题，韩国法制研究院制定的行政调查基本法草案第10条第3款规定："行政机关对依照第一款规定的调查对象的选定标准，在相关行政调查实施之前应该予以公示。"并通过公众审查，试图确保调查对象选定标准的客观性。然而，有关行政部门提出了该方案的负面问题，即在这种情形下，有可能出现避开选定标准的手段，从而严重影响调查的实效性。因此，该款被删除，代以行政调查基本法第8条第2款规定："调查对象可以向行政机关首长申请阅览有关调查对象的选定标准。"第3款规定："除对内部举报者等第三人有必要保护之外，申请人可以阅览调查对象的选定标准。"从而保障了调查对象关于调查标准的阅览权，确保了选定标准的客观性。

（2）共同调查原则。该法第4条第3款规定："行政机关对类似或者同一的案件，应当实施共同调查，避免行政调查的重复。"这一条款阐明了共同调查原则。共同调查原则与该法最重要的立法目的——通过规制改革，减少企业负担的目的直接相关，因此，对作为调查对象的企业而言，关联最为密切。该法第14条以及第15条规定得更为细致。

第14条规定了共同调查相关事项，即第1款规定："在行政机关内部，两个以上部门对相同或类似业务领域的同一调查对象实施行政调查时，或者相互不同的行政机关对总统令规定的一定领域内同一调查对象实施行政调查时，必须实施共同调查。"第2款规定："对第一款各项事项，事前受到行政调查通知的调查对象可以向有关行政机关申请进行共同调查。"第4款规定："国务总理室长对第一款规定的行政调查向行政机关首长要求实施共同调查。"

第15条规定重复调查相关事项，即第1款规定："实施定期调查或者随时调查的行政机关首长，就同一案件不得对同一调查对象再进行调查。但是，该行政机关对已接受调查的调查对象，掌握了涉嫌违法行为的强效力新证据时，不在此限。"也就是对重复调查采取"原则上禁止，例外地允许"的指导方针。

（3）预防目的调查的原则。该法第 4 条第 4 款规定：“相对于对违反法令等的处罚，行政调查的着重点应当放在促使调查对象遵守法令。”从而阐明，从之前以揭发违法事项，并对其加以制裁为主运行的行政调查模式，转换为以引导自律遵守法令等事先预防目的为主的模式。当然，在行政调查实践中，行政机关实施行政调查后发现违法事项时，法令中若有相应的处罚条款，必须依法制裁，因此，这一条款没有实质约束力，而是在行政调查制度运行中，带有训示性、方针性意义。

（4）调查结果的保密原则。该法第 4 条第 5 款规定：“除依照其他法律之外，不得公布行政调查的调查对象或其内容，或者泄露职务上所知晓的秘密。”阐明了调查结果的保守秘密原则。又如，同条第 6 款规定：“行政机关不得将通过行政调查知晓的信息，除依照其他法律在内部利用或者提供给其他机关之外，使用于原本调查目的以外的用途或者提供给他人。”禁止了任意使用调查结果。

以上所指的其他法律中，重要的有：《关于公共机关信息公开的法律》、《电子政府法》等。《关于公共机关信息公开的法律》第 9 条规定的非公开对象信息中，与企业活动直接相关的是该条第 1 款第 7 项的规定。据该项规定，将有关法人、团体或者个人（以下称为“法人等”）在经营上的秘密事项，认定为被公开时有可能严重侵害法人等的正当利益的信息，纳入“非公开对象信息”。但书条款中又规定，为保护国民的生命、身体或健康免受因经营活动发生的危险而有必要公开的信息，或者为保护国民的财产或生活免受因违法、不当的经营活动而有必要公开的信息，排除于适用非公开对象信息的规定。因此，行政机关通过行政调查收集到上述但书条款中各项内容时，应当予以公开，此时不受调查结果保密原则的限制。

另外，《电子政府法》[1]第6条（行政信息的有效管理与利用）第1款规定："行政机关首长应当将收集、保管的行政信息，与需要该信息的其他行政机关共同利用，而且从其他行政机关获得可信赖的行政信息时，不得另行收集相同内容的信息。"从而规定了行政调查信息的共同利用原则。此时不受行政调查基本法关于禁止随意利用行政调查结果的限制，符合行政调查基本法所规定的禁止重复调查原则。

3.2.4 阐明法律保留原则

行政调查基本法第5条规定："限于法令等规定行政调查的情形，行政机关才可以实施行政调查。"阐明了行政调查的法律保留原则。但书条款中写道，"但是，取得调查对象的协助实施行政调查的情形，不在此限。"从而使任意调查在没有直接法律依据的情形下也可以实施。当然，但书条款中规定的法律保留原则的例外，是关于行政作用法的根据，而关于行政组织法的根据并不认可这种例外。因此，行政机关只能在行政组织法规定的权限范围内实施任意调查，在行政作用法上，另有法的授权才能实施强制调查。

3.3 程序内容

3.3.1 调查计划的确立

行政调查基本法第16条第1款规定："拟要实施行政调查的行政机关首长，应当在进行依照第十七条的事前通知以前，确立个别调查计划。但是，在因行政调查的紧迫性无法确立行政调查计划的情形下，可以将关于行政调查的结果报告书代替个别调查计划。"

---

① 该法规定了行政业务之电子处理的基本原则、程序及推进方法等，是有效实现电子政府，提高行政的效率性、透明性以及民主性，从而以提高国民生活质量为目的的法律，于2001年制定并颁布。

第2款规定："个别调查计划，应包括调查的目的、种类、对象、方法、期限以及其他总统令规定的事项。"这种规定的目的，在于使行政调查原则上根据计划实施，从而抑制调查机关恣意实施行政调查。

韩国法制研究院所制定的法律草案曾规定，行政机关应该确立并公布年度调查计划（草案第11条），但是有关行政部门提出，可能存在证据毁灭等原因导致的事实上难以达成调查目的的问题，因此，将"公之于众"变更为"向国务总理室提出"。

3.3.2 证件出示

行政调查基本法第11条第3款规定："进行现场调查的调查员，应携带证明其权限的证书，并将其出示给调查对象。"这从实体上看，阐明了调查员的证件出示义务，从程序上看，规定了出示证件的程序。通过证件出示，调查员将该调查的组织法根据向调查对象进行确认，将作用法根据通过与另行的"理由提示"程序进行确认。调查对象综合了证件出示与理由提示之后，可以决定是否协助调查，即强制调查的接受情形以及任意调查的同意情形，在行政调查实践中具有重要意义。

3.3.3 事前通知与理由提示

行政调查基本法第17条第1款规定："拟要实施行政调查的行政机关首长应于调查开始7日以前，将依照第九条的到场要求书、依照第十条的提交报告要求书、提交资料要求书以及依照第十一条的现场出入调查书（以下为'到场要求书等'）书面通知给调查对象"，将行政调查的事前通知义务化。然而，其但书条款规定，属于下列各项中的任意一项情形，可以在开始行政调查的同时，向调查对象出示到场要求书等，或者以口头形式向调查对象通知行政调查的目的，从而认可了事前通知的例外。第一，认为实施行政调查之前事前通知有关事项时，会因毁灭证据等问题而无法达成行政调查的目的的情形。第二，取得调查对象的协助而实施行政调查的情形。

另外，该法第 9 ~ 11 条规定，到场要求书等，应当记载到场要求旨意、调查目的、资料提出要求事由、现场调查的目的等，从而规定了行政机关应出示的调查理由。

通过事前通知与理由提示，调查对象根据到场要求书等记载的发送机关名义，可以确认该调查的组织法依据，而根据到场要求书等提示的调查理由，可以确认该调查的作用法依据，基于此，可以决定是否同意调查。

3.3.4 意见提出与更换调查员的申请

行政调查基本法第 21 条第 1 款规定："调查对象对依照第十七条的事前通知的内容，可以向行政机关首长提出意见"，第 2 款规定："行政机关首长认为该意见有正当理由时，应将其反映在行政调查中"。

另外，该法第 22 条第 1 款规定："调查对象认为难以期待调查员公正地进行行政调查时，可以向该行政机关首长申请更换调查员"，第 4 款规定："行政机关首长认为依照第一款的更换申请具有合理性，应当责令其他调查员进行行政调查"。

3.3.5 调查权行使的限制

行政调查基本法第 23 条第 1 款规定："调查员应当限于依照第九条至第十一条事前发出的事项对调查对象进行调查，但是，如果对有关事前通知的事项，有必要追加调查时，可以以书面或口头形式向调查对象通报追加调查的必要性和有关调查内容等事项，然后追加调查"。从而限制行政机关在事前通知范围之外恣意扩大调查范围。为保障调查对象的自我防御权，避免没完没了提供资料的要求，并防止调查对象遭受过多的人力、物力负担，这条规定是必须的。为确保第 17 条第 1 款所规定的事前通知的实效性，它也必不可少。

该法第23条第2款规定："调查对象可以使具有法律、会计等专门知识的有关专家，在接受行政调查的过程到场或者陈述意见"，从而使得调查对象得到与司法程序上的律师帮助类似的专家帮助，进一步保障调查对象的自我防御权。例如，在公正交易相关调查中，可以得到律师或会计师的咨询。

另外，该法第23条第3款规定："调查对象和调查员在不妨碍调查过程的范围内，可以对行政调查的过程进行录音或者录像。此情形下，应当相互协商确定录音、录像的范围"，从而通过科学手段确保调查过程中遵守正当程序。这在限制恣意行使调查权方面具有一定的意义。

3.3.6 调查结果的告知

行政调查基本法第24条规定："除具有法令等特别规定的情形之外，行政机关首长自确定行政调查的结果之日起7日内，应当将该结果告知调查对象"，以此保障调查对象对自己信息的知情权。行政调查的结果通常与后续行政行为相联系，因而在实践上，保障调查对象的知情权具有重大意义。

3.4 立法意义与存在的问题

3.4.1 立法意义

(1) 政府的评价。行政调查基本法立法主管部门对制定该法的意义评价如下：[①]

第一，通过对调查对象的选定标准、调查目的以及调查程序等行政调查相关事项具体化，来提高行政调查的透明性、预测可

① 韩国国务总理室：《行政调查基本法制定案向国会政务委员会报告资料》，第4页。

能性。

第二，通过规范行政调查所必要的程序，将正当程序原则在行政调查过程中付诸实施，加强对国民基本权利的保护。

第三，通过共同调查、禁止重复调查等措施，减少企业的人力、物力负担。

第四，适应守法意识的提高、通信技术的发展等行政环境变化趋势，通过构建自律申报制度及自律管理体制、利用信息通信手段的调查，追求行政调查模式的变化。

第五，有关行政调查事项的具体化、行政调查程序的规范化以及共同调查、禁止重复调查等一系列措施都在一定程度上有助于防止腐败。

（2）学术界的评价。学术界对该法立法的积极意义总结如下：①

第一，采纳行政调查定义的广义说，包含了任意调查，对学术上有所争论的概念以立法的方式加以梳理。

第二，扩大了行政调查主体的范围。将调查主体定义为除行政厅之外，包含地方自治团体、授权公共团体以及受托从事公务者。

第三，对行政调查的基本原则，以比例原则与禁止权力滥用原则为主进行阐述，明示了行政调查的法律保留原则，对行政调查的实施是否以法律根据为必要的相关争论，以立法的方式加以梳理。

第四，为加强国家对行政调查制度运作的控制，在其中导入了计划性要素。

第五，为控制对相同或类似事项进行重复调查加重企业的人力、物力负担，导入了共同调查与禁止重复调查等机制。尤其是对因部门不同而导致的重复调查问题，予以共同调查实施的义务化，以便依法缓解该问题。这对改革旧机制具有重大意义。

---

① ［韩］吴峻根：《关于行政调查制度有关法理的探讨、立法趋势的评价及其改善方案的研究》，载《土地公法研究》2009 年第 45 集，第 376 页。

第六，为保障行政调查的公正性、透明性及信赖性，明文规定了行政调查的事前通知制度，并赋予了事前通知对象提出意见的权利、申请更换调查员的权利，规定了调查结果的事后告知机制，以充分保障调查对象的合法权益。

综上所述，可见关于行政调查基本法的立法意义评价方面，虽然行政实务界重点关注减少企业的人力、物力负担，学术界重点关注行政调查的相关概念与原则的确立，但是，总体而言，实务界与学术界均对提高行政调查的透明性、加强正当程序保障力度等，持肯定的评价。

3.4.2 存在的问题

现行行政调查基本法虽受积极评价，但也有以下几点问题：第一，对于当前在经济秩序、公共安全、社会福利以及环境保护等各个领域广泛实施的行政调查，仅以“企业规制缓解”的特定政策目标进行立法，过于偏重对行政调查的法的控制。其结果衍生了企业规制缓解以外的考虑要素，如行政调查发动请求权、有关个人调查的事项等，与企业规制无关的要素被忽视的问题。而且，为了弥补偏重特定政策目标的问题允许了较为广泛的适用排除范围，而这产生了另一种问题——法律适用范围的有限。除此之外，该法对任意调查的法的控制有所不足。

总之，该法虽采用基本法的名称，但实际上是“有关企业行政调查的法律”，带有难以被称为关于行政调查的“一般法”的界限。下面，对这些问题进行分别论述。

（1）未规定行政调查发动请求权。所谓行政调查发动请求权，是指行政规制的受益者，如消费者或劳动者等个人，就实施适当的行政调查可直接通过诉讼主张的权利，是以行政机关的调查义务为前提的。认可行政机关调查义务的相关学术背景，可从“行政过程论”与“不作为违法论”中寻找。[①]

第一，行政过程论。随着现代公共行政的发展，建立在公私法二元论基础上的传统行政法学理论逐渐呈现出弊端。传统理论主要在三个方面受到批评：第一，传统理论主要围绕着行政行为展开，却不符合现代行政实务界所广泛采纳的裁量基准、行政指导以及行政计划等新的行为形式。第二，传统的行政行为只是决定过程的终点，而非过程本身，因此，对于行政法的效果发生过程本身，无法给予讨论的平台。第三，在传统理论上，行政法律关系一般被视为行政主体和行政相对人之间的关系，可是，在现代行政实践上，和行政机关的活动具有利害关系的人增多，而传统理论几乎对这样的多方面关系无能为力。

总的来说，传统理论将各种行为形式切割开来进行局部性考察，难以适应现实的需要。另外，对行政法律关系仅局限于行政主体与行政相对人的认识也发生了变化，有时还涉及许多利害关系人，行政法律关系的面向呈现多维性。传统理论仅研究局部而不考量整体，仅研究单一行为而非复数行为，仅研究法律效果而不关注行政过程，呈现出静态而非动态性。相反，变化的现代行政环节，则要求关注整体、复数行为以及行政过程的理论体系。[②] 行政法学界为应付这样的变化，从 20 世纪 60 年代至今，陆续提出了与行政学融合、法社会学接近的一些理论。例如，日本的行政过程论、德国的行政法律关系论以及美国的政府规制理论等。

其中，行政过程论对现代行政法学以宏观的视角加以解释，从而展开了新的研究模式，尤其是对于探讨行政调查有关问题，提供了有力的理论基础。行政过程论接受了现实行政过程的复合、动态

---

① ［韩］金荣祚：《关于行政调查研究——尤其，以税务调查的法的问题为主》，1998 年庆熙大学博士论文，第 83 ~ 85 页。

② 高秦伟：《行政法学方法论的回顾与反思》，载《浙江学刊》2005 年 11 月 25 日。

性质，从而试图对于现实行政过程给予有效的法的控制。就行政调查而言，以前被视为行政内部过程的一部分，因此，除了侵害国民权利的强制调查以外，没有作为行政法的直接探讨对象。可是，从行政过程论的角度来看，行政调查作为各个行政决定的适当性保障手段之一，其适当性可以作为行政法的直接探讨对象。

另外，行政调查以前被视为行政上的实效性确保手段之一，可是，现在的行政调查概念扩大了，除强制调查外还包括任意调查，因此，以前的观点有所不足。如今，一些学者把行政调查放到信息收集、利用、管理以及反馈等环节中进行研讨，从而试图加以适当的法的控制。行政过程论对此给予良好的理论平台：依照行政过程论，行政机关应付每段行政活动环节，如决定政策课题、行政计划、行政立法、行政行为以及行政指导等，并期待进行适当的调查。在特定情况下，调查不当，即违反调查义务，有可能在国家赔偿诉讼中被视为违法事由。这样的分析视角对行政权限的法的控制提供了有力手段。此前，法的控制难以涉及裁量决定及行政计划之类的活动形式。

第二，不作为违法论。以前的看法，行政调查的必要性和适当性，唯由行政机关来判断就足够。但是，近年来，因行政机关不履行法定职权而引起纠纷的领域日益扩大，国民向行政机关要求积极行使行政规制权或者监督权的权利，作为行政介入请求权之一受到关注。既存的行政介入请求权，一般局限于要求规制权或者监督权等一定的措施权。基于同样的思路进一步推论，可以提出能否认定国民要求行政机关适当实施调查的权利之问题。关于这个问题，最吸引关注的领域是形成所谓“三层面对立关系”的食品与药品规制行政（行政机关——食品与药品企业——消费者），以及劳动者保护行政（行政机关——企业——劳动者）。同时，从理论上讲，该问题不局限于这些领域。

将上述的行政调查义务作为前提，在伴随消费者、企业、行政机关或劳动者、企业、行政机关这种三角乃至多角对立关系的规制行政领域，会衍生出该行政规制的受益者在诉讼中能否直接主张适当实施行政调查的问题，即是否认可“行政调查权发动请求权”的问题。对此，有否定说与肯定说的分歧。否定说立足于行政调查权的自由裁量性以及反射利益论，即行政机关是否对特定事项进行调查，属于裁量事项，即便存在基于调查权的发动能够使第三人受益的情形，该利益也不是法的保护利益，只不过是通过对特定人实施调查，从而使第三人获得反射利益。因此，要否定行政调查发动请求权。肯定说指出，以前依照行政便利主义或反射利益论，不认可行政介入请求权。如今，这种看法受到再检讨，即便是在行政机关的裁量被认可的场合，在一定情形下该裁量权收缩为“零”，以至于裁量不能被认可。

在法令的解释上，长期以来解释为只保护公益的法令，如今也会解释为公益、私益一同保护，从而将大量的反射利益作为法益。而且，“某种调查应该实施”与“根据调查结果，某种行政行为应该实施”有区别，对后者与前者的裁量范围并不是必须相同，即便是要求行政行为的权利不被认可，但要求适当调查的权利，有时可以被认可。因此，肯定说以行政机关的公益垄断性、调查权发动的自由裁量性以及反射利益论为由否定行政调查请求权是不妥的。[①] 与行政介入请求权的情形相同，当个人生命、健康及安全存在重大而紧急的危险时，应当认为行政机关负有调查义务，而且相关法令解释为公益、私益均受保护时，可以认可行政调查发动请求权。[②]

在行政调查基本法立法过程中，曾立足于肯定说，考虑过规定行政调查发动请求权的问题。对此，韩国法制研究院的研究报告书

---

① ［韩］金荣祚：《关于行政调查研究——尤其，以税务调查的法的问题为主》，1998 年庆熙大学博士论文，第 95 ~ 99 页。

② ［韩］金荣祚：《行政调查基本法的问题及其改善方案》，载《公法学研究》2007 年第 8 卷第 3 号，第 112 页。

指出："在法律上明文认可行政调查发动请求权的事例几乎没有，相关判例也难以找到，此外，对于请求作出行政行为的行政介入请求权，学术上虽然有关讨论比较活跃，但是否认请求发动行政调查的权利的议论并不多。'行政权的不作为构成违法'的局面正在扩大，而且请求发动调查权的权利与请求发动某种行政行为的权利并非相同，因此，有必要对承认调查请求权持消极态度的现行法律进行再检讨。即便在法令没有明文规定的情形下，发动调查权的请求权亦可被认可，并通过明文规定，以立法方式解决争论更为妥当"，从而表示了对行政调查发动请求权的认可。①

然而，行政调查基本法的立法宗旨在于通过规制改革减少企业界负担，因此，并未作有关规定。代之的是，该法第 7 条简单规定："接到违法等的举报或者投诉时，行政机关可以随时实施调查"。即便有个人的举报或者投诉，行政机关仍然可以在裁量判断下决定是否实施调查，假若实施调查，也没有告知结果的义务。对此，学术界指出："行政调查基本法主要将重点放在减少企业的负担上，但为了保护消费者等个人权益，有必要对行政调查义务以及结果告知等予以规定，从而进行均衡的立法"。②

另外，这种不认可行政调查发动请求权的实践，从制度上看，会出现"由行政机关垄断行使调查权"的局面，还会衍生出"调查机关与调查对象之间形成不正当关系"的问题。例如，主管医药品安全的行政机关垄断行使对医药品的安全检查权、金融监督机关垄断行使对金融企业的调查权，税务调查、公正交易调查等其他行政调查领域的情况也类似。然而，这些领域因技术性、专门性强的缘故，由其他监督机关或搜查机关实施适当的监督确有困难，从

① 韩国法制研究院：《行政调查基本法制定方案研究》，2005 年，第 10 页。

② ［韩］金荣祚：《行政调查基本法的问题及其改善方案》，载《公法学研究》2007 年第 8 卷第 3 号，第 113 页。

而拥有调查权的特定行政机关与其调查对象之间制度性勾结的隐患是存在的，其结果可能导致各个单行法的实效性归零。①

为从制度上遏制这种问题发生，有必要对行政机关垄断行使调查权加以限制，其具体措施之一，就是赋予国民行政调查发动请求权，并承认国民对调查结果具有知情权。同时，这些权利应包含在行政调查基本法第 3 条第 3 款规定的必须适用对象中，从而将它一律适用于所有领域的行政调查。据此，可以限制行政机关以公益垄断性、发动行政调查权的自由裁量性等作为挡箭牌垄断行使调查权。在来自国民的调查发动请求时，行政机关就应当负有实施调查并告知结果的义务。这在通过公众参与及监督，促使行政调查权适当行使并防止结构性腐败等意义上，可以作为有效方案之一。

（2）对个人调查的规定不足。行政调查基本法以企业调查为前提，规定了调查计划的确立、调查的事前通知、共同调查以及自律管理体制的建构等制度，但对个人调查而言，除一些原则性条款能够共通适用之外，没有其他规定，因此，显得十分不足。然而，警察盘查、机场安全检查以及是否携带毒品检查等各个行政领域的个人调查，通常与人身自由、隐私权等宪法上的基本权存在密切关系，而且从个人调查实践现状来看，为有效达成各单行法的立法目的，行政机关忽视正当程序保障，侵害基本权的情形时有发生。于是，在该法中有必要规定与个人调查有关的最起码的标准。

举例而言，在机场以防恐为由实施的安全检查，有的时候相当于身体搜查，很可能侵害人身自由权。又如，对旅客的行李在不隐蔽、被公开的场所进行检查，或者男检查员对女旅客的行李进行检查，有可能侵害隐私权。当然，行政调查基本法规定的比例原则、禁止滥用调查权原则等行政调查的基本原则应适用于个人调查领域，可是，为通过制度机制防止调查过程中的侵权，除这些原则性

① 2011 年，在韩国发生的储蓄银行与金融监督机关之间的制度性勾结造成的非法贷款及其导致的储蓄银行倒闭事态就是典型案例。

规定之外，还要追加规定与个人调查有关的具体内容。

另外，在此过程中，对于个人遭受超过通常忍受限度的特别损失予以适当补偿也是必要的。例如，警察在进行盘查过程中发现疑点，获得调查对象的同意后，以任意调查的形式将其带回派出所实施追加调查，却没发现任何证据。在这一情形下，如果耗费的时间比通常的盘查时间长，给调查对象导致损失，就应当进行一定的补偿。虽然这种损失补偿有可能不能完全弥补调查对象的实际损失，但是仍有一定的象征意义。

（3）法律适用范围的有限性。对现行行政调查基本法而言，不用说企业团体，连学术界也共同指出该法的适用排除范围过宽。[①] 其批评要点在于，如前所述，该法是在规制改革方面，为减少企业界负担而制定，然而企业界觉得负担最重的税务调查、金融调查以及公正交易调查却被排除在适用范围之外，这就使该法的立法意义大大降低。

但在笔者看来，对于税务调查，在《国税基本法》等租税相关法律中，已另行规定了税务调查程序等有关保护调查对象合法权益的内容；就金融调查而言，因为国际投机资本等因素引起的短期搅乱金融市场的可能性尚存，所以对其实时监督的必要性加强，而且考虑到1997年因政府对财阀及金融业界的监督不足，造成国家信用被破坏，尤其是经历了金融危机的教训，更加不能仅以规制缓解的视角对待政府对金融市场的监督；就公正交易调查而言，应当关注在世界上罕见的以财阀为主的企业体制下，价格勾结、内部不当交易以及垄断市场等不公正交易猖獗的特殊情况，不能软化政府

① 韩国全国经济人联合会：《企业界对于行政调查基本法制定案的意见》，2006年6月，第6~7页；［韩］金荣祚：《行政调查基本法的问题及其改善方案》，载《公法学研究》2007年第8卷第3号，第107~108页；［韩］吴峻根：《关于行政调查制度有关法理的探讨、立法趋势的评价及其改善方案的研究》，载《土地公法研究》2009年第45集，第377页。

的监督力度。可以说，将它们排除在适用范围之外是不可避免的。况且，在国会的法律草案审查过程中，将比例原则、行政调查的法律保留原则等核心事项规定为必须适用，从而设置了对适用范围局限导致负面影响的最小化机制。

即便如此，在行政调查基本法中广泛规定了适用排除对象，从理论上不符合该法的立法宗旨，且在法的运作实践中会招致不必要的混乱，因此，有必要与上述偏重于企业规制缓解这个特定政策目标的问题协调，进行全面完善，即通过作出缩小现行广泛规定的适用排除范围、规定行政调查发动请求权等一系列修改，追求多方面利害关系人之间的适当均衡。

（4）对任意调查的法的控制不足。行政调查基本法对任意调查的法的控制较为不足。与强制调查相比，任意调查在法律保留原则、事前通知等方面所受的法的限制程度偏低。根据行政调查基本法第 5 条但书条款规定，在任意调查的情形下，没有法律依据仍可实施调查。由此承认了法律保留原则的例外。该法第 17 条规定，在任意调查的情形下，可以在行政调查开始的同时，向调查对象提示到场要求书，或者以口头形式向调查对象通知行政调查的目的，由此承认了事前通知的例外。

利用这些规定，在行政调查实践中，有可能出现以任意调查形式施以强制调查的情况。由于个人对权利的意识不够，或者企业不能不考虑因认可、许可等事由，日后也要持续受有关部门影响，有可能发生个人或企业蒙受或忍受以任意调查形式出现的事实上的强制调查。于是，有必要设置能有效控制这种现象的制度机制。例如，对携带毒品的可疑者，需要进行超过日常行政调查范围的身体搜查时，依据法院所发的令状进行搜查是合法的职务履行，然而为履行职务的便利，在可疑者简单的口头同意下，采取任意调查的形式实施相当于搜查的调查，时有发生；在企业调查中，以所谓“协助请求”的名义要求提供各种资料的情况也常见。

因此，即便是任意调查，有必要对其加强适度控制。可以考虑构建符合各个调查情形的正当程序保障机制、导入适当的损失补偿制度、对协助请求惯例进行完善（如只允许以部门首长批准而做成文书形式的协助请求，禁止有关人员以口头形式的肆意协助请求）等具体措施。从理论上讲，以任意调查形式实施强制调查本身会被判断为违法的，但是在缺乏对调查过程违法的事后救济手段的情况下，通过机制使调查过程的违法问题最小化是具有实质意义的。

3.4.3 小结

现行行政调查基本法在提高行政调查的透明性，保障正当程序等方面意义巨大。然而，该法如果想摆脱“为规制的缓解而制定的关于企业行政调查之法”界限，成为真正意义上的行政调查基本法，还需要解决诸多课题。例如，追加规定行政调查发动请求权以及个人调查相关内容，对适用排除范围进行再检讨，对任意调查的规定加以弥补等。为此，应该以今后的学术研究成果、行政实践经验以及法院判例等为基础，持续完善行政调查基本法。只有这样，才可以使制定该法的意义最大化。

4 行政调查基本法与相关法律的关系

4.1 导论

当前，随着行政的复杂多样与专业技术的发展，以及行政立法、行政计划和各种事实行为的增加，行政裁量的余地也在大幅增加，其结果是仅靠实体法已很难确保行政的正当性。在这种背景下，通过“程序规制”弥补这种实体法规制的不足，确保行政的公正性、透明性与民主性，成为现代行政的重要课题。[①] 从这个意

① ［韩］金荣祚：《关于行政调查研究——尤其，以税务调查的法的问题为主》，1998 年庆熙大学博士论文，第 48 页。

义上看，作为行政活动之一的行政调查，也应该被视为不但是实体法，而且是程序法所规范的对象。具体而言，行政调查是指行政机关为收集决定政策或履行职务所必要的信息或资料的活动（行政调查基本法第2条），通常由确立调查计划、事前通知、现场调查之类的一系列程序构成；而行政程序法是关于行政程序的一般法，由此可见，行政调查与行政程序法形成了密切关系。

一方面，通过行政调查所收集的信息、资料被行政机关保存、处理、管理，并以多种目的使用，如作为各种具体行政决定的事实根据、政策确立的基础资料。但是，为了应付现代国家行政领域的扩大、行政行为的强化及专业化，需要确保行政作用的正当性与合理性。同时，在现代信息化社会，政府被视为负有在各种领域收集准确信息并及时提供给国民的责任，因此，行政调查的必要性也在增加，行政调查的频率和范围不断扩大。由此可见，通过行政调查收集的信息并不是政府的专有财产，而是公共财产。基于这个观点，政府在“公共记录就是公共财产”的认识下，原则上应该将所有政府信息，包括用行政调查所收集到的信息公之于众，便于国民使用。

另一方面，行政机关在处理、使用已保存的庞大信息过程中，很可能引起个人信息的集中化，或将信息用于收集之外的目的，或产生流通不当等现象，侵害公民的隐私权，这种隐患在现代行政领域正在迅速扩大。因此，基于隐私权保护的需要，有必要对个人信息的收集、处理或保存进行一定限制，并建立允许个人对这些行为进行监控的隐私权保障制度或者个人信息保护制度。①

总之，在现代行政环境中，以公众参与价值的重视，以及计算机、互联网和智能终端机等信息技术的发达为特征，在这种行政环境下，实施行政调查、收集信息、公开与保护信息等环节均密切相

---

① 韩国法制研究院：《行政调查基本法制定方案研究》，2005年，第10~11页。

关，构成了“信息收集、信息管理、信息利用”的一系列信息流通环节。因此，在行政法方面有必要对此进行综合考察，研究行政调查相关法律的目的就在于此。

4.2 行政程序法

4.2.1 行政程序的概念

行政程序是与立法程序、司法程序相对应的概念。广义的行政程序，是指在行政过程中行政机关必须经过的一切准备、计划、决定、公告等活动的统称。这里不仅包括行政立法、确立行政计划、发动行政行为以及公法上契约签署等事前程序，还包括行政执行、行政处罚、权利救济等事后程序。狭义的行政程序，则指行政立法程序、行政计划程序、行政行为等处分程序、[①] 行政契约程序，关于行政意思决定的首次决定过程。[②] 但也有学者指出，行政程序一般而言，仅指在行政活动中进行的事前通知、听取意见以及提示理由等事前程序。[③]

4.2.2 行政程序的价值

行政法学界通常对现代法治行政、民主行政国家中的行政程序价值总结为以下五点[④]：第一，对行政的事前控制。仅通过实体法对行政进行控制常常不能发挥实效，因而通过事前控制防止违法行

---

① 在日本和韩国，“处分”概念主要被使用于行政诉讼法和行政程序法，即行政程序法第 2 条第 2 款规定：“处分，是指行政机关以对具体事实的执法行为，行使或拒绝公权力及其他准于此之行政作用。”由此可见，处分不但包含行政行为，还包含准于此之行政作用，比行政行为概念更宽广的概念。

② ［韩］洪井善：《行政法原论（上）》，博英社 2010 年第 18 版，第 501 页。

③ ［韩］朴均省：《行政法讲义》，博英社 2010 年第 7 版，第 432 页。

④ ［韩］朴均省：《行政法讲义》，博英社 2010 年第 7 版，第 432 页。

政比事后控制更有效。第二，行政的民主化。行政程序作为保障国民参与行政的手段，贡献于民主行政的实现。第三，行政的合理化。通过行政程序听取利害关系人的意见，使行政过程透明，实施合理行政。第四，行政的效率化。通过行政程序反映利害关系人的意见，可以加强国民对行政的接受及协助，提高行政的效率。第五，国民的权益保护。通过行政程序能够事先听取利害关系人的意见，能使相关行政人员实施慎重而公正的行政，预防国民的权利受到侵害。

4.2.3　行政程序法的宪法依据

行政程序法是以规定行政程序的共通事项，寻求国民的行政参与，确保行政的公正性、透明性及信赖性，维护国民权益为目的的法律，是关于行政程序的一般法（行政程序法第 1 条乃至第 3 条)。一般而言，学术界认为本法的宪法依据，具体来讲是在于正当程序原则，而概括来讲是在于民主国家、法治国家原理。

1. 正当程序原则

正当程序原则，是指当国家权力限制国民合法权益时，必须经过正当程序的原则。与此相联系，韩国《宪法》第 12 条第 1 款规定："所有国民享有人身自由。未经法律许可，任何人都不受逮捕、拘留、扣押、搜查或审讯；未经法律和合法程序，任何人不受处罚、保安处分或强制劳役。"该法第 3 款规定："逮捕、拘留、扣押或搜查时，应按合法程序，应提示根据检察官的申请由法官签发的令状。但是，现行犯和犯有相当于三年以上长期刑的犯罪，并在逃或有毁灭证据之虑的，可以事后申请令状"。

学术界认为，这些条款虽然在字面上仅为规定刑事程序中的正当程序，但是按照正当程序的宗旨来看，理应适用于行政程序。[①] 韩国宪法裁判所判决：“《宪法》第12条第3款与该条第1款一同相当于正当程序原则的一般条款，是将正当程序原则以宪法上基本原则予以明示，即不但在刑事程序领域，还在立法、行政等所有的领域，公权力的作用都需要程序的正当性，而且法律的实体内容也需要合理性、正当性”；[②] “旧《关税法》第215条规定，依据《关税法》扣押被认定为应当没收的物品，如果犯罪嫌疑人不前往该行政部门或逃跑，从扣押该物品之日起经过四个月后，不需要对该物品作出另行裁判或行政行为，就能够将其归入国库。但是，因为这条规定允许不经过任何裁判或听证等程序，即剥夺嫌疑人对扣押物品的财产权而直接归入国库，所以，实质上与执行没收的效果相同，是违反宪法规定的正当程序原则与无罪推定原则的”，[③] 一贯地支持了行政领域中的正当程序原则。总的来说，宪法上的正当程序原则成为行政程序法的重要依据。

2. 概括性宪法原理等

也有学者主张，行政程序法的宪法依据不在具体的宪法条款中，应该从民主国家、法治国家等概括性宪法原理中寻找。据此，听证等听取意见的程序已超越单纯陈述自己的意见以及赋予防御的机会之类的意义，是通过国民的行政参与，促使行政的民主化更为积极。而理由提示程序，立足于法治国家原理。[④]

笔者认为，这一观点虽然有依据过于概括的缺点，但也是依照

---

① ［韩］朴均省：《行政法讲义》，博英社2010年第7版，第433页。但著者认为，“行政程序上正当程序之内容不会与刑事程序上的一样。正当程序之内容不是一律地被规定的，而是按照个案被规定的，是流动的概念。在特定案件中判断何为正当程序的时候，要全面考虑因公权力的行使而受侵害的个人权益的类型、侵害程度、事后权利救济制度以及行政上必要等公益”。

② 宪裁决1992.12.24，92宪MA8。

③ 宪裁决1997.5.29，96宪GA17。

④ ［韩］金南辰：《行政法Ⅰ》，法文社2002年第7版，第388页。

宪法的民主、法治理念，能够让人统一解释各个单行法。前面所述的将刑事上正当程序条款扩大解释为正当程序一般条款的学说及判例，归根结底也以这些宪法理念为基石。

另外，也有在宪法的基本权利条款中寻找依据的观点。根据这种观点，国民具有宪法规定的固有、独立的人格，即具有基本权，这就意味着个人作为固有的权利主体，可以参与程序，而行政程序法正是保障这种参与的渠道。[①] 笔者认为，在强调国民参与的意义上，该观点也以宪法上的民主国家原理为基石。

总之，根据宪法的民主、法治国家原理，当今国民参与行政过程以及将其以制度保障的行政程序愈发受重视。行政程序法与相关单行法中，应该明确反映这种宪法价值。如果没有明文规定，那么在解释行政程序相关法令时，不得只追求行政便利，而应秉持通过保障国民参与来实现国民权益保障的积极态度。

4.2.4 行政程序法与行政调查

1. 行政程序法是否包含行政调查的问题

行政程序法以处分程序、申报程序、立法预告程序、行政预告程序以及行政指导程序为其规范对象，其中以处分程序，尤其以不利处分程序为主要规范对象。因此，行政调查是在处分前阶段收集所需资料的行政活动，不属于行政程序法的规范对象。学术界对于行政程序法制定时未将行政调查纳入规范对象的缘由解释如下：第一，由于行政调查类型多种多样，难以一律规定。第二，在行政程序法制定过程中，虽然有关学会、市民团体纷纷制定了自己的草案，但任何草案都未规定行政调查相关条款，这意味着对当时规范行政调查程序相关研究还不够。第三，在外国的行政程序法实践

---

① ［韩］洪井善：《行政法原论（上）》，博英社2010年第18版，第507页。

上，亦没有对行政调查作出规定的先例。①

然而，笔者认为，按照广义的行政程序概念，与立法预告、行政指导等一样，可以在行政程序法中设置关于行政调查的专章专节，规范有关行政调查的事项。这个方案有助于对行政活动给予正当程序控制、对调查对象予以正当程序保障。如前所述，经济团体曾基于这种观点，要求通过修改行政程序法，增加行政调查相关规定。

2. 行政程序法与行政调查基本法

与行政调查相联系，行政程序法第 22 条规定，当行政机关进行不利行政处分时，应该保障听证、公听会、提出意见等正当程序(但听证、公听会只限于其他法律有规定或行政机关认为有必要时为之)。因此，在作出要求提供资料的命令、要求到场的命令等所谓“行政行为性”行政调查时，可以适用该条所规定的行政处分程序——在立法实践中，行政调查基本法第 21 条第 1 款规定：“调查对象对于依照第十七条事前通知的内容可以向行政机关首长提出意见”，明示了意见提出权。所以，调查对象在行政行为性行政调查的情况下，可以依照行政调查基本法提出意见，且若其他法律规定或行政机关认可时，依照行政单行法要求举办听证、公听会。

在事实行为性的行政调查中，是否可以适用行政程序法，存在肯定说与否定说。肯定说基于以下两点理由：第一，行政程序法的处分概念与《行政诉讼法》的处分概念相同，都包含着“其他等同于此的行政作用”，而概括性地规定。② 第二，日本《行政手续

① [韩] 金荣祚：《关于行政调查研究——尤其，以税务调查的法的问题为主》，1998 年庆熙大学博士论文，第 54 页。

② 行政程序法第 2 条第 2 款规定：“处分，是指行政机关以对具体事实的执法行为，行使或拒绝公权力及其他等同于此的行政作用。”《行政诉讼法》第 2 条第 1 项规定：“处分等，是指行政机关以对具体事实的执法行为，行使或拒绝公权力及其他等同于此的行政作用以及对于行政复议的裁决。”

法》明确规定将事实行为排除在不利处分中。[1] 于是，该说认为，从法的解释论来讲，事实行为也能包含在处分概念中。据此见解，虽然非常需要对事实行为，尤其是对行政调查进行程序控制，但是从目前行政实践的情况来看，有关行政调查的单行法通常未规定程序相关内容。因此，能够把事前通知、理由提示、意见听取等行政程序法的处分程序直接引用于行政调查。

否定说主张，实体法上的处分与行政调查等事实行为，在行为性质上有所区别，而在行政程序法中，对处分程序与行政指导程序有不同规定，因此，行政程序法上的处分程序不能直接适用于行政调查。[2]

然而，在笔者看来，在相关条款的法解释论方面，没有必然的理由将事实行为排除在该法第2条第2款所规定的作为处分概念之一的“其他等同于此的行政作用”之外。再者，依照宪法的正当程序原理与法治国家理念，对处分概念作最大限度扩大解释有助于国民权益的保护，因此，肯定说更有说服力。

不过，正如有学者批评道：[3] “在行政程序法中，应该明确规定作为行政程序相关规定适用对象的‘行为’才妥当，但是，选择充满模糊性与弹性的概念——行政诉讼法中的‘处分’概念，是非常不妥的”，对于行政程序法所采取的“处分”概念在法的解释论上确有争论余地。所以，行政程序法实施之后制定的行政调查基本法通过立法解决这种问题，即该法第2条明确规定：“所谓行

① 日本《行政手续法》第2条第4号规定：“不利益处分：行政庁が、法令に基づき、特定の者を名あて人として、直接に、これに義務を課し、又はその権利を制限する処分をいう。ただし、次のいずれかに該当するものを除く。イ 事実上の行為及び事実上の行為をするに当たりその範囲、時期等を明らかにするために法令上必要とされている手続としての処分。”

② ［韩］金荣祚：《关于行政调查研究——尤其，以税务调查的法的问题为主》，1998年庆熙大学博士论文，第55页。

③ ［韩］朴均省：《行政法讲义》，博英社2010年第7版，第437页。

政调查，是指行政机关为了收集决定政策或者履行职务所必要的信息或资料，进行现场调查、阅览文书、抽样等或者责令被调查对象提交报告或要求提交资料以及责令出席、进行陈述等的活动”，从而将现场调查等事实行为以及报告要求命令等处分行为都纳入行政调查的范畴。

4.3 公共机关关于信息公开的法律以及个人信息保护法

4.3.1 公共机关关于信息公开的法律

信息公开可分为狭义与广义。狭义的信息公开，是指根据国民的请求，行政机关提供其保存的信息。这种信息公开是一种义务，是指行政机关对未加工的原始信息，根据公开请求予以公开。广义的信息公开，包括行政机关自行公开信息的行为。此时的信息是裁量的信息，是行政机关将加工的宣传信息向相对人或国民予以公开。从政府与国民之间“信息的自由流通”方面来看，信息公开制度应当仅以狭义的信息公开为其规范对象。这是因为，从信息流通角度看，从政府到国民的流通（政府的自发宣传等）与从国民到政府的流通（通过行政调查、各种申报等收集信息）形成不均衡局面，为消除不均衡局面，采取的制度机制便是信息公开制度。①

在法律含义上，信息公开制度可归结为政府的信息公开义务与国民的信息公开请求权，这方面的一般法是1996年制定的《公共机关关于信息公开的法律》，从1998年起施行。该法就政府、地方自治团体、政府投资机关等公共机关保存、管理的信息，就国民对于这些信息的公开请求以及公共机关的公开义务，规定了一些必要事项，以保障国民的知情权，确保国民对国情的参与和国情运行的

① ［韩］金南圭：《关于信息公开制度研究》，2004年大田大学博士论文，第18页。

透明。这是以此为目的的有关信息公开的一般法（该法第 1 条、第4 条）。

该法中，为响应信息公开制度的立法宗旨，及加强政府的信息公开义务，除了采用狭义的信息公开概念之外，也对广义的信息公开作了较为有限的规定。即该法第 7 条第 1 款规定："公共机关对国民生活可能造成重大影响的政策信息，对需要巨额财政预算的大规模工事有关信息，以及对预算执行的内容及事业评价结果等实施行政监督所必要的信息，应当事先规定并公布有关公开的具体范围、公开的周期与时期、公开方法等事项，并据此定期公开"，明示了这些信息与国民是否申请无关，公共机关负有公开义务。而且，同条第 2 款规定："公共机关除第一款规定的事项外，还要公开国民有必要知情的信息，并为此作积极努力"，训示性地督促公共机关自发履行信息公开义务。

另外，该法第 9 条第 1 款规定："公共机关保存、管理的信息为公开对象"，明示公共机关的信息原则上应予公开。不过，该条但书条款中，对以下信息允许不公开：

（1）根据其他法令规定为保密的信息，或已列入不公开事项的信息。

（2）若被公开，有可能损害国家安全保障、国防、统一、外交关系等国家重大利益的信息。

（3）若被公开，有可能危及国民的生命、安全、财产以及有可能明显损害其他公共安全和利益的信息。

（4）涉及在审理中的案件信息，以及因为关系到预防犯罪、搜查、提诉、执刑、教化、保安处分等事项，如果被公开，将明显妨碍执行该职务或者有充分理由会侵害刑事被告人得到公正审理的信息。

（5）有关监查、监督、检查、试验、规制、招标合同、技术开发、人事管理，以及正在政策决定过程或内部检讨过程的事项中，如果被公开，将会妨碍该职务的公正履行或阻碍研究与开发的信息。

(6) 包含在信息里的姓名或身份证号码等有关特定个人的事项，如果被公开则会侵害隐私权的信息（但是，以下列举的个人信息除外：根据法律规定可供阅览的信息，由公共机关以公布为目的作成或取得的但不会侵害个人隐私权的信息，由公共机关作成或取得但为公益或救济个人权利被认定为有必要公开的信息）。

(7) 关系到法人、团体或个人营业的保密事项，如果被公开将明显损害法人等的正当利益的信息（但是，以下列举的信息除外：为了使国民不受因事业活动所产生的危害而对于保护国民生命、身体及健康有必要公开的信息；为了使国民不受因违法、不当事业活动所造成的影响而对于保护国民财产或生活有必要公开的信息）。

(8) 如果被公开，有可能导致如不动产投机、囤积居奇等给特定人带来非法利益或不利的信息。

但是，为防止据此但书条款的过度不公开，该条第 2 款规定："不公开的信息，因期限等原因已不存在不公开的必要时，应当将该信息列为公开对象"；第 3 款规定："公共机关应当对不公开信息的范围确立详细标准，并将其予以公开"，对不公开要件加以一定的限制。

如上所述，《公共机关关于信息公开的法律》对政府等公共机关保有及管理的信息阐明了"公开为原则、不公开为例外"的宗旨，因此，通过行政调查所收集的信息是否公开也受该法的规范。

4.3.2 《个人信息保护法》

《个人信息保护法》的宪法根据在于保护隐私权。一直以来，隐私权被视为个人隐私不被擅自公开的权利，以消极概念为主。但是，随着社会信息化的进展，隐私权被侵害的可能性也随之增加，其结果是，如今的隐私权被广泛定义为包含对有关自我信息进行自行管理与控制权利的积极概念。这种积极概念意义上的隐私权被称为“自我信息决定权”，这里包括自我信息的恣意收集排除权、自我信息阅览请求权、自我信息更改补充请求权以及自我信息使用停止与删除请求权等内容。这样，保护个人信息的理念基础在于保护隐私权，并作为自然人的尊严反映于隐私权，因此，企业、团体等法人不能作为隐私权的主体。从实践看，美国、英国、法国、德国以及日本等诸多国家将法人等的信息排除在保护对象范围之外。①

关于个人信息保护的一般法是2011年制定的《个人信息保护法》。该法出台之前的旧法是1994年制定的《公共机关关于保护个人信息的法律》，这部法律为保护通过公共机关计算机处理的个人信息，规定了办理业务所需要的事项，以寻求公共业务的适当执行，以保护国民合法权益为目的（该法第1条）。这部法律是仅将由公共机关通过计算机处理的个人信息作为规范对象的单行法。然而，这部法律存在以下问题：第一，在实践中，除计算机之外，依据手工记载及管理的个人信息也存在，如信访资料、公共设施出入记录表等。第二，随着信息化的进展，除公共机关以外，各种民营企业和团体也大量收集和管理个人信息，并且因信息管理费用的节约、在同一企业集团内的便利等经营上的原因，泄露个人信息的可能性大于公共机关。总之，该法难免面对规范对象不周全的指责。

2004年，对该法的修改开始推进。然而考虑到修改的宗旨，必须对现有法律进行大量修改，修改方向锁定于另行制定关于个人信息保护的一般法。不过，也有些人指出，对民营企业管理的信息与公共机关管理的信息，一同以法律加以规范，可能侵害营业自由、违背市场经济原理，因此，法律制定工作开始没有显示进展。

① ［韩］金荣祚：《关于行政调查研究——尤其，以税务调查的法的问题为主》，1998年庆熙大学博士论文，第120页。

但是，由企业内部职员或黑客所引起的大量信息被泄露事件频发，[①] 导致新制定个人信息保护法的政府方针得到大众的强烈支持，立法工作随之加速进行。结果是在 2011 年 3 月 29 日制定了《个人信息保护法》（自从 9 月 30 日起施行），原《公共机关关于保护个人信息的法律》在新法施行的同时被废止。

随着新的《个人信息保护法》施行，承担个人信息保护义务的主体以及作为保护对象的信息大幅增加了。以前承担个人信息保护义务的主体仅局限于根据《公共机关关于保护个人信息的法律》规定的公共机关、根据《关于信息通信网利用促进及信息保护的法律》规定的通信事业者，以及根据《关于信用信息的利用及其保护的法律》规定的金融机构等公共性较强的几种机关，承担个人信息保护义务的主体只有 51 万人。

但是，根据新的《个人信息保护法》，将以业务为目的，为了运用个人信息档案，自己或通过他人处理个人信息的公共机关、法人、团体以及个人等规定为个人信息处理者（该法第 2 条），而且对他们在信息收集、处理、保管等整个环节中的各种义务进行了规定（该法第 3 条）。因此，该法施行之后，除公共机关外，还包括民间领域的所有个人信息处理者，均受该法的规范。网站、医院、学院、制造业以及服务业等 72 个行业 300 万人的个人信息处理者开始承担个人信息保护义务。此外，以前的个人信息保护对象仅限于通过计算机处理的信息，新法废止了这种限制。百货商店活动等手记文书及影像信息处理器所整理出的信息（如监视器录像）均属于保护对象。

该法第 3 条第 1 ~7 款详细规定了个人信息处理者的信息保护

① 例如，2008 年 2 月，因网络拍卖公司黑客入侵，有 1800 万人的个人信息被泄露；同年 9 月，因民营石油公司内部职员，有 1100 万人的个人信息泄露；2010 年 3 月，因网络商城黑客入侵，有 2000 万人的个人信息被泄露等。

义务。具体而言，个人信息处理者应该明确个人信息处理目的，在其目的范围内合法正当地收集最小范围内的个人信息（第1款）；不许在原目的之外，以其他用途使用个人信息（第2款）；在个人信息目的所需范围内，应当保障个人信息的正确性、完整性及时效性（第3款）；根据个人信息的处理方法与种类，充分考虑信息主体权利被侵害的可能性与危险程度，从而对个人信息进行安全管理（第4款）；应公开个人信息的处理方针等有关个人信息处理的事项，并保障阅览请求权等信息主体的权利（第5款）；应以对信息主体的隐私权最小侵害的方法，处理个人信息（第6款）；在个人信息匿名处理可能的情况下应匿名处理（第7款）；通过遵守和履行本法及相关法令规定的责任和义务，为得到信息主体的信任应作出积极努力（第8款）。

关于收集使用个人信息，该法第15条第1款规定："个人信息处理者可以在以下各项规定的情形下进行收集与利用：（1）已获得信息主体同意的情形；（2）法律有特别规定或为遵守法令的义务而不得已的情形；（3）公共机关为执行法令等规定的负责业务而不得已的情形；（4）为与信息主体签订契约及其履行，不得已的情形；（5）信息主体或其法定代理人处于不能表达意思的状态，或因地址不明等原因不能获得事前同意，但为保护信息主体或第三者的生命、身体、财产的紧迫利益被认定为必要的情形；（6）为达成个人信息处理者的正当利益所必需的情况，确为优先于信息主体权利的情形（仅限于与个人信息处理者的正当利益密切相关，且不超过合理范围的情形）"。

在上述诸种情形下，个人信息处理者可以收集个人信息，并在其目的所需范围内利用。

关于信息主体的同意，该法第15条第2款规定："个人信息处理者获得信息主体的同意时，基于（1）个人信息的收集与利用目的；（2）需要收集的个人信息条目；（3）个人信息的保存及利用期限；（4）具有拒绝同意的权利事实，以及如果因拒绝同意产生不利时，必须将其内容告知信息主体，这些情形发生变更时也应告知信息主体，并获得同意”，以此确保不是形式上，而是实质上的同意。

关于个人信息收集的限制，该法第16条第1款规定：“个人信息处理者在收集个人信息时，应在其目的所需的最小范围内收集。此时，最小范围内个人信息收集的证明责任，由个人信息处理者承担”，禁止随意收集个人信息。

关于信息保安措施义务，该法第29条规定：“个人信息处理者应当为防止个人信息的丢失、被盗、泄露及伪造或损毁，按照总统令的规定，采取确保安全所需的技术性、管理性以及有形性措施，如制定内部管理程序、保管访问记录等”。据此，相关总统令，即《个人信息保护法施行令》第30条第1款规定：（1）为个人信息的安全处理，制订并施行内部管理计划；（2）对个人信息的访问控制及访问权限的控制措施；（3）应用个人信息安全储存、传输的暗号技术或相应的措施；（4）为应对个人信息侵害事故的发生，保管访问记录，以及采取防止伪造、变造的措施；（5）个人信息保安软件的设置和更新；（6）具备安全保管个人信息的保管设施，或锁定装置的设置等有形性措施。

该法是关于个人信息保护的一般法，行政机关对通过行政调查收集的个人信息，原则上也遵循该法的规定进行保护、管理和利用。

这里需要指出的是，企业信息不是该法的适用对象，因此，对行政调查过程中知晓的企业有关信息，应依照行政调查基本法的信息保护相关条款进行保护、管理和利用，即该法第4条第1款规定，行政调查应在达成调查目的所需的最小范围内实施，不可为其他目的滥用调查权。同条第5款规定，没有其他法律的依据，不得披露行政调查对象或行政调查内容，也不得泄露因职务而得知的秘密。同条第6款规定，行政机关通过行政调查获得的信息，除了依照其他法律在内部使用或提供给其他机关之外，不可利用于非原本目的或向他人提供。该法第 28 条第 2 款规定，行政机关通过信息通信网接收资料等情况时，为防止调查对象的相关信息或商业秘密泄露，应当采取制度性、技术性的保安措施。

可见，与《个人信息保护法》所规定的有关信息保护的各种具体内容相比，上述行政调查基本法中规定的有关信息保护条款内容，是较为总论性、原则性的规定。之所以这样，从立法主旨上看，《个人信息保护法》以信息保护本身为目的，而行政调查基本法以行政调查的正当程序控制为主要目的，只是附带规定了调查相关信息的保护。所以，在保护通过行政调查收集的信息方面看来，个人信息和企业信息在法律依据、保护水平等方面存在一定差异。

5　法院有关判例及评析

5.1　未经事前通知实施的现场调查①

5.1.1　案例概述

2004 年某月，保健福利部所属公务员与健康保险评审院职员未经事前通知抵达某医院，为确认是否构成保险给付不当请求进行了现场调查。② 开始调查前，他们出示了以保健福利部部长名义作出的调查令与身份证。在实施调查后，发现了不当请求事例，采取了收回措施，并作出停业等行政制裁。对此，院方以该调查未经事前通知，以及非公务员身份的健康保险评审院职员参与了行政调查等程序瑕疵为由提起了诉讼。

① 首尔行政法院于 2005 年 3 月 15 日宣告 2004 GUHAP18221 判决。

② 韩国的医院治疗费由从患者本人处获得的缴费与健康保险公社缴纳的保险赔付金构成，保健福利部下属的公法人之健康保险评审院对于医院向公社请求的保险金是否符合实际诊疗事实进行事后审查。

5.1.2 有关争议

无调查权人未经事前通知实施的行政调查具有怎样的法律效果。

5.1.3 判决内容

根据《国民健康保险法》第56条规定，健康保险评审院是负责审查医疗给付、评价疗养给付合理性等业务的公法人。根据该法第84条规定，保健福利部部长可以命令医疗机构提交文件，或使其属下公务员进行质问、检查相关文件等现场调查。

在本案中，现场调查时，健康保险评审院职员和保健福利部公务员对原告一同进行了调查。当时，该职员向原告出示了以保健福利部部长名义作出的调查令和身份证。这种行为，可以被认定为按照有关部门公文执行公务，或者以助理身份参与现场调查的活动，因此，不能认为是无调查权人实施调查。但是，根据相关规定，现场调查权属于保健福利部公务员，不属于健康保险评审院职员，因此，该职员携带调查令进行调查，说明法律规定上的调查权存在模糊性，而这种权限的模糊性有可能成为日后持续发生纠纷的根源，有必要对相关法令加以完善。

同时，《国民健康保险法》并没有规定实施现场调查的公务员将调查事实向调查对象事前通知的义务。在确认疗养机构的违法事实并对其进行调查的情形下，如果调查事实提前被泄露，调查对象为了防范，有可能实施关门停业、隐匿资料或者与患者通谋等措施，面对这种隐患，为达成调查目的，需要一定程度的保密性。因此，本案的现场调查虽然缺乏事前通知，但是仍可以被认为是根据有关正当程序而进行的。

5.1.4 评析

本案发生在2004年，即2007年8月颁布的行政调查基本法生效之前。原告主张，不顾相关法关于现场调查权应当由公务员行使的规定，作为公法人的健康保险评审院，派遣职员参与调查，这属于没有法定权限人的违法行为。对原告的主张，法院认为，该职员是按照保健福利部部长的调查令执行公务或是以助理身份参与现场调查，因此，驳回了原告的诉讼请求。但是，法院附加指出，这种权限的模糊性，有可能成为日后持续发生纠纷的根源，有必要完善相关法令。同时，法院对行政机关在实施现场调查时未作事前通知，判断认为《国民健康保险法》等有关法令没有对现场调查进行事前通知的义务加以规定，因此，没有程序瑕疵。

笔者认为，对国民行使公权力、实施调查，并施以行政制裁，是国家固有权限。《国民健康保险法》的相关规定赋予作为主管部门的保健福利部部长及其属下公务员现场调查等权限，也正是对此的确认。因此，如果没有法律明示的授权，公法人的职员等私人不能行使这样的权限，即便有授权，也不能允许全面授权，而只能允许参与共同调查之类的部分授权。

就本案而言，无法律授权的私人行使行政调查权，这一事实在行政主体上构成瑕疵，而基于该瑕疵所作的行政行为，有被判无效的可能性。在笔者看来，法院对这种瑕疵未宣判违法，是立足于健康保险的行政实践，考虑到调查人员不足，行政机关命令私人参与行政调查已为惯例，私人虽辅助参与了行政调查，但对基于调查结果所作的行政制裁不构成实质影响等诸多因素，是综合考量的结果。

另外，对于缺少行政调查的事前通知，笔者认为，由于当时的相关法令未规定事前通知程序，而且对不利处分的事前通知涉及行政程序法第 21 条之规定，但该条也允许在一定情形下可省略事前通知。因此，行政调查的事前通知并不是绝对的事项，应该根据具体案情判断是否必要。就本案而言，若进行事前通知，就会存在隐匿诊疗资料、与患者通谋等证据毁灭的可能性，因此，不能以缺乏事前通知为由认定程序上瑕疵的存在。而且在本案中，调查员在调查开始时，已履行了出示以有关部门首长名义作出的调查令及身份证等程序，因此，可以认为此次行政调查没有程序上的瑕疵。

5.2 现场调查的程序瑕疵①

5.2.1 案例概述

在行政调查基本法生效之后的2007年8月7日，以健康保险评审院5名职员组成的调查组来到了某医院，为确认是否构成保险给付不当请求，进行了现场调查。本来调查人员在调查时只看诊疗费收纳账簿的复印件即可，但是，这次却非要看原件不可，所实施的调查近乎妨碍诊疗业务，院方提出了抗议。于是调查组要求，调查对象应当提供的资料，期间从1年延长到3年，之后追加送来了期间延长到3年的公文。院方以调查人员非保健福利部的公务员和任意延长调查期限为由，拒绝了提交追加资料的要求。

在现场调查后，调查组向保健福利部部长提交了调查报告，称该医院不当请求保险给付为2800万韩元。基于此，保健福利部部长对院方命令返还不当请求金额，并施以吊销执照7个月以及停业整顿4个月的行政制裁，对拒绝提交资料的行为处以停业整顿1年的行政制裁，同时，向检察机关提出了刑事控告。

接受控告的检察官依据简易起诉程序②对院方课以罚金200万韩元的刑事处罚，而院方拒付，并向法院请求正式裁判。

5.2.2 有关争议

由无调查权人违反行政机关规范性文件所实施的行政调查的法律效果。

---

① 韩国大法院2010年7月15日宣告2010 DO 627判决。

② 如果是相当于罚金的刑事案件，检察官起诉的同时向法院请求宣告罚金的刑事程序。被告人可以拒绝并向法院申请正式裁判。

5.2.3 判决内容

依据《国民健康保险法》第 84 条、《医疗给付法》第 32 条等相关法律规定，保健福利部部长可以命令提交相关文件，或使所属公务员进行提问、命令提交相关文件，或使所属公务员进行提问、检查相关文件，但是，没有下位行政法规规定，可将该权限委托给健康保险评审院院长。在法律上可以命令提出相关资料的主体，仅限于保健福利部部长。另外，依据保健福利部的规范性文件，即《健康保险疗养机构的现场调查指南》，在进行现场调查时，资料调查的对象期间原则上为 1 年，在调查中如果发现不当请求程度严重，才可以依据部长名义的公文，将其期间延长为 3 年，并实施追加调查。

在本案中，保健福利部公务员甲从未访问被告医院，仅根据健康保险评审院职员乙的电话报告便下达了将调查对象期间延长为 3 年，并发布对其追加调查的公文。而且，公务员甲在第二天访问被告医院时，也没有亲自向院方提出提交资料的要求。综合上述情况来看，健康保险评审院职员乙所提出的提交 3 年份资料的要求属违法，拒绝该要求的被告行为不属于《国民健康保险法》等相关法律规定的“拒绝提交资料行为”。

5.2.4 评析

2007 年 8 月，行政调查基本法制定生效后，根据《国民健康保险法》等规定对医院实施的现场调查也属于该法的适用对象。本案中，法院虽未直接引用行政调查基本法，但宣告了没有法定调查权的人员实施调查，并要求提交资料的行为，以及违反部门规范性文件所规定的程序任意扩大调查范围的行为都属违法。与上述 2005 年下级法院的判决相比较，可以得知，大法院对行政调查的主体、调查程序等方面予以更加严格的判断。[①]

另外，本案中的被告院方曾申述，调查组在调查过程中，在诊疗时间内要求医院提交各种资料原件，给正常诊疗活动造成了巨大障碍。对此，法院并未另行判断。然而，依照行政调查基本法的比例原则及其部分条款中散见的保障调查对象正常经济活动的理念，行政机关如果在调查过程中对正常的诊疗活动造成障碍，亦有违法的嫌疑。行政调查基本法第4条第1款规定："行政调查应当在达成调查目的所必要的最少范围内实施"；第9条第2款规定："调查对象于指定时间的到场，如果对业务或者生活有妨碍时，可以向行政机关首长申请变更到场时间"；第12条第1款规定："调查员为了达成调查目的进行抽样，应当在不妨碍该资料的所有人以及管理人正常经济活动的最小范围内进行"；第13条第2款规定："在扣留资料的情形下，对调查对象的生活或者经营会导致事实上负面影响时，调查员可以采取将资料拍照或者制作复印件的方法，代替扣留"等有关规定，都阐明了保障调查对象正常经济活动的理念。

因此，在调查过程中，如果给正常诊疗活动造成障碍，有可能以违反比例原则为由宣告违法。问题是，在判断"正常的"、"造成障碍"等事实时，没有客观的判断标准，难以证明。就本案来看，根据由无权人违反相关程序任意扩大调查范围的事实，即可宣告违法，不需要争论是否违反比例原则。但是，日后在其他案件中，调查对象如果仅以违反比例原则为由提起诉讼，笔者认为有必要对此作出积极判断。

---

① 韩国医师协会医疗政策研究所：《关于医疗机关现地调查的法的检讨》，载《研究报告》2011－3号，第69页，见该所官方网站，http://www.rihp.re.kr/index.html。最后访问时间：2012年1月19日。

5.3　提交相关资料的范围[①]

5.3.1　案例概述

2010年某月，由保健福利部公务员等组成的调查组来到了原告某医院，为确认是否构成保险给付不当请求进行了现场调查。在此过程中，调查组命令院方提交诊疗记录簿等资料，还命令院方提交物理治疗底账。但原告院方以该底账并非法定记载义务账簿为由拒绝提交。对此，保健福利部部长以违反提交资料命令的理由对原告加以制裁。原告以该制裁违法为由向法院请求撤销。

5.3.2　有关争议

拒绝提交无法定记载义务账簿的法律效果。

5.3.3　判决内容

现场调查组在调查过程中，对原告依照《医疗给付法》[②] 所请求的“生活贫困者医疗给付请求额”进行了审查。为此，现场调查组命令原告提交物理治疗底账，而相关法令规定的“其他给付费用核算所需资料，以及有关证明资料”中，是否包括物理治疗底账尚不明确，而且该部门规范性文件中只规定“与物理治疗相关的给付费，根据记载物理治疗实施与否的诊疗记录账簿进行核算”，据此规定，难以认定物理治疗底账是否属于“给付费用核算所需资料以及有关证明资料”范围。仔细查看《医疗给付法》相关规定，也无法找出强制医院提交记载物理治疗底账的法律依据，因此，对原告医院拒绝提交无法定记载义务的物理治疗底账行为，

---

① 首尔行政法院于2010年11月12日宣告2010 GUHAP 3763判决。

② 对生活困难的人在一定限度内实施无偿医疗给付，从而以提高国民保健与增进社会福祉为目的制定的法。

不能处以违反资料提交命令罪。

5.3.4 评析

在本案中，法院宣判：“在行政调查中，即使相关法令规定了如‘其他必要资料’等兜底内容，如果没有法定作成与备置义务，而仅为业务上参考所作成的账簿，不属于行政调查对象。命令提交不属于调查对象的资料属违法，因此，拒绝该命令不构成‘违反资料提交命令罪’”。法院在决定行政调查范围时，限制了行政机关的裁量判断。

虽然没有法定作成义务，但在医疗业界实践中，外科医院、中医院等实行物理治疗的医院，通常都制作物理治疗底账。现场调查组根据相关法令上“其他必要资料”等兜底规定，命令提交该账簿，一旦遭到拒绝，便以违反资料提交命令为由加以制裁，法院对此不予认可。总之，虽然行政机关对“其他必要资料”的具体内容拥有判断裁量权，但该裁量权不涉及无法定作成义务的资料。

另外，依照行政调查基本法第9条乃至第11条，以及第23条的规定，调查员出入住宅、办公室以及事业场等场所进行现场调查时，应将记载调查范围、提交资料等事项的“现场出入调查书”事前通知调查对象，原则上只限于对事前通知的事项进行调查。但是，对事前通知的事项有必要追加调查的情形，可以书面或口头形式向调查对象通报后追加。这里也有“有必要的情形”之类的裁量判断幅度，然而，依照本案判决，对于非法定资料，不能行使这种裁量权。

5.4 缺乏事前同意的行政调查①

5.4.1 案例概述

法务部所属的某出入境管理所公务员，接到了境内某公司雇用非法滞留人员的情报。2008 年某月，其尚未得到事业场管理人的同意或允许，闯入该事业场对非法滞留人员展开了管制工作，涉嫌非法滞留的人员在躲避管制过程中，拿起放在工作台上的作业用刀，刺伤了执法公务员，使其负伤，两周后治愈。

5.4.2 有关争议

（1）出入境管理公务员为管制非法滞留人员，需要检查第三人的住宅或业务场所时，是否需要居住权者或管理人的事前同意。

（2）上述（1）中，欠缺同意的法律效果（是否成立妨碍公务执行罪）。

5.4.3 判决内容

《出入境管理法》第 81 条第 1 款规定："出入境管理公务员及总统令规定的有关机关公务员，为调查外国人是否按照本法或本法的命令合法滞留，可以访问并询问外国人、该外国人的雇主、该外国人所属的团体、该外国人工作的企业法定代表人以及接纳该外国人住宿的人员，并要求对方提交其他必要资料"；该法第 100 条第 2 款规定："无正当理由拒绝提交账簿或相关资料，或者逃避时，对该行为处以 100 万韩元以下罚款"。

对该法规定的形式、表述的客观意思、对违反行为的制裁方式等内容综合来看，不能认为《出入境管理法》的上述规定赋予出入境管理公务员任意进入居住地、业务场所或营业场所对外国人的

① 韩国大法院 2009 年 3 月 12 日宣告 2008 DO 7156 判决。

动向进行调查的职权。《出入境管理法》中亦不存在可以认定这种职权的根据。

而且如果考虑到依据《出入境管理法》的行政调查不适用令状主义，以及《出入境管理法》第50条规定在检查非法入境嫌疑人的住处时须经其同意，出入境管理公务员为管制非法滞留人员，欲对第三人的住宅或业务场所进行检查，应当理解为此时必须获得居住权者或管理人的事前同意。同意亦可以默示表示，但此时仍应是与明示同意一样的清楚明了的场合。仅凭出入境管理公务员进入住宅或业务场所的同时，向居住权者或管理人作出展开调查的告知，难以认为同意要件已充足。也不存在任何不能获得同意的紧急情况，缺少公务执行行为本身的正当性，妨碍公务执行罪也就不能成立。但是，使用凶器施暴的行为事实清楚、证据确凿，应当构成特殊暴行罪。

5.4.4 评析

本案涉及在间接强制调查中能否行使强制力的问题。对此，在韩国学术界有肯定说与否定说，其中否定说为多数说。否定说认为，如果法律规定拒绝调查的处罚条款，意味着将调查的实效性以间接的方式确保，因此直接行使强制力不被认可。但在某些紧急情况下，一旦不进行及时调查，可能对国民的生命、身体造成危险，而且没有其他可替代措施，行使强制力应当被认可。① 在本案中，法院根据否定说及《出入境管理法》的相关规定，判决未经同意而进入业务场所进行调查属违法，是理所当然的结论。

在笔者看来，本案有力地显示，间接强制调查的制裁条款与执法实践之间脱节。联系本案看，企业为降低成本以低工资雇用非法滞留人员的行为，是常见的事。之所以这样，是企业拒绝调查导致的损失，远低于雇用非法滞留人员所得来的利益——在本案中拒绝

① ［韩］朴均省：《行政法讲义》，博英社2010年版，第379页。

调查行为只要承担100万韩元以下罚款而已。因此，不但需要对政府规制进行定期评价，对水平低下的规制检讨原因，并确立其改善对策，强化对政府规制的事后监督；也有必要对间接强制调查的制裁条款与执法实践之间是否维持适当均衡进行定期评价，如果发现不均衡，就应当对失衡的制裁条款予以强化或缓解等措施，尽量防止法条规定与实践脱节。

5.5　小结

总体而言，法院自行政调查基本法生效以来，比之前更强化了调查过程中的合法性审查。但到目前为止，还没有直接援引行政调查基本法相关条款所作的判决，要将各个单行法的相关条款解释得更加严格，加强对行政调查过程中合法性审查力度的判决。

在笔者看来，这种现状主要有如下几个原因：第一，行政调查基本法作为关于行政调查的一般法，没有规定违反该法时的处罚条款，训示性、方针性特征相当强。第二，关于调查过程中的瑕疵与后续行政行为之间关系的学说及判例尚未确立。第三，该法的实施历史不长，积累的实践经验还不够。这些原因互相结合，使得原告、被告以及法院都不积极引用该法。尽管如此，该法的比例原则、禁止重复调查等实体规定以及各种调查程序规定，均可被当作司法判断标准，直接适用于具体案件的概率也存在，因此，笔者期待，日后多出现更积极援引行政调查基本法的判例，作为基石，完善行政调查基本法，形成良性循环的结构。

6　结论

6.1　总结

随着现代福利国家的发展，行政机关在各种行政领域实施多样的行政调查。依照法治国家依法行政的理念，对其加以适当的法的控制、规范有关行政调查的事项，是必不可少的要求。为此，将行政调查置于“信息收集、信息管理、信息利用”等一系列信息流通环节下进行考察是妥当的。而且，因为如今的行政调查伴随“政府——企业——消费者”或者“政府——企业——劳动者”等多方面利害关系的情况增多，所以，极其需要在法律规范下对这些利害关系作适当调整。

为了规范行政调查，我们可以设想将其规定于行政程序法或者另行制定行政调查相关法律这两种方案。不论如何，在规范行政调查时，对于怎样才能使行政机关适当进行调查、对其以什么程度加以法的控制才能充分保护调查对象的合法权益等看起来互相矛盾的问题，有必要进行综合考虑。对于行政调查，维持“应国民要求适当实施行政调查”的价值与“保障行政调查对象的合法权益”的价值的均衡，可谓核心课题。

韩国于2007年8月制定并施行了行政调查基本法，通过该法加强了对行政调查，特别是与企业相关的行政调查的程序控制，并明示了法律保留原则、比例原则、禁止重复调查等实体性界限，使得行政调查能够更加公正、透明地予以实施。这可谓是该法的最重要立法成果。然而，由于从企业规制缓解这种特定政策目标出发制定该法，产生了未规定行政调查发动请求权、对个人调查的规定不足以及适用范围的局限性等问题。

因此，正如“并不是制定行政调查基本法，行政调查制度上的众多问题就得以解决，而是该法作为开始解决问题的‘基石法’具有意义”等学术界评价一样，[①] 为将符合民主法治国家理念的行政调查付诸实施，不能仅满足于“已制定了行政调查基本法”这一事实，而应该关注其缺点，以学说、判例及行政实践经验等为基石，持续完善行政调查基本法和有关行政调查的各个单行法。

① ［韩］吴峻根：《关于行政调查制度有关法理的探讨、立法趋势的评价及其改善方案的研究》，载《土地公法研究》2009年第45集，第378页。

6.2 对中国立法的建议

中国在1999年3月的第九届全国人民代表大会第二次会议中，将“依法治国，建设社会主义法治国家”规定在《宪法》里，一直为建设和完善中国特色社会主义法律体系而努力。学术界也有部分学者提出，有必要制定行政调查法。①。

对于这个问题，本文曾作为加强行政调查的法的控制方案，对通过修改现有行政程序法、增加关于行政调查的专章专节方案和另行制定行政调查相关法律的方案进行过论述。简单概括如下：

第一，以行政程序法为主的方案。依照民主法治国家、依法行政的理念，行政机关有关国民权益的所有活动，不问其形式为行政行为、行政指导或行政调查，均应受到正当程序的控制。通过修改现有的行政程序法，加强行政调查过程中的程序保障的方案，优点是既简明，又符合法治国家理念。但该方案也有缺点，主要有：一是为实施行政调查有关规制改革政策，将与此相关的事项规定于现有的行政程序法，可能导致该法的规范密度过分细化，降低效率与规范的普遍效力。二是行政程序法是规范行政程序的法律，在该法中规定行政调查有关实体内容，不符合法律体系上的要求。三是将行政调查有关事项规定在行政程序法中，难免被大量修改。为避免此事，有必要在行政程序法中笼统地规定行政调查有关重要事项，而在其实施令中详细规定具体内容。这样会产生行政行为有关程序被规定在行政程序法中，而行政调查有关程序被规定在行政程序法实施令中的局面，也不符合法律体系上的要求。

第二，以另行制定行政调查相关法律为主的方案。此方案可以专门规范行政调查这种特定行政活动，有利于整体改善行政调查相关制度。但该方案也有问题，即由于当前的行政机关在广泛领域实

---

① 章志愿：《我国行政调查法制化的现状与课题》，载《江苏社会科学》2010年6月，第129页。

施多种多样的行政调查，难以制定一部关于行政调查的包罗万象的“一般法”——韩国的行政调查基本法，是由政府基于企业提出的不满，从改革规制方面入手积极推进立法而产生的。其结果是该法偏重规定了企业有关行政调查，不能被称为“关于行政调查的一般法”。

联系中国的立法实践，笔者认为，以行政程序法为主的方案更为妥当，理由如下：一是由于行政调查的类型多样，制定一部规范所有行政调查的法律，是不太可能的。二是不管何种类型的行政调查，在其具体实施过程中加强正当程序保障力度都比较容易可行，即便今后出现新类型的行政调查或与其类似的行政活动，通过程序控制，也可以施以法律规范。三是因历史原因，中国“重实体，轻程序”的倾向较为浓厚，① 为打破这种观念，有必要给行政程序法赋予所有行政活动有关程序的“根本法”地位。

韩国的实践中最初考虑的也是修改行政程序法的方案。然而，如前所述，规范密度过分细化、不符合法律体系上的要求等问题被指出来之后，终于放弃了该方案。与此相比，中国正好处于全新制定行政程序法的过程中，因此，不存在对行政程序法的大量修改问题，以及避免大量修改而产生不符合法律体系上的要求的问题。也就是说，中国在规范行政程序方面具有“平地盖楼”的优点。笔者建议，在制定行政程序法时，有必要积极考虑设置关于行政调查的专章专节，并在其中规定行政调查一般原则、最起码的正当程序保障以及行政调查发动请求权等主要事项。

笔者认为，通过此方案，可以更多保障国民的合法权益、有力保证行政调查的适当实施，还能够避免今后为反映行政调查相关内容而对行政程序法加以修改或另行制定新法的麻烦；同时认为，中国特色社会主义法律体系的重要特点，应包含“兼顾”公共利益

① 应松年：《中国行政程序法立法展望》，载《中国法学》2010年第2期，第6页。

和国民权益这一点，因此，如果确立以维持“应国民要求适当实施行政调查”的价值与“保障行政调查对象合法权益”的价值均衡为主要特点的行政调查制度，在一定程度上有助于全面完善中国特色社会主义法律体系。